“北京优农”品牌
消费者感知评价报告
（2023年）

北京市数字农业农村促进中心　编

中国农业科学技术出版社

图书在版编目（CIP）数据

“北京优农”品牌消费者感知评价报告（2023年）/ 北京市数字农业农村促进中心编. -- 北京：中国农业科学技术出版社，2023.12

ISBN 978-7-5116-6662-8

Ⅰ. ①北…　Ⅱ. ①北…　Ⅲ. ①农产品－消费者行为论－研究报告－北京　Ⅳ. ① F727.1

中国国家版本馆 CIP 数据核字（2023）第 245862 号

责任编辑　崔改泵
责任校对　李向荣
责任印制　姜义伟　王思文

出 版 者　中国农业科学技术出版社
北京市中关村南大街 12 号　　邮编：100081
电　　话　（010）82109194（编辑室）（010）82106624（发行部）
（010）82109709（读者服务部）
网　　址　https://castp.caas.cn
经 销 者　各地新华书店
印 刷 者　北京中科印刷有限公司
开　　本　210 mm × 285 mm　1/16
印　　张　15
字　　数　413 千字
版　　次　2023 年 12 月第 1 版　2023 年 12 月第 1 次印刷
定　　价　100.00 元

《“北京优农”品牌消费者感知评价报告（2023年）》

编　委　会

报告总论

《“北京优农”品牌消费者感知评价报告（2023年）》由北京市数字农业农村促进中心立项，北方工业大学牵头，与卓闻数据等单位合作完成的大型调研项目，是对“北京优农”品牌的知名度、认知度、美誉度、忠诚度等指标进行的一次全面、系统的普查。

本报告依据品牌定量分析理论和国家标准《品牌评价 消费者感知测量指南》（GB/T 39071—2020）对品牌指标进行了测量和评价。在数据收集方面，采用“线上线下”相结合的调研方式，对146个“北京优农”品牌进行规模样本采集，并以线下调研数据纠偏矫正线上调研数据。根据调研计划，本次线上调研选用卓闻数据开发的“填呗”App，对每个品牌采集数据至少250条，共获取有效数据36500条；线下调研随机选择市区社区、公园等地，对每个品牌采集数据至少50条，共获取有效数据7300条。汇总起来，本次“北京优农”品牌调研计划获取有效数据共计43800条。经过5个月的调研工作，线上共采集数据37747条，剔除437条无效数据后，有效数据37310条；线下共采集数据9192条，剔除1555条无效数据后，有效数据7637条。因此，本次“北京优农”品牌调研获取有效数据共计44947条，超过计划的43800条数据，且符合品牌测算的数量标准。

本报告共包含三大部分的内容，各部分的内容及逻辑关系如下：

第一部分为综述篇，包括第一、二、三章的全部内容。第一章详细说明了本研究的立项背景和研究的意义：第二章阐明了本研究的理论基础，并着重阐述了关键评价指标如品牌知名度、认知度、美誉度、忠诚度、质量比和稳定性指数等在内的核心内容和计算过程；第三章说明了调研数据的收集过程，所使用的调研工具以及数据收集前、收集中、收集后的质量检测和控制的方式方法，以及研究结果可信度的保障。第一部分是基础部分，是本研究报告所持的学术立场、所选用的方法、评估框架与思路的总介绍，以及本研究所要达到的研究目的、研究程度和研究成果的总介绍。

第二部分为总体评价篇，此部分首先是对146个品牌的指标进行初步汇总整理并解读，是本报告研究结论的总体评价部分，并针对共性问题提出相应的意见或建议。

第三部分为“北京优农”品牌指标数据的个案分析篇，包括第五章到第七章的全部品牌个案分析内容。第五章是种植业农产品品牌个案分析；第六章是畜牧业农产品品牌个案分析；第七章是其他农产品品牌个案分析。

本报告对“北京优农”品牌资源的整体状况分析具有代表性，可以用于企业的品牌决策分析以及相关管理部门的参考依据（请酌情使用，本报告不负相关决策责任）。本书从2023年3月开始编写至2023年9月初稿完成，用时六个月，其不足之处在所难免，欢迎广大读者指正，以使大家共同研究、一起进步。

联系邮箱：bjynjsk@163.com

感谢阅读并悉心指正。

课题组

2023年9月

目 录

报告总论

第一部分 综述篇

第二部分 总体评价篇

第三部分 个案分析篇

第一部分

综述篇

第一章 研究总论

第一节 立项背景

2022年北京市政府工作报告提出要培育农产品品牌，打响“北京优农”金字招牌。同年，农业农村部实施农业品牌精品培育计划（2022—2025年），提出“到2025年，聚焦粮油、果蔬、茶叶、畜牧、水产等品类，塑强一批品质过硬、特色鲜明、带动力强，知名度、美誉度、消费忠诚度高的农产品区域公用品牌，培育推介一批产品优、信誉好、产业带动作用明显、具有核心竞争力的企业品牌和优质特色农产品品牌，不断满足人民日益增长的美好生活需要”。

基于此，由北京市数字农业农村促进中心立项，开展“北京优农”品牌消费者感知评价调研活动，了解、分析消费者对146个“北京优农”品牌的美誉度、忠诚度、认知度、知名度等指标的感知水平，形成《“北京优农”品牌消费者感知评价报告（2023年）》。

第二节 研究意义

《“北京优农”品牌消费者感知评价报告（2023年）》通过对“北京优农”品牌目录的146个品牌进行线上、线下调研，形成对北京市优质农产品品牌整体发展状况的具体分析结论，评估品牌建设成效，从而能对北京市优质农产品品牌的发展现状、可能存在的问题、发展前景进行分析，为后续品牌建设和动态管理等工作的开展提供数据支撑。本报告对146个“北京优农”品牌的质量情况的定量分析，有利于北京农业的各类经营主体在未来品牌塑造和发展中能够目标明确、有的放矢，不断提升品牌建设管理水平。

第二章 理论基础

本研究依据的理论为品牌定量分析理论。“品牌定量分析理论与诊断技术”是落实《国务院质量发展纲要（2011—2020 年）》提出的“建立品牌建设国家标准体系和品牌价值评价制度”的要求，是我国品牌界的学者们自主研发的品牌理论成果，其基础理论成型于《品牌信息本论》（2014 年）和《品牌诊断学》（2016 年），并于 2018 年获得商务部商务发展研究奖二等奖。2020 年 7 月，国家市场监督管理总局和国家标准化管理委员会全文采纳“品牌定量分析理论与品牌诊断技术”，制定并发布了国家标准《品牌评价 消费者感知测量指南》（GB/T 39071—2020），构成了一整套对品牌进行数据采集、评价分析的方法论体系。

第一节 品牌指标测算

一、品牌知名度的概念及测算

品牌知名度指受众对某品牌知晓程度的度量指标，即受众当中有多少人知晓该品牌。如换成该品牌的全国知名度，则意指全国消费者对该品牌的知晓程度。也可以是“某地区的知名度”，还可以是“20～30 岁男性消费者的知名度”，知名度一定有个区域或某类细分受众的前提。

本报告所提及的品牌知名度指受众对某品牌知晓程度的度量指标，即受众当中知晓特定品牌的人数与受众总人数的比率。它是一个总体概念指标，无单位的比率（百分比）表达。品牌知名度的测算过程如下：

第 i 层样本的品牌知名度：

$$Z_i = \frac{j_i}{q_i} \times 100\% \tag{2-1}$$

合并分层，该品牌的品牌知名度的测量公式为：

$$Z = \sum_{i=1}^{n} \frac{q_i}{Q} \times \frac{j_i}{q_i} \times 100\% = \frac{1}{\mathrm{Q}} \sum_{i=1}^{n} j_i \times 100\% \tag{2-2}$$

式中，

Z——品牌知名度；

Z_i——第 i 层样本的品牌知名度；

j_i——第 i 层样本中知晓品牌的消费者人数；

q_i——第 i 层样本的消费者人数；

Q——消费者总人数。

二、品牌认知度的概念及测算

认知度来自五星模型中品牌知名度的最低层次品牌认知层次和质量感知概念的结合，借鉴前人对品牌发展这一阶段的大部分理解，将该指标的内涵重新设计为："品牌认知度是受众对品牌的知识、内涵以及其他信息的深度认识程度。"

在知晓的基础上，对已知晓某特定品牌名称的受众进行认知度调查，主要考察受众对品牌的深入认知，其考察次序为该品牌的原产地、主要产品、行销行业、logo 辨识和品牌个性、品牌价值观等，以判断消费者对该品牌的认知程度。

五星模型中品牌认知是品牌知名度的最低层次，是指顾客曾经接触过某品牌，它反映顾客从过去对品牌的接触中产生出一种熟悉感。顾客认知某品牌，并不一定记得曾在某地接触过该品牌，也不一定能够说出该品牌与其他品牌有何不同，它是何种产品类别的品牌，它只表明过去曾经接触过该品牌。感知质量则是消费者根据预定的目的和相关选择对产品或服务的全面质量或优越性的一种感知，类似于品牌体验的概念，它是消费者对品牌质量的一种概括性的、总体性的感知。

五星模型中的知名度品牌认知层次和感知质量所描述的现象是一样的，只是程度有所不同，是可以归结在一个品牌认知度的概念。

品牌认知度的概念在品牌传播实践中可以这样理解：受众仅是知道某品牌的品名是远远不够的。如两个消费者都知道某特定品牌的名称，但知道程度也可能不一样，其中一个只是听说过该品牌名称而已；而另一个不仅知道品名，而且记得住该品牌的广告，甚至能够辨识品牌的 logo，知道品牌的个性和价值观，虽然在知名度的范围内这两人是一样的，但认知程度的不同决定了他们对该品牌的认知差异很大。

测算某品牌认知度时，首先要将问卷的多个问题分为若干等距层次，由低至高是消费者对该品牌认知逐次增加的过程，其中某消费者达到任意一个程度表示为 X_{ir} 对 n_i 个消费者所组成的目标市场进行抽样调查可以估算整个目标市场的平均认知度，用 $\bar{R}$ 表示。品牌平均认知度即为品牌认知度，具体计算过程为：

第 i 层样本的品牌平均认知度：

$$\bar{r_i} = \frac{1}{j_i}\sum_{i=1}^{j} X_{ir} \times 100\% \tag{2-3}$$

合并分层，该品牌的品牌平均认知度的测量公式为：

$$\bar{R} = \frac{1}{Q}\sum_{i=1}^{n} q_i \times \bar{r_i} \tag{2-4}$$

式中，

$\bar{r_i}$——第 i 层样本的品牌平均认知度；

j_i——第 i 层样本中知晓品牌的消费者人数；

X_{ir}——第 i 层样本中某消费者达到任意一个认知程度；

$\bar{R}$——该品牌的平均认知度；

Q——消费者总人数；

q_i——第 i 层样本的消费者人数。

三、品牌美誉度的概念及测算

品牌美誉度（Brand favorite）指品牌获得来自消费者的赞许、推荐，但它不是指某个消费者对品牌的赞许程度。一个消费者对某品牌的偏爱程度并不是品牌美誉度的含义，品牌美誉度的核心内涵是消费者当中有多少是来自消费者的互相影响。

品牌美誉度的概念强调消费者在使用了该品牌的产品或服务后所形成的体验，更多的是与产品自身质量和品牌形象相关，质量好、形象好的产品通常能够得到比较多的赞许。此外，还有品牌内涵对消费者的影响。总的来看，一个品牌形成美誉度主要取决于是否获得了消费者认可，因此，可以认为认知度是美誉度形成的基础，但即使有充分的认知也并不一定能够获得相应的美誉度。

美誉度的内涵一般由自我传播的概念来代替。自我传播简称“自传播”，俗称“口碑”，是指在没有任何商业费用支持的情况下，品牌依然在消费者和媒体中广泛传播。美誉度的测算其实是对品牌自传播能力的测算，在实务中需要精确地了解消费者的购买动机中来自消费者之间影响的程度，一般使用排他问卷的形式，将受到广告、促销、渠道等与直接营销目的有关的购买动机影响的消费者剔除掉，剩余的消费者可以约等于受到消费者之间影响的口碑消费者，其所占比例即为美誉度。

品牌美誉度是品牌创建的关键，能否被称为品牌就是看该商标是否获得了相当程度的美誉度。美誉度与品牌认知度之间确实存在较强的相关关系，一般说来美誉度的形成是需要有认知度的基础的。厂商经过努力使品牌形成较高知名度和认知度是有可能的，但能否形成美誉度就不完全取决于厂商的努力。品牌自身、消费者的成熟程度、市场机遇等都是美誉度产生的必要条件。美誉度一旦形成，该品牌创建即告成功，该商标即成为一般意义上的品牌。此时的品牌再不需要像在创建阶段那样为知名度负担高额的传播成本，即使将广告全部都停下来，品牌也会在消费者之间广泛传播。达到一定美誉度的品牌，继续使用广告的效果会很低，厂商只需要少量提示即可。

品牌美誉度指标的测算过程如下：

第 i 层样本的品牌美誉度：

$$a_i = \frac{x_i}{s_i} \times 100\% \tag{2-5}$$

合并分层，该品牌的品牌美誉度的测量公式为：

$$\begin{aligned} a &= \sum_{i=1}^{n} \frac{q_i}{Q} \times \frac{x_i}{s_i} \times 100\% \\ &= \frac{1}{Q} \sum_{i=1}^{n} \frac{q_i \times x_i}{s_i} \times 100\% \end{aligned} \tag{2-6}$$

式中，

a——美誉度；

a_i——第 i 层样本的品牌美誉度；

x_i——第 i 层样本中的自传播者数（接受过推荐并有过向其他消费者推荐行为的消费者数量）；

s_i——第 i 层样本中知晓品牌的消费者人数；

Q——消费者总人数；

q_i——第 i 层样本的消费者人数。

四、品牌忠诚度的概念及测算

品牌忠诚（Brand loyalty）是指消费者在购买决策中，表现出来对某个品牌有偏向性的（而非随意的）行为反应。它是一种行为过程，也是一种心理（决策和评估）过程。简单地说，品牌忠诚是指消费者的消费偏好或消费习惯因某品牌而保持的长期一致和持续，即该消费者对这个品牌具有了品牌忠诚的行为，在《消费者行为学》中品牌忠诚度被理解为重复购买率。

品牌忠诚不同于人与人之间感情的忠诚，它不特指品牌与消费者之间具有了情感上的相互依赖，而仅是描述消费者的习惯和偏好。因此，在品牌忠诚指标中不考虑对某品牌在情感上的依赖，而只考虑行为上的结果。品牌忠诚度对一个品牌的生存与发展极其重要，一定的忠诚度能够体现出该品牌对销售的支撑作用，能够使得品牌具有提高抗风险的能力，使品牌保持长久的生命力，它是一个品牌能够发挥持续性作用的体现。

在实务中，品牌忠诚者指连续购买次数超过这个行业的平均重复购买次数的消费者。因此品牌忠诚度是在特定样本下，品牌忠诚者占消费者数目的比例，其计算过程如下：

第 i 层的样本 E_i 个消费者购买过该品牌的产品，有 F_i 个消费者符合品牌忠诚者的条件，该品牌在第 i 层样本中的忠诚度即为：

$$L_i = \frac{F_i}{E_i} \times 100\% \tag{2-7}$$

合并分层，该品牌的品牌忠诚度的测量公式为：

$$\begin{aligned} L &= \sum_{i=1}^{n} \frac{q_i}{Q} \times \frac{F_i}{E_i} \times 100\% \\ &= \frac{1}{Q} \sum_{i=1}^{n} \frac{q_i \times F_i}{E_i} \times 100\% \end{aligned} \tag{2-8}$$

式中，

L——品牌忠诚度；

L_i——第 i 层样本的品牌忠诚度；

E_i——第 i 层消费者中购买过该品牌产品的消费者人数；

F_i——E_i 样本中，符合品牌忠诚者条件的消费者人数；

Q——消费者总人数；

q_i——第 i 层样本的消费者人数。

五、品牌信息总量的概念及测算

除了上述四个评价指标之外，本研究还计算了品牌信息总量，为系统评价品牌进行了充分的准备。品牌的本质是信息，与其他本质为信息的事物相类似，品牌信息量的单位是组成信息的最小单位比特。对于品牌信息量的分析思路为：首先，品牌对于企业经营的作用是多方面的，但总体来说可以简化为两个方面：一是对外部的影响，即市场竞争力，这是品牌作为营销工具最直接的作用表现，换言之，是品牌对于消费者和潜在消费者的影响力；二是对内部的影响，即品牌对组织内部员工所产生的影响力，这可以通过对有无品牌的企业间的员工在遵循可比性原则的基础上对待如工资等变化情况的容忍程度的比较中反映出来。其次，品牌度量框架的构建是基于上述对内和对外的两个部分共同作用的关系展开分析的，即品牌量由品牌影响力决定，即由外部影响力和内部影响力的共同作用决定的，因此构建品牌度量框架的基本步骤为：分析品牌量变化的基本规律，并由此判断外部影响力和内部影响力的关系及品牌量的主要性质，才可构建整个度量框架和计量模型。

品牌信息量是通过对消费者和潜在消费者及企业内部员工进行大面积调研获得完整的品牌经营指标后，再依据品牌信息量计算模型计算而得，是品牌信息度量的综合指标之一。

实务中，在对品牌信息量计算精度不高的要求下，为简化计算和便于操作，在不考虑品牌延伸与时效性问题的前提下，品牌信息量计算理论模型简化为单一品牌在特定行业的某时刻信息量计算的简化公式：

$$Q_E=\left[S\times Z+\left(R_{max}-1\right)\times\bar{R}\times Z\times S\right]\times N_Z^{\frac{\alpha-\bar{\alpha}}{\bar{\alpha}}} \tag{2-9}$$

S——消费者人群总数；

Z——品牌知名度；

R_{max}——消费者完全知道一个品牌所要传播的信息量的最大值；

$\bar{R}$——品牌平均认知度；

α——品牌美誉度，[-1,1]；

$\bar{\alpha}$——行业的平均美誉度，[0,1]；

N_Z——调整系数（指数函数中的底数）。

式中只有知名度、认知度和美誉度三个变量，消费者人群总数、信息量最大值、行业平均美誉度和调整系数四个参数需要提前确定。这四个参数均与该品牌所在的行业有关，由此也反映出一个品牌的价值和影响力与它所处的行业有极大的关系。

在品牌信息总量规模的评价标准上，共分为五个等级的规模品牌，分别是微小规模品牌、小规模品牌、中等规模品牌、大规模品牌以及超大规模品牌。需要注意的是，一个品牌在区域范围内算是知名品牌，但就全国范围而言可能只是一个微小品牌。因此，对品牌规模的评价一定要有一个范围。下面以全国范围而言建立对品牌规模进行评价的标准，适用面对消费者的各类品牌。若将评价范围定位于某区域，则根据相应范围换算相关计算指标。

六、质量比

1. 品牌信息基本量的贡献率

品牌信息基本量贡献率是品牌信息基本量和品牌总的信息量的比值。简单地说，品牌信息基本量贡献率反映的是一个品牌通过知名度和认知程度获得的消费者认知在该品牌的总影响力当中起到的作用比例。品牌信息基本量贡献率的具体计算公式如下：

$$\text{品牌信息基本量的贡献率}=\frac{\text{品牌信息基本量}}{\text{品牌信息总量}}\times 100\%$$

即：

$$\theta = \frac{J}{Q_E} \times 100\% \tag{2-10}$$

对上述公式的解释是：这一比值是品牌信息的基本量在品牌信息总量中的比重，表现为品牌所能取得的作用有多少是依靠基础信息取得。该值越小表示基本量在整个品牌信息作用中所占比重越小，品牌依赖知名度和认知度的程度越低。

2. 品牌信息延伸增量的贡献率

$$品牌信息延伸增量的贡献率 = \frac{品牌信息延伸增量}{品牌总信息量} \times 100\%$$

即：

$$\eta = \frac{Y}{Q_E} \times 100\% \tag{2-11}$$

品牌延伸的增量是品牌信息的主要来源，该值能够反映一个品牌发展空间的大小。

3. 增量与基本量之比

$$增量与基本量之比 = \frac{品牌信息延伸增量}{品牌总信息基本量}$$

即：

$$\sigma = \frac{Y}{J} = \frac{\eta}{\theta} \tag{2-12}$$

增量与基本量之比越大意味着品牌的延伸性越强，也意味着该品牌具有更大的发展空间。因此，该比值应越大越好。

4. 品牌信息质的贡献率

$$品牌信息质的贡献率 = \frac{品牌总信息量 - 品牌信息基本量 - 品牌信息延伸增量}{品牌总信息量} \times 100\%$$

即：

$$\varphi = \frac{Q_E - J - Y}{Q_E} \times 100\% \tag{2-13}$$

该值由品牌信息总量中去掉基本量和延伸增量部分所求得的品牌的质所带来的品牌信息量，与品牌信息总量的比值构成，表达了品牌质在品牌信息的作用中所占的比重，是品牌发展质量的最重要的指标。

5. 品牌信息质量比值

理论上，品牌信息质的贡献率应该接近品牌量的贡献率，品牌信息质量比值大于1时，该品牌就被称为有一定影响力的品牌。

$$品牌信息质量比值 = \frac{品牌信息质的贡献率}{品牌信息基本量的贡献率 + 品牌信息延伸增量的贡献率}$$

即：

$$\lambda = \frac{\varphi}{\theta + \eta} \tag{2-14}$$

该值是品牌信息质的贡献率与量的贡献率的比值，表示品牌信息的质量比关系。

分析：品牌信息基本量贡献率和品牌信息质量贡献率的和是100%，两者的比值是品牌信息质量比λ，取值应该在（$-\frac{1}{N_z}$，+∞）。实践中，根据行业的$R_{\max}$水平和美誉度水平，一般处在（$-\frac{1}{N_z}$，$R_{\max}N_Z$），即品牌起步时美誉度为0，即使有知名度或由销售自然产生的美誉度，此时的λ取值为$-\frac{1}{N_z}$；λ取值在（$-\frac{1}{N_z}$，0）时，意味着品牌有一些美誉度，品牌质量有所好转，但品牌质量状况仍低于该行业的平均水平；λ大于0的品牌意味着该品牌的信息质量状况好于行业。λ在大于0之后可以说这个品牌具有了相当的自传播能力。

七、稳定性指数

稳定性指标取决于内外两个方面的因素，内因来自品牌本身的强度与维系稳定的忠诚度。外因与环境变化的速度和竞争者、替代者的强弱都有关系。来自本身的强度标志着品牌自身具有的衰退规律，是以忠诚度、美誉度为代表的一系列品牌能力的综合效应。从信息的角度解释品牌稳定性，认为品牌信息本身具有的衰减趋势是内因，其他品牌信息的干扰是外因。一方面品牌自身强度越强，衰退就越慢；另一方面，其他品牌的信息越多，干扰就越多。

1. 品牌衰减系数

该系数本身也是一个函数组，由多个指标共同构成。由衰减实验测定，表示一个品牌信息的自然衰减规律，是在停止所有品牌信息活动之后，品牌信息衰减至0的规律的参数，是品牌质量的重要指标之一。

该系数的计算公式为：

$$\Gamma = N\left(\frac{x}{s_x}+\eta\frac{y}{s_y},\frac{\bar{t}}{t_i}\right) \tag{2-15}$$

一个品牌固有的衰减系数是由它对消费者的影响力决定的，而美誉度的高低和多镒信息重复率的大小正是它对消费者影响力的两个最直接反映的可度量计算参数，从这两个参数与品牌影响力的相关关系分析中，可以得出品牌衰减系数的具体计算公式。

品牌本身的美誉度决定了品牌信息本身的强度，$\frac{x}{s_x}+\eta\frac{y}{s_y}$是美誉度计算的公式，可以说一个品牌在未能形成美誉度之前是不存在稳定性的，只有具有了一定量的美誉度的品牌才开始趋于稳定。由于在时效性公式中该系数与时效性成反比关系，故品牌衰减系数的函数关系也是成反比关系，由此推知：$\frac{x}{s_x}+\eta\frac{y}{s_y}$值越大，$\Gamma$值越小，品牌信息的衰减速度越慢，反之亦然。美誉度为0时，Γ值无限大，意味着该品牌信息很快衰减至0，没有稳定性。

$\frac{\bar{t}}{t_i}$是指多镒信息重复率，是某品牌所在行业的品牌多镒平均间隔时间与该品牌信息发出的间隔时间之比，该比值反映品牌具有的相对性特征。一个品牌发出的信息密度本身没有大小之分，关键是相对于其他品牌而言，高于平均水平的品牌信息密度为有效密度。该值越大意味着该品牌的密度越低，品牌强度越低，呈正比关系，反之亦然。

$$\varGamma = N_z \times \left(\frac{\dfrac{\bar{t}}{t_i}}{\dfrac{x}{s_x} + \eta \dfrac{y}{s_y}} \right) \tag{2-16}$$

N_z 作为调整参数，由行业竞争状况决定，参见书末附件：品牌价格调整系数底数 N_z 值表。

2. 品牌信息的时效性指数

品牌信息的时效性指数的计算公式为：

$$\text{品牌信息的衰减速率} = \left[\frac{1}{\text{品牌衰减系数} - \text{品牌忠诚度}} \right]^t$$

即：

$$\gamma = \left[\frac{1}{\varGamma - L} \right]^t \tag{2-17}$$

品牌信息的衰减速率是在品牌信息的自然衰减和品牌信息对消费者发生的重复作用的基础上形成的品牌多镒信息，是在品牌忠诚度作用下综合而成的结果。该值所形成的多镒曲线形象地反映了品牌信息的衰减规律。从该公式可以看出，它与品牌美誉度和忠诚度有关。

3. 品牌信息有效期

由品牌信息的衰减速率推算得到的品牌信息有效期，是指在停止了所有品牌工作后，品牌信息自然衰减稳定于基本量所能持续的时间周期。计算公式为

$$t = \frac{\log_2 \text{品牌信息的衰减速率}}{\log_2 \text{品牌衰减系数} - \text{品牌忠诚度}}$$

即：

$$t = \frac{\log_2 \gamma}{\log_2 \varGamma - L} \tag{2-18}$$

第二节　品牌指标阈值及其性质的判定

一、知名度的有效范围

一个企业的商标在获取极高知名度的过程中要经历 5 个关键点、6 个性质迥异的阶段，而且品牌在每个阶段的作用也都是不同的。这些关键点的测定与上述对品牌知名度有效阈值的测定方法基本类似，都以消费者 50% 对品牌下一阶段性质能够感知为绝对阈值。关键点之间称为品牌阈值范围，代表了某个知名度阈值范围内，不同的品牌具有相同的作用和性质，表现相近。

1. $Z \leqslant 4.69\%$

知名度的第一个关键点是 4.69%。知名度一直长期处于 4.69% 之下的商标，应该是企业没有为获得企业知名度做过专门的努力，之所以有少许知名度是因为营销过程中消费者对产品有体验而自然获取的知晓，这一知名度几乎没有影响力，对消费者产生的影响微乎其微，甚至不能成为营销使用的工具，企业可能仍处于追求销售数量的阶段，营销依然依靠渠道、产品、价格等非品

牌的营销工具。此阶段的知名度作用极其微弱。

因为知名度是相对范围的知名度，在确定知名度性质的时候一定要前缀具体范围，一个很小区域内的品牌，即使在该区域内的知名度很高，但放置于较大区域的时候知名度却很小，对全国而言可能就微乎其微了。

大部分的老字号品牌具有很强的地域性，在所在地区的知名度很高。但使用和购买该品牌产品的往往集中在所在地区，其他地区消费者对该品牌知之甚少，若放置在全国则知名度就很低。例如：“便宜坊”在北京的知名度达到 38.13%，在当地很有名。但除北京外的其他地区消费者则对其很陌生，全国知名度仅为 1.30%。可以说该品牌在北京获得了较高知名度，但于全国范围而言，该品牌知名度很小，影响力微乎其微，是个典型的区域品牌。

2. $4.69\% < Z \leq 16.13\%$

当知名度突破了 4.69% 之后，商标的性质开始发生变化，知名度处在 4.69%～16.13% 的商标一般都是企业专门进行过获取知名度的努力。这一阶段的知名度很难自然获得，俨然商标进入了成为名牌的过程，企业在进行获取品牌的努力。但仅靠知名度使商标成为品牌是远远不够的，商标成为品牌的关键是获得一定的美誉度，知名度只是获得美誉度之前的一个基础。

知名度在这一阶段的作用已经开始显现，对营销起到明显的促进作用，超过半数的消费者有进一步认知的意愿，也表现出对同类产品购买的偏好。但这一偏好的表现还是比较微弱，仅限于同质同价、近似包装的选择中出现较为明显的偏好，对异质异价、甚至风格不同的同类产品的影响都不明显，应该说此阶段的知名度对营销的作用仍是有限的。

商标获得了 4.69% 以上的知名度时，即可称之为“名牌”，意为有一定知名度的牌子，这个牌子指的是商标。实际上，具有一定知名度的“名牌”就开始对营销构成了一定的作用，商标成为了一项营销工具。

3. $16.13\% < Z \leq 37.50\%$

知名度的第二个关键点是 16.13%。这个关键点意味着当知名度达到 16.13% 时，半数消费者对其已有较深认知，表现出在对异质异价，甚至风格不同的同类产品都有明显的购买意愿，形成了品牌偏好。

当商标的知名度突破了 16.13% 之后，商标开始出现大范围的消费者认知，对产品和企业以及品牌内涵等信息，开始有相当的消费者具有了较深的理解和认知，可以说此时的商标具有了相当良好的消费者知晓基础，开始出现深度认知。这一阶段知名度的增加是伴随认知度、美誉度增长的，品牌对营销的促进作用较为明显。

4. $37.50\% < Z \leq 61.80\%$

知名度的第三个关键点是 37.50%。这一关键点表现为半数以上消费者对该品牌表示非常熟悉，不仅认知程度深，而且能够辨识 logo，能够大致描述广告内容、品牌内涵或产品风格，产生了明显的消费者区隔。若有相应的认知度，该商标一般会具有一定程度的联想度，使品牌延伸成为可能。

此时的商标具有了对消费者选择偏好的影响力，其成为有用的竞争工具，在竞争中的作用明显。

5. $61.80\% < Z \leq 84.45\%$

知名度的第四个关键点是 61.80%。达到 61.80% 以上的商标可以称之为高知名度商标，具有了充分的消费者认知和联想的基础。若有充分的认知度基础，则极有可能产生自我传播现象。此时，半数以上的消费者表现出明显的选择偏好，在无提示情境下同类产品的购买选择中，半数以上的消费者会把这一阶段知名度的品牌作为主要选项。

与此同时，品牌具有的知名度已经足够饱和，其以提示型方式作为传播内容为主，以维持知名度为目的，品牌管理的重心可以放在公共关系活动等促进美誉度的形成和发展上，广告类活动的密度可以逐步减小，无需过多投入精力。

6. $84.45\% < Z \leq 100\%$

知名度的第五个关键点是 84.45%。达到 84.45% 以上的商标获得了极高的知名度，成为大众耳熟能详的商标。此时该商标在行业内颇具影响力，超过半数的消费者对其广告或品牌内涵非常熟悉。

具有此阶段知名度的品牌若有充分的美誉度支撑，一般都有较高的品牌忠诚度，意味着该品牌具有很强的抗风险能力和较高的重复购买率，品牌不易衰减，即使不再使用广告，品牌效应依然会在消费者中长期存在。

当知名度达到 100% 时，意味着消费者全都知晓该品牌，无一例外。

二、认知度的有效范围

认知度的阈值范围不会独立存在，单纯地研究认知度绝对值没有意义，即不存在脱离知名度而存在的认知度，认知度的阈值是相对于知名度的情况而确定的。因而认知度的阈值是它与知名度的比值，结果可以简单地分为有效和效果不足两种。

根据实验原理，并按照知名度的阈值对认知度进行反复测算，可得：只要认知度达到知名度的 40% 以上均为有效。认知度达到有效阈值的含义是指品牌在获得知名度的同时获得了有效传播，半数以上的消费者不仅知晓，而且还了解品牌更多的知识和信息，了解的程度对消费者产生了有效的影响，此时的认知度是有效下限。结合相关实验的结果，认知度有效阈值为 1.87% 时，约为知名度 4.69% 的 40%。意味着获得 4.69% 以上知名度的品牌，认知度获得 1.87% 以上为有效认知度，说明获得知名度的传播同时获得了消费者对品牌的有效认知，反之，如果认知度低于 1.87%，意味着品牌通过营销获得了少许消费者的知晓，但消费者并不知道更多的品牌信息，没有获得应有的传播效果。

实际上，将认知度有效阈值定义在 40% 的知名度左右，简单分成有效和效果不足在阈值定性上是明显有瑕疵的，毕竟这只是一个样本量不大的估算。实际操作中，一般把认知度的阈值范围分成三个定性部分，认知度和知名度比值低于 1/3 为品牌传播效果不足，高于 1/2 为品牌传播效果充分，介于两者之间的为传播效果一般。即：

$$a = \frac{r}{z} \tag{2-19}$$

式中：a——传播效果；

r——认知度；

z——知名度。

情况①：$a \geqslant 0.5$，认知度有效，传播效果充分；

情况②：$0.33 < a < 0.5$，认知度一般，传播效果一般；

情况③：$a \leqslant 0.33$，认知度不足，传播效果不充分。

如某品牌获得 5% 的知名度，认知度的有效范围是知名度的 40%，即 2% 以上的认知度才是有效的，2% 以下的认知度是无效的。某品牌获得 40% 的知名度，认知度应在 16% 以上，低于 16% 的认知度是效果不足的，但有效。认知度的性质完全取决于它和知名度的比值，而与其绝对值的大小关系不大，其他认知度也以此类推。

三、美誉度的有效范围

由实验确定的关键值，将美誉度 α 的阈值性质划分为三个阶段。

1. $0 \leqslant \alpha \leqslant 1.62\%$

美誉度处于 0～1.62%，属于效应极低的范围。这一阶段出现了部分消费者的推荐性口碑，是正自我传播现象，有少量消费者或媒体在消费者或媒体间进行传播和推荐活动。数量很低，不具有明显的影响力，但非常重要。

美誉度为 0 则意味着消费者当中没有自传播者，消费者对它无偏好。即使商标获得了相当程度的知名度，美誉度为 0 的时候，也不能称之为品牌，充其量称为名牌。

2. $1.62\% < \alpha \leqslant 27.91\%$

1.62% 是美誉度的第一个关键点。突破这个关键点后，消费者的口碑作用开始凸显出来，消费者偏好开始越来越明显，消费者之间的传播也越来越多，这个阶段属于有效自传播效应发生时期。在这一时期内的品牌，极容易发生品牌自传播骤增现象，但每个品牌的骤增点并不确定。

3. $27.91\% < \alpha \leqslant 100\%$

美誉度为 27.91% 是自传播效应发生的上限。美誉度超过 27.91% 以上的品牌，一般都会自发出现强烈的品牌自传播现象，达到目标消费者产生重复购买的集体偏好，品牌甚至会成为某种生活方式的标志性符号，品牌口碑溢出效应明显。

一个品牌在知名度增加的情况下，受众人群也在不断地扩大，自传播消费者的人数虽然增加，有时候这一增加的速度不及受众人数的增速，也会出现美誉度的下降，这是正常的情况。美誉度是处于波动状态的。美誉度积累的速度具有马太效应，开始积累的过程很慢，一旦条件成熟美誉度会出现马太效应式的骤增，这一关键点因品牌而异，有的品牌这一关键点位置很低，甚至和下限都很接近，有的品牌则需要很高的美誉度才会出现拐点，发生骤增现象。

美誉度的极值在理论上可以达到 100%，即所有消费者都认可并积极向外传播推荐，但实际上美誉度达到一定高度时，消费者口碑传播会出现高幅度的重复，约为 1/3 的目标人群成为口碑传播者即达到上限，超过 1/3 之后的绝大多数品牌都会发生自传播效应的快速扩散现象，出现高幅度的品牌忠诚者。

四、忠诚度的有效范围

品牌忠诚度是与品牌时效性有关的一个重要参数。从经营的角度看，品牌具有较高的忠诚度，则标志着消费者偏好和消费习惯的产生趋于成熟。因此，即使在有销售的情况下，品牌忠诚度为 0 的情况也是普遍存在的，意味着消费者的购买都是单次购买，没有发生过重复购买的现象。

品牌忠诚度测算就是消费者的重复购买率的测算，对品牌忠诚度有效阈值的测定，就是在品牌忠诚度达到多少时，有 50% 以上的新消费者第一次体验该品牌的产品能够产生继续购买的意愿。

品牌忠诚度可能不存在有效无效问题，可以说只要有忠诚度，无论高低都是有效的，忠诚度可以为 0，意味着没有消费者重复购买，消费没有连续；也可以高至 100%，意味着绝对忠诚，消费者对其他的品牌严格排斥，重复使用一个品牌的商品，且极容易被延伸使用至其他商品，无论产品门类的差别有多大。

在其他忠诚度与时效性的实证分析中，忠诚度确实也没有出现明显的拐点，即忠诚度只要非 0 就是有效的，是在一定程度上减弱品牌信息衰退的重要参数。

五、品牌信息总量的有效范围

在品牌信息总量规模的评价标准上，共分为 5 个等级的规模品牌，分别是微小规模品牌、小规模品牌、中等规模品牌、大规模品牌以及超大规模品牌。需要注意的是，一个品牌在区域范围内算是知名品牌，但就全国范围而言可能只是一个微小品牌，因此，对品牌规模的评价一定要有一个范围。下面以全国范围而言建立对品牌规模进行评价的标准，适用面对消费者的各类品牌。若将评价范围定位为某区域，则需根据相应范围换算相关计算指标。

1. 微小规模品牌

以知名度最低阈值 5% 为界，是区别一个品牌是否具有影响力的标志。知名度小于 5%，一般是销售过程当中自然产生的知名度，该品牌还没有形成市场影响力，绝大多数知名度小于 5% 的品牌，其忠诚度都非常微小，消费者还没有形成消费习惯或偏好。

换算成信息量，即人口总数 5% 的信息量成为最低要求，以全国市场为经营范围的品牌，信息总量小于 6600 万比特，则被认为是品牌具有影响力的品牌最低下限，小于此规模的品牌称为微小品牌。

如某品牌针对某特定地区或某类特定人群，在这个特定地区或特定目标人群中获得了较高的指标结构，但对全国范围而言，其他地区的各项指标都很低，信息量相对全国而言，低于最低阈值，则该品牌为区域品牌或小众品牌，就全国范围而言是微小规模品牌。

2. 小规模品牌

对面向全国市场的品牌，其信息量在高于 6600 万比特时，知名度一般会高于最低要求的 5%，无论是否有过有意运作，该品牌事实上开始形成了对消费者的影响力，高于此值之后的品牌逐步开始有了一定的忠诚度，消费者偏好逐渐开始形成，消费者出现重复购买的现象。

知名度在 5%～16.5% 属于过渡性质的规模范围，其他指标都以品牌结构的最优状态时的最低阈值标准进行计算，换算成信息量是 0.660 亿～2.178 亿比特，这一段是小规模品牌发展的早期阶段，是品牌信息的基本量积累时期。就全国范围而言，在此规模范围内的品牌称为小规模品牌。

3. 中等规模品牌

中等规模的上下限是区别大规模和小规模品牌的界限，小规模的上限是 2.178 亿比特，这也是中等规模的下限。

中等规模品牌上限的确定是通过求得目标消费者的品牌信息总量接近全国信息总量曲线的拐点。根据品牌信息均值的变化规律，一个由专业专营品牌向大众品牌发展的过程是品牌信息均值逐渐减小趋近于1的过程。可以将两者建立为一个回归关系图，图中曲线的拐点处就是一个专业品牌转向大众品牌的关键点。越过该点后的品牌，其目标人群的特性就不再明显清晰，在消费者认知中，该品牌也不再具有专业特征，而成为一个泛大众的品牌。对照样本的拟合结果，该拐点的位置对应的信息量是7.884亿比特。为此，中等规模的上限被定义在7.884亿比特。

就全国范围的品牌而言，中等规模品牌的范围是2.178亿～7.884亿比特。这个范围跨度很大，可以再将其细分为“中等偏小规模品牌”“中等规模品牌”和“中等偏大规模品牌”三个类型，以区别接近上下阈值的品牌所具有的明显不同的性质。

4. 大规模品牌

大规模品牌的下限是中等品牌规模的上限，即7.884亿比特，超过这一下限的品牌意味着这个品牌已经开始成为一个全国性的大规模品牌。此品牌在全国各主要地区的信息量分布比较均匀，原产地区的优势开始变得不再明显，逐步褪去区域品牌的特征。此品牌的目标消费者和其他消费者对品牌认知程度的差异缩小到很不明显的程度。

大规模品牌的上限是以质量比最优时的基本量最高值的下限，按照质量比最优平均值0.35和基本量最高值的下限（即R_{max}=1）计算，对应的值应为19.863亿比特。

5. 超大规模品牌

大规模品牌的上限就是超大规模品牌的下限，即19.863亿比特。达到这一上限的品牌意味着该品牌的目标消费者与其他消费者认知程度无差异，原产地区无优势，该品牌对全国所有地区的影响力较为平均且影响很大。一般情况下，达到这一下限值以上的品牌家喻户晓，消费者对其广泛认知，耳熟能详。

对上述品牌信息量规模的分类进行汇总，可得如下品牌信息量规模的评价标准表，值得注意的是备注了全国范围意指这个标准是相对于全国范围而言的，其中计算的逻辑适用于其他范围，只是标准的阈值需相应地进行调整。

该标准的用途比较广泛，可用于对品牌进行初步分析时的品牌类型定性和归类，而对一个行业品牌进行排序和分析时需遵循可比原则，实际上这个标准为此提供了依据。此外，此标准也可以用于对单一品牌进行延伸、兼并或扩张等决策的依据。

6. 全国信息量向北京市信息量的转化

全国信息量向北京市信息量的转化可由北京市人口总数与全国人口总数的比例来确定（表2-1）。

表2-1　北京范围信息量表

类型	信息量范围	备注
微小品牌	X≤0.0103亿比特	北京范围
小规模品牌	0.0103亿比特＜X≤0.0341亿比特	北京范围
中等规模品牌	0.0341亿比特＜X≤0.1233亿比特	北京范围
大规模品牌	0.1233亿比特＜X≤0.3106亿比特	北京范围
超大规模品牌	0.3106亿比特＜X	北京范围

六、质量比阈值及其性质

品牌信息质量比值是判定品牌质量状况的主要指标，该指标的参考阈值区间及其各个区间的性质如表 2-2 所示。

表 2-2 品牌信息质量比 λ 评价指标

λ 取值范围	备注
>1.1	质有余而量不足
0.985～1.1	最优区间、质量最优
0.22～0.985	良好
0.03～0.22	一般
<0.03	低于平均水平，属于较差水平

1. $\lambda<0.03$

品牌信息质量比小于 0.03，意味着该品牌的影响力全部来自知名度和认知度，其美誉度等于所在行业的平均美誉度。该品牌的质量等于该行业所有品牌质量的平均水平（实务中一般使用大于市场份额 0.5% 的品牌进行计算）。

$\lambda<0.03$ 意味着该品牌的质量水平低于同行业所有品牌的平均水平。该品牌的美誉度低于行业平均美誉度，品牌的影响力受到了质量不足的影响，没有达到本该达到的水平。

2. $0.03<\lambda\leqslant0.22$

λ 处于此范围的品牌质量不高，可以称之为一般水平。仅仅是略高于行业所有品牌的平均水平，若是知名度不高的品牌，则品牌还处于发展初期，出现了一些自传播现象，但很微弱。若是知名度较高的品牌，则品牌有一定影响力，但基本来自广告等传播工具的影响，消费者的偏好还没有形成，需加强公共关系活动，增强品牌的内在发展质量。

3. $0.22<\lambda\leqslant0.985$

λ 处于 0.22～0.985 的品牌质量属于良好水平。如果知名度和认知度较高，品牌表现较为出色，能够反映出厂商对品牌运营具有较强的经营能力。如果知名度和认知度都较低，则说明该品牌的消费者人群还比较有限，依靠较好的服务水平获得了较高的认可，但总体影响力还是比较有限。

4. $0.985<\lambda\leqslant1.1$

λ 处于 0.985～1.1，称为内在质量最优阶段。如果能够具有较大的品牌信息总量，目标消费者在知名度和认知度上具有显著的优势，各项指标间的比例恰当，则该品牌的质量结构最为理想。此时的品牌具有非常好的口碑传播效果，具有极强的自我传播动力，且上升空间很大。

5. $\lambda>1.1$

如果 $\lambda>1.1$，则品牌会表现出质有余而量不足的状况。若知名度和认知度不高，则体验过该品牌产品的消费者会表现出对该品牌很强的美誉度，但体验过该品牌产品的消费者数目太少，需要企业加大品牌的宣传力度，以提高品牌的信息量。若知名度和认知度较高，则意味着品牌有可能是专门向小众品牌方向发展的产品。

七、品牌稳定性指标的阈值及关键点

品牌稳定性指数（x）是反映品牌抗风险能力、维护费用、品牌信息有效时间间隔等的重要指标。该指数越大越稳定，越稳定说明该品牌维护费用越低，品牌信息有效时间间隔短，具有很强的抗风险能力。指数越小，说明品牌稳定性越差，品牌维护成本越高，需要频繁地做宣传来维护品牌信息的有效性。品牌稳定性评价指标阈值如表 2-3 所示。

表 2-3　品牌稳定性指标评价表

x 取值范围	备注
≥15	极强稳定性
9～15	强稳定性
7.49～9	较强稳定性
3～7.49	一般稳定性
1～3	弱稳定性
<1	极弱稳定性

（1）$x \geqslant 15$

稳定性极强，品牌稳定程度极高，不易改变。

（2）$7.49 \leqslant x < 15$

稳定性强，品牌各项指标较为稳定。

（3）$3 \leqslant x < 7.49$

稳定性一般，大多数具有一定影响力的品牌应该能够达到的稳定性水平。

（4）$1 \leqslant x < 3$

稳定性弱，在品牌发展进入过渡期时出现失稳状态的阈值区。

（5）$x < 1$

稳定性极弱。

品牌稳定性分析的目的是要针对品牌信息质量对自然衰减的抵抗能力及应对环境变化或不可抗力的能力进行评估。企业面对的经营环境是具有高度经营风险的环境，品牌的作用之一就是能够为企业增加抗风险的能力，这需要品牌具有相对较高的稳定性。

品牌稳定性指标就是用于描述品牌这一性状的指标。其值在（0，100）之间，通过品牌衰减系数以 2 为底的指数运算，减 1 去整，再乘以 100 获得的指标。对该指标的关键点解释如下：

1. x 趋近于 0

x 趋近于 0 的品牌基本不具备稳定性，俨然是这个品牌还没有形成足够稳定的情况。

2. x=7.49

7.49 对于稳定性来说是一个重要的分界点，在图像可以看出这是一个增函数的拐点。7.49 以上的情况可以视为品牌具有较强的稳定性，品牌各项指标的现状都不容易发生改变；而 7.49 以下的情况，品牌虽然具有一定的稳定性，但还是比较容易发生改变。

3. x=15

当 x 达到 15 时，品牌稳定性会明显出现极强的抵抗衰减的能力，品牌各项指标趋于稳定，现状极难发生改变，意味着消费者对品牌的印象和认知根深蒂固，偏好或习惯均已形成。

第三章 调研过程阐述

第一节 调研准备工作

一、调研品牌的确认

本次调研选择的调研对象是北京市农业农村局推荐报送而来的品牌，共有146个，其中包括种植业92个、畜牧业20个、其他品牌34个（包括加工业27个、综合类4个、手工艺品3个）。具体调研名单如下。

1. 种植业

平谷大桃、北寨、屈海全、茅山后佛见喜梨、甜.那溪、鑫桃源、绿农兴云、林淼、绿养道、蜜多邦、潮河果品、密之蓝天、檀州、奥仪青源、墨粟、天葡庄园、金地达源、密农人家、密水农家、怀柔板栗、绿手、栗山翁、汤河甜薯、中农富通、聚牧源、第五季、绿蜻蜓、后元化、蜓好、京农颐景园、品品鲜、昌平草莓、昌平苹果、小汤山、黑山寨、万德庄园、鑫城缘、军都山、红泥乐农场、天润园、御享、食为先、兴农鼎力、永顺华、华顺源、鑫双河、purelife、沿特、顺丽鑫、硕丰磊、水云天、绿奥、益婷、草帽公社、老兵农场、前鲁、福来芽、龙湾巧嫂、分享收获、地之源、大兴西瓜、宋宝森、乐苹、庞各庄世同、兴庞农、李家巷、宏福柿、立征春雨、伍各庄益农、赵家场春华、凤河源、贾尚、盛世杰、四季阳坤、泗家水、太子慕、拇指姑娘、灵之秀、妙峰山玫瑰、绿富隆、北菜园、五福兴农、妫川源、京农绿惠、金粟丰润、前龙、妫河谷、茂源广发、龙海源、中农春雨、御前青玉、泰民同丰。

2. 畜牧业

金海湖、千喜鹤、花彤、京密、凯诚、窦店益生、燕都中原、三江宏利、天蜂奇、卓宸、赤萝秀、北京鸭、峪口禽业、BBSC、顺民义、硒全食美、鹏程、德青源、Levoyage乐航、归原。

3. 加工业

味食源、新宇阳光、喜逢春雨、红螺食品、老栗树、京一根、琦彩鸿、碧生源、南河北星、凯达恒业、波龙堡酒庄、皇城货郎、首诚、莱恩堡、古船大米、天谷、古船杂粮、裕农、王致和、华都食品、顺鑫控股、顺鑫鑫源、北郎中、欧菲伯格、掌鲜、万谷食美、古韵流村。

4. 综合类

密云农业、大兴农品、灵山绿产、妫水农耕。

5. 手工艺品

云艺古坊枕、妙峰咯吱、葫芦牛。

二、调研问卷设计

调研问卷的设计是严格参照国家标准《品牌评价　消费者感知测量指南》（GB/T 39071—

2020）的问卷模板进行设计的，经过项目组成员反复讨论调试，在不偏离国家标准问卷模板的前提下，贴合"北京优农"品牌调研要求，最终确认能够准确反映"北京优农"品牌信息而进行设计的。

调研问卷设计时，未添加基本信息项，因为这样用户在注册时就必须要完善个人信息才能填答问卷，而原始数据导出会把用户的基础信息一并输出。问卷内容包括对一个品牌是否知晓、认知程度、是否具有自传播以及重复购买等问题。

三、调研数量的确定

经由有关各方商议，最终确定采取线上线下相结合的调研方式，对上述每个品牌调研 300 份有效问卷，分别包括线上调研 250 份和线下调研 50 份。

四、调研监测与保障

组卷时，在问题中间穿插检测题以实时检测用户填答问卷的认真程度。检测题包括假品牌检测题、一致性检测题、数字或文字检测题、计算检测题等，避免机器人作答，用于对用户填答问卷的认真程度进行监测。通过在问卷发放过程中进行分类分段发放，对问卷发放范围进行限制，从而能够更及时有效地对数据进行筛选检查，及时剔除不合格数据。

问卷在收集过程中，定期由工作人员进行质量检查，数据收集结束的问卷立即进行整理归纳，所有调研原始问卷经过数据清洗、系统统计、模块化计算等几个步骤，确保计算所用数据真实有效，保证分析结果的科学性，最终获得每个品牌的知名度、认知度、美誉度、忠诚度及品牌信息总量估值等指标，并加以定量分析。此外，力求做到所有数值皆可追溯到原始数据，使本研究的所有分析数据完全能够保证其真实性和有效性。

第二节 线下调研数据收集

此次线下调研活动共有 4 次，分别在指定地点区域向周边居民、游玩群众发放纸质版问卷。4 次线下调研共收集数据 9192 条，在对问卷进行人工筛查后，共剔除无效数据 1555 条，剩余 7637 条有效数据。并且在第四次调研中对部分品牌进行了补充调研，进而保证了线下调研数据的真实性和有效性。

一、线下调研的地点

本次针对"北京优农"的 146 个农产品品牌进行的线下调研活动共分为 4 次完成，具体调研时间与地点分布见表 3-1。

表 3-1 线下调研时间、地点分布

调研时间	调研地点
2023 年 4 月 1 日	朝阳区奥森公园
2023 年 4 月 15 日	东城区光明西街
2023 年 5 月 13 日	西城区人定湖公园
2023 年 6 月 10 日	西城区北营房城市森林公园

二、消费者特征分布

本次线下调研的消费者男女比例约为 3.4 ：6.6；消费者群体年龄分布在 18～70 岁，其中 55 岁及以上占比最多，[35～45）岁次之，[25～35）岁第三，[18～25）岁第四，[45～55）岁第五，18 岁以下消费者最少；家庭年收入分布，[6 万～20 万）元最多，[2 万～6 万）元次之，随后是 2 万元以下、[20 万～50 万）元、[50 万～200 万）元，200 万元及以上的消费者极少。受调研地点选择的影响，消费者居住地区多分布在朝阳区、东城区、西城区和海淀区。由于线下调研多集中在公园、社区，老年人居多，故消费者的职业特征分布为退休人员最多，其后依次是在校大学生、普通职员、企业管理者。具体数据如表 3-2 至表 3-4。

表 3-2　线下调研消费者年龄分布表　　单位：人

年龄	18 岁以下	[18～25）岁	[25～35）岁	[35～45）岁	[45～55）岁	55 岁及以上
问卷 1-10	7	38	61	68	33	33
问卷 11-16	2	13	27	11	11	65
问卷 17-22	7	3	3	16	9	79
总计	16	54	91	95	53	177

表 3-3　线下调研消费者学历分布表

学历	初中及以下（人）	高中或大专（人）	大专（人）	本科（人）	硕士（人）	博士（人）
问卷 1-10	22	24	55	97	36	6
问卷 11-16	27	34	23	35	9	1
问卷 17-22	17	41	22	27	8	2
总计	66	99	100	159	53	9

表 3-4　线下调研消费者家庭收入分布表　　单位：人

家庭收入	2 万元以下	[2 万～6 万）元	[6 万～20 万）元	[20 万～50 万）元	[50 万～200 万）元	200 万元及以上
问卷 1-10	55	51	82	44	8	0
问卷 11-16	10	37	51	26	3	2
问卷 17-22	27	36	32	18	4	0
总计	92	124	165	88	15	2

三、数据回收情况说明

通过 4 次线下调研工作，共收集有效数据 7637 条，确保了每个品牌收回有效数据在 50 条左右，其中个人信息填答不完整、填答问卷逻辑错误、填答不认真等问卷数据均视为无效数据，不计入统计结果，并在第四次线下调研活动对有效数据不足 50 条的品牌进行了集中补充调研。

第三节 线上调研数据收集

一、线上调研发放机制

本次线上调研采用填呗调研平台，选取代表知名度、认知度、美誉度、忠诚度的标志性问题组成本次调研问卷，并将146个品牌划分为29组问卷进行调研，预计每组发放250份问卷，收回有效问卷250份，将所收集的数据筛选清洗之后，经由填呗品牌计算系统得出所调研品牌的知名度、认知度、美誉度和忠诚度具体计算数值。

二、消费者特征分布

本次线上调研与线下调研不同的是，线上调研活动男性消费者居多，消费者年龄分布集中在［18～70）岁，其中［25～35）岁区间的消费者最多，［18～25）岁次之，［35～45）岁第三，［45～55）岁第四，55岁以上的消费者极少，这恰好弥补了线下调研活动中老年人居多、年轻人较少的不足。线上调研消费者年收入在6万元以上的占比超过80%，其中［6万～20万）元区间内的消费者人数最多，其次是［20万～50万）元，［50万～200万）元第三，200万元及以上与2万元以下的人较少。消费者的职业特征集中在一般职员、管理人员、技术人员和高层人员。

三、数据回收情况说明

线上调研工作共收回问卷7414份，在对数据进行清洗之后，剔除无效问卷164份，同时对不足250份的问卷进行补充调研，最终筛选出有效问卷7250份，共得有效数据37310条，确保每个品牌的有效问卷数据为250份，同时也保证了数据的真实性和有效性。

第二部分

总体评价篇

第四章 品牌各项指标汇总及初步解读

第一节 种植业品牌各项指标汇总、排序及解读

一、指标汇总

本次面向北京市调研的 92 个种植业品牌包括 5 个区域公用品牌、51 个企业品牌和 36 个产品品牌。表 4-1 以品牌信息总量按从大到小的顺序排序，对 92 个种植业品牌资源的基础数据进行了汇总。

表 4-1 种植业品牌各项指标汇总

序号	品牌	知名度（%）	认知度（%）	美誉度（%）	忠诚度（%）	品牌信息量估值（亿比特）
1	平谷大桃	71.53	67.48	28.30	26.92	0.983891434
2	怀柔板栗	68.38	43.76	24.95	21.17	0.640052876
3	大兴西瓜	66.47	47.73	21.69	30.66	0.575592472
4	昌平草莓	50.41	43.55	18.53	19.90	0.367565938
5	小汤山	51.00	34.64	10.70	11.66	0.244960733
6	密水农家	41.82	29.57	12.15	11.14	0.197444473
7	北寨	38.28	30.16	13.92	8.47	0.195213280
8	天葡庄园	35.14	29.69	15.99	11.54	0.192698165
9	庞各庄世同	33.88	32.75	12.86	10.41	0.172187181
10	兴庞农	31.52	25.64	15.61	15.96	0.160021762
11	屈海全	31.77	27.89	14.37	11.02	0.159295551
12	绿养道	30.21	26.37	15.53	10.22	0.154670366
13	绿农兴云	34.93	22.95	11.36	9.32	0.144202701
14	昌平苹果	34.79	21.77	9.44	14.16	0.130809904
15	奥仪青源	32.38	22.37	10.34	7.06	0.127262375
16	鑫桃源	29.09	21.16	13.61	8.91	0.127056657
17	密农人家	31.92	19.95	11.40	8.68	0.125418255
18	分享收获	29.06	21.84	11.84	9.86	0.119900285
19	栗山翁	29.27	22.43	11.04	8.23	0.118328413
20	甜 . 那溪	29.95	22.49	10.18	8.63	0.117245317
21	四季阳坤	25.75	23.79	12.10	9.45	0.110895240

续表

序号	品牌	知名度（%）	认知度（%）	美誉度（%）	忠诚度（%）	品牌信息量估值（亿比特）
22	立征春雨	26.17	23.51	11.28	7.87	0.108693073
23	御前青玉	28.19	19.76	10.46	8.91	0.106475760
24	密之蓝天	27.38	18.80	9.11	7.33	0.096551489
25	茅山后佛见喜梨	25.56	21.53	8.20	5.33	0.091219877
26	凤河源	27.32	15.58	8.37	6.70	0.088250101
27	黑山寨	23.61	16.93	11.09	8.79	0.086837964
28	妙峰山玫瑰	25.66	16.40	9.21	3.39	0.085311712
29	宏福柿	23.79	20.26	6.83	5.83	0.078814105
30	第五季	24.14	15.13	8.23	6.33	0.076904872
31	潮河果品	22.44	17.98	7.87	4.44	0.074323215
32	宋宝森	19.57	15.71	10.59	8.57	0.069016699
33	金粟丰润	20.65	15.20	8.84	7.43	0.067427367
34	泰民同丰	21.42	14.67	8.13	4.88	0.067391253
35	品品鲜	22.60	18.16	4.81	4.61	0.066779464
36	金地达源	20.01	15.38	9.30	5.06	0.066725854
37	老兵农场	22.28	14.55	6.66	4.24	0.066062112
38	purelife	20.04	12.66	9.29	7.39	0.063364790
39	御享	21.06	12.83	7.83	5.63	0.063164956
40	京农绿惠	20.95	14.38	6.63	4.82	0.061844429
41	京农颐景园	21.30	18.84	3.82	3.42	0.061310601
42	中农富通	20.99	11.69	3.62	2.41	0.059328225
43	草帽公社	18.97	16.19	7.17	3.82	0.059193602
44	兴农鼎力	20.46	14.59	5.30	4.22	0.057636915
45	聚牧源	22.74	9.34	5.27	4.05	0.057510733
46	林淼	18.30	12.91	8.74	5.69	0.056924426
47	伍各庄益农	18.20	15.30	6.80	3.80	0.055057452
48	绿富隆	18.52	16.36	5.49	5.28	0.054336018
49	红泥乐农场	17.25	15.32	7.32	5.02	0.053244366
50	龙湾巧嫂	19.77	9.99	6.45	5.45	0.053069361
51	墨粟	18.43	13.65	5.66	3.23	0.051693133
52	前鲁	16.96	11.81	8.28	5.85	0.050716496
53	泗家水	16.58	14.46	7.48	3.65	0.050645652
54	五福兴农	18.53	13.18	5.10	4.08	0.050397532

续表

序号	品牌	知名度（%）	认知度（%）	美誉度（%）	忠诚度（%）	品牌信息量估值（亿比特）
55	顺丽鑫	18.16	14.08	4.70	3.47	0.049498150
56	北菜园	17.72	15.82	3.88	5.27	0.048378489
57	福来芽	16.77	14.54	5.24	4.84	0.047093431
58	灵之秀	17.24	13.75	4.90	3.06	0.046766656
59	赵家场春华	15.82	13.50	6.40	4.60	0.045520248
60	永顺华	15.89	13.73	5.74	4.72	0.044779717
61	蜜多邦	16.33	13.00	4.82	3.22	0.043788149
62	汤河甜薯	16.69	12.48	2.83	3.42	0.040999744
63	盛世杰	15.79	11.44	4.46	2.63	0.040454649
64	万德庄园	14.32	11.51	6.49	4.60	0.039710736
65	茂源广发	15.05	10.22	5.87	3.65	0.039695971
66	鑫城缘	15.02	10.98	5.44	4.60	0.039583957
67	乐苹	15.51	8.78	4.90	3.27	0.038222473
68	妫川源	14.00	10.82	6.03	4.62	0.037626815
69	后元化	15.80	9.80	2.63	2.23	0.036475054
70	贾尚	14.44	10.66	4.12	2.84	0.035936323
71	天润园	13.53	11.08	4.46	2.84	0.034404799
72	龙海源	14.10	7.62	5.06	2.43	0.034084946
73	中农春雨	13.90	7.58	4.62	2.10	0.033017052
74	鑫双河	12.64	11.14	4.82	3.42	0.032649964
75	军都山	14.03	5.89	2.64	2.24	0.029721033
76	李家巷	12.50	8.75	3.82	3.01	0.029527225
77	蜓好	13.36	8.75	0.60	0.40	0.027893144
78	地之源	11.18	8.64	3.12	1.64	0.025662331
79	太子慕	10.05	9.75	4.66	2.43	0.025060710
80	绿奥	11.70	7.07	1.84	1.43	0.024669566
81	绿蜻蜓	10.99	8.20	2.63	1.82	0.024511281
82	益婷	12.79	3.75	1.01	0.81	0.024184197
83	华顺源	10.43	7.32	3.81	1.61	0.023859085
84	拇指姑娘	11.22	4.49	1.02	0.82	0.021613199
85	食为先	9.04	5.73	3.22	2.01	0.019490147
86	硕丰磊	7.55	4.49	2.66	2.04	0.015483827
87	妫河谷	7.20	5.20	3.40	3.20	0.015452411

续表

序号	品牌	知名度（%）	认知度（%）	美誉度（%）	忠诚度（%）	品牌信息量估值（亿比特）
88	檀州	6.42	3.11	3.82	3.01	0.013314054
89	绿手	5.82	4.77	1.42	1.42	0.011454020
90	沿特	5.31	4.80	2.04	1.43	0.010702672
91	前龙	5.35	2.88	1.60	1.20	0.010138933
92	水云天	4.49	2.04	1.23	0.82	0.008206461

二、种植业品牌指标初步解读

1. 规模分段解读

本研究调查了 92 个种植类品牌，从表 4-1 中品牌的基础指标数据可以看出，平谷大桃、怀柔板栗、大兴西瓜、昌平草莓这 4 个品牌属于大规模品牌（品牌信息总量超过 0.3106 亿比特）；而品牌规模较大（品牌信息总量在 0.1233 亿～0.3106 亿比特）的品牌有 13 个、品牌规模中等（品牌信息总量在 0.0341 亿～0.1233 亿比特）的品牌有 54 个、规模较小（品牌信息总量小于 0.0341 亿比特）的品牌有 21 个。下面将以这些品牌的信息总量（或称对消费者的影响力）进行解读分析。

第一类品牌属于北京市的大规模品牌，信息总量超过 0.3106 亿比特。其中平谷大桃、怀柔板栗、大兴西瓜、昌平草莓都属于北京市区域公用品牌，在北京市是家喻户晓的知名品牌，具有较高的消费者认知，消费者具有较强的购买偏好且忠实消费者众多。在种植业品牌中，平谷大桃品牌的信息总量最高，达到了 0.976939705 亿比特，平谷大桃属于北京市区域公用品牌，种植历史悠久，且该品牌产品具有个大、色艳、甜度高、桃味浓的特点。2019 年，平谷大桃作为新中国成立 70 周年国庆招待会宴会用桃，成为名副其实的“国庆礼桃”。该品牌属于高知名度商标，消费者对品牌信息的了解程度较深，品牌传播效果良好。

第二类品牌属于北京市的规模较大的品牌，其中信息总量较高的两个品牌是小汤山和密水农家，其信息总量分别为 0.244960733 亿比特和 0.197444473 亿比特，这一区间的品牌表现为信息量在北京市的分布比较均匀，区域品牌特征逐渐褪去。小汤山品牌历史悠久，知名度高，且具有良好的口碑传播效果；密水农家在北京市范围内有充分的消费者认知基础和联想基础，影响力较大，二者都处于品牌成熟期阶段，具有一定抗风险能力。

第三类品牌属于北京市的中等规模品牌，本次调研的 92 个种植类品牌中有 54 个品牌的信息总量都属于该区间。该区间的品牌基本处于成长期阶段，具有一定的影响力，消费者口碑作用开始显现。其中，信息量排名前五的品牌分别为分享收获、栗山翁、甜．那溪、四季阳坤和立征春雨，这 5 个品牌具有较好的消费者认知基础，品牌信息传播效果较好，消费者对品牌产生了有效的认知并且能较为充分地转化为对品牌的口碑。但美誉度和忠诚度略显不足，未来需要注重产品品质和消费者口碑的传播，充分发挥品牌的口碑效应。

第四类品牌在北京市的规模较小，从此次品牌调研获得的数据来看，这 21 个品牌的认知基础偏低，各项指标均不太突出，大多处于品牌发展早期，品牌自传播效应较弱，未来需要加大宣传力度，以提升品牌影响力。

2. 基础指标的解读

基础指标中包括了知名度、认知度、美誉度、忠诚度四个对品牌进行描述的指标序列，本研究严格依据国家标准对各个调研对象进行了精确的测算，计算所得数据可供分析参考。

通过对北京市 92 个种植业农产品品牌的分析发现，全部品牌的知名度都接近或超过了知名度阈值的第一个关键点 4.69%，企业为获取知名度进行了专门的宣传运作，说明消费者对所有品牌有知晓和认知基础，其中平谷大桃、怀柔板栗、大兴西瓜、昌平草莓、小汤山、密水农家、北寨 7 个品牌均超过知名度第三个关键点 37.5%，在北京市几乎达到了家喻户晓的认知程度，具有极强的影响力。还有一些品牌如硕丰磊、妫河谷、檀州、绿手、前龙、沿特、水云天等，大多数消费者对其并不十分熟悉，品牌整体指标也偏低，仍需加强品牌建设。另外，有些区域公用品牌如平谷大桃、怀柔板栗等，可能由于假冒产品较多，造成市面上产品质量参差不齐，消费者口碑下滑，逐渐有衰退的趋势，而且品牌认知度与知名度的比值大部分都超过了 50%，意味着绝大部分品牌的传播效果都是较为充分的，消费者对品牌形成了有效认知。

种植业农产品品牌的美誉度除了蜓好、水云天、前龙、绿手、益婷、拇指姑娘之外，都超过了美誉度的第一个关键点 1.62%，消费者口碑作用开始凸显出来，逐渐形成消费者偏好，属于有效自传播效应萌发时期。其中檀州、purelife、前鲁、林淼、宋宝森、龙海源草莓、黑山寨、妫河谷、龙湾巧嫂、鑫桃源、御享、中农春雨、兴庞农、金地达源以及水云天这 15 个品牌的美誉度与认知度的比值均大于 0.6，意味着消费者对该品牌的认知能够充分地转化为对该品牌的良好口碑。较高的认知度作为美誉度增长的基础，保证了品牌效应的相对稳定。但多数品牌存在着认知度向美誉度转化不充分的问题，可能的原因有以下两点：第一，品牌的产品品质或服务质量未能使消费者产生体验后的满意，品牌未能获得良好的口碑效应；第二，市场上已存在影响力较大的知名品牌，对品牌口碑自传播效应造成了一定的阻碍。

在忠诚度指标上，全部种植业品牌均获得了有效的忠诚度，意味着消费者对品牌有重复购买行为发生。其中大兴西瓜、昌平苹果、北菜园、昌平草莓、小汤山、汤河甜薯、兴庞农、绿手、品品鲜、妫河谷、蜓好、益婷、拇指姑娘、绿富隆等 14 个品牌的忠诚度略高于美誉度或基本持平，意味着品牌在营销活动中能够起到支持作用，消费者会因为对品牌的偏好而产生重复购买行为。但这不能说明品牌发展现状的好坏，忠诚度与品牌经营策略、产品价格等息息相关，所获得的忠诚度可能并不稳定。低美誉度下的高忠诚度可能并不是品牌自身因素形成的，而可能是低价策略，这不利于品牌在发展后期转型，所以需要注意品牌的潜在风险。

第二节　畜牧业品牌各项指标汇总

一、指标汇总

本次面向北京市调研的 20 个畜牧业品牌包括 1 个区域公用品牌、12 个企业品牌和 7 个产品品牌。表 4-2 为 20 个畜牧业品牌资源基础数据的汇总，表中以品牌信息总量按从大到小的顺序排序。

表 4-2　畜牧业品牌资源基础数据汇总

序号	品牌	知名度（%）	认知度（%）	美誉度（%）	忠诚度（%）	品牌信息量估值（亿比特）
1	德青源	53.92	43.83	20.32	27.49	0.422680438
2	鹏程	40.07	33.50	10.46	13.18	0.187703071
3	千喜鹤	35.64	27.99	9.48	10.50	0.148261504
4	北京鸭	28.63	19.44	7.39	5.36	0.095552769
5	金海湖	29.73	18.89	5.53	2.76	0.091484922
6	京密	24.59	18.24	7.58	5.74	0.080922264
7	三江宏利	24.49	15.95	7.47	5.87	0.076969674
8	窦店益生	22.63	15.66	8.35	5.67	0.073183908
9	天蜂奇	18.18	16.94	7.97	5.49	0.059334615
10	峪口禽业	15.98	13.77	6.45	5.24	0.059078575
11	燕都中原	16.52	12.78	5.42	4.22	0.045140514
12	卓宸	13.52	12.41	4.44	3.83	0.035296039
13	凯诚	14.47	7.03	3.92	2.01	0.033039346
14	硒全食美	13.55	10.26	3.63	2.83	0.032814552
15	归原	12.71	10.08	3.10	1.21	0.030044998
16	花彤	12.52	10.28	3.36	1.98	0.030024998
17	顺民义	11.68	5.94	1.82	1.41	0.0240053
18	Le voyage 乐航	9.86	6.14	2.01	1.21	0.020490058
19	赤萝秀	9.29	7.19	2.81	1.81	0.020392687
20	BBSC	6.69	1.21	1.81	1.01	0.010655277

二、畜牧业品牌指标初步解读

1. 规模分段解读

本研究调查了 20 个畜牧类品牌，其中德青源属于大规模品牌（品牌信息总量超过 0.3106 亿比特）；鹏程、千喜鹤属于较大规模品牌（品牌信息总量在 0.1233 亿～0.3106 亿比特）；品牌规模中等（品牌信息总量在 0.0341 亿～0.1233 亿比特）的品牌有 9 个，分别是北京鸭、金海湖、京密、三江宏利、窦店益生、天蜂奇、峪口禽业、燕都中原、卓宸；规模较小（品牌信息总量小于 0.0341 亿比特）的品牌有 8 个，分别是凯诚、硒全食美、归原、花彤、顺民义、Le voyage 乐航、赤萝秀、BBSC。下面将以这些品牌的信息总量（或称对消费者的影响力）进行解读分析。

德青源属于北京市的大规模品牌，信息总量达到了 0.422680438 亿比特。德青源品牌注重食品安全，创建了"鸡蛋身份证制度"，开创了我国鸡蛋品牌的先河，先后多次承担了国际、国家重大活动的蛋品供应重任，其品质深受消费者信任和喜爱，表现出明显的购买和向他人推荐的意愿，并逐渐形成品牌偏好和消费习惯。

鹏程、千喜鹤属于北京市的规模较大的品牌，其信息总量分别为 0.187703071 亿比特和 0.148261504 亿比特。该阶段品牌的区域特征逐渐褪去，目标消费者和其他消费者对品牌的认知程度的差异并不太明显。鹏程、千喜鹤都是猪肉品牌，在北京市有较强的品牌影响力，品牌传播效率较高。这两个品牌属于成长期后期向成熟期早期过渡的阶段，发展趋势良好，具有一定的抗风险能力，未来需注重消费者体验，促进美誉度提升，以充分发挥自传播对产品销售的积极作用。

本次调研的畜牧类品牌有 9 个都属于中等规模品牌，该区间内品牌的共同点是品牌都属于成长期，品牌为获得消费者认知付出了一定努力，但各项指标还不太突出，仍有上升空间。此外，其品牌的美誉度相较于认知度来说转化不太充分，需要注重产品品质的保持或提升，充分发挥口碑传播效应。

其余 8 个品牌属于小规模品牌，品牌信息量均低于 0.0341 亿比特，处于品牌导入期阶段。这几个品牌的美誉度和忠诚度较低，品牌影响力有限，口碑效应较低，消费者重复购买意愿不太强烈。其中 BBSC 品牌作为种猪培育品牌，并不像其他猪肉品牌一样面向直接消费者，受众较窄，因此并没有取得较高的消费者认知属于正常现象。而其他 7 个品牌未来可以通过加大广告投放密度等方式使品牌获取更多的关注度，进而提升品牌综合影响力。

2. 基础指标的解读

首先，在知名度指标上，20 个畜牧类品牌的知名度都超过了第一个阈值 4.69%。该阶段知名度的效应已经开始显现，品牌对营销起到了明显的促进作用，超过半数的消费者有进一步认知的意愿，表现出对同类产品购买的偏好。但是从整体上看，此次调研的 20 个品牌的知名度还不算太高，只有德青源、千喜鹤、鹏程这三个品牌的知名度超过了 30%，在市场上拥有一定的影响力，有相当一部分消费者对其有较深刻的认知，表现出明显的购买意愿，并逐渐形成品牌偏好和消费习惯。

其次从认知度与知名度的比例关系来看，除了凯诚和 BBSC 品牌，其余畜牧类品牌的认知度与知名度的比值都超过了 50%，取得了不错的品牌信息传播效果，消费者能够对品牌的相关信息及内涵进行更多了解，为之后获取美誉度奠定了良好的认知基础。这说明品牌在传播上具有有效的传播途径或者容易被消费者认知的内容。其中天蜂奇、卓宸的认知度与知名度的比值超过了 90%，品牌传播效率很高，超过了大多数品牌的传播效率。BBSC 品牌的认知度和知名度的比值为 18.01%，品牌信息传播效果不理想，这有可能是因为 BBSC 的主要产品是种猪培育，主要客户是养殖场或有养殖需求的农户，目标消费者数量有限，导致品牌的整体影响力较小。

再次，从美誉度指标来看，所有品牌的美誉度均超过了获取美誉度的第一个关键点 1.62%。该阶段属于有效自传播效应的萌发时期，极容易发生品牌自传播骤增现象。从美誉度和认知度的关系来看，美誉度与认知度持平或接近是品牌发展的较好状态，对品牌有充分认知的消费者都变成了品牌的口碑传播者，并且消费者对该品牌的产品或服务表现为相当满意。在此次调研的 20 个畜牧类品牌中，绝大多数品牌的认知度都高于美誉度，说明消费者认知向品牌口碑的转化不够充分，还有很大的提升空间。

最后，从品牌忠诚度指标来看，所有 20 个品牌均获得了有效的忠诚度，每个品牌都收获了一部分忠诚消费者，消费者产生了多次连续购买行为。当忠诚度指标与美誉度指标基本接近或者忠诚度略高于美誉度的时候，意味着品牌能够作为营销工具发挥作用。此次调研的 20 个品牌中德青源、鹏程、千喜鹤、卓宸、顺民义这5个品牌的忠诚度与美誉度接近或忠诚度已经超过了美誉度，其余品牌的忠诚度均低于品牌美誉度。结合农产品的特点，造成这种现象的原因有可能是农产品同质性较强，不同品牌的同类产品之间差异不大，消费者在购买过程中可能更看重购买的便捷性、产品的新鲜程度等非品牌因素。因此建议在后期可以通过打造差异化、提升消费者口碑等，以获取一定的竞争优势。

第三节　其他品牌各项指标汇总

一、指标汇总

本研究面向北京市调研的34个其他农产品品牌中，包括27个加工业品牌、4个特色农产品品牌、3个农产品手工艺品品牌。表4-3为34个其他农产品品牌资源基础数据的汇总，表中以品牌信息总量按从大到小的顺序排序。

表4-3　其他品牌资源基础数据汇总

序号	品牌	知名度（%）	认知度（%）	美誉度（%）	忠诚度（%）	品牌信息量估值（亿比特）
1	王致和	71.32	59.80	25.65	34.06	0.821058711
2	华都食品	52.09	44.97	14.23	15.87	0.327580628
3	密云农业	56.35	39.04	17.83	11.27	0.28444746
4	顺鑫控股	38.40	31.67	9.87	10.86	0.24785309
5	古船（杂粮）	44.35	36.33	13.06	19.65	0.238723935
6	古船大米	45.84	25.98	11.92	20.68	0.202990742
7	大兴农品	33.80	27.76	10.17	9.68	0.143886109
8	碧生源	36.83	23.46	7.10	3.55	0.138056234
9	波龙堡酒庄	25.96	21.13	7.32	3.46	0.112920861
10	红螺食品	30.07	23.98	8.41	9.28	0.112708797
11	老栗树	26.86	22.56	10.46	6.67	0.106408177
12	裕农	28.93	19.68	7.26	8.90	0.096483669
13	顺鑫鑫源	25.79	17.44	5.11	3.90	0.076077959
14	味食源	21.17	14.68	8.70	4.72	0.068089678
15	皇城货郎	19.41	15.35	10.31	4.84	0.067245888
16	万谷食美	20.05	15.21	7.49	4.05	0.062186973
17	凯达恒业	20.81	15.83	5.83	4.62	0.061244301
18	欧菲伯格	17.94	11.64	4.05	3.04	0.048578847
19	南河北星	16.61	15.56	5.04	4.84	0.047199269
20	喜逢春雨	17.07	12.32	5.32	3.65	0.046011568

续表

序号	品牌	知名度（%）	认知度（%）	美誉度（%）	忠诚度（%）	品牌信息量估值（亿比特）
21	妫水农耕	15.54	14.20	4.03	2.42	0.041385264
22	首诚	16.85	9.60	3.15	1.01	0.039513433
23	琦彩鸿	13.26	11.49	5.49	3.25	0.035381044
24	新宇阳光	13.88	11.76	3.52	1.81	0.034520608
25	京一根	13.14	11.96	3.36	2.57	0.03260849
26	灵山绿产	12.79	7.71	5.28	2.23	0.031246847
27	古韵流村	12.08	9.45	4.86	2.43	0.03015297
28	莱恩堡	11.68	8.74	3.62	2.01	0.02801531
29	北郎中	12.17	8.31	1.62	2.43	0.026170293
30	天谷	10.96	5.57	4.88	0.00	0.025102998
31	云艺古坊枕	8.50	8.00	2.38	1.19	0.02321634
32	掌鲜	8.91	6.68	3.65	2.84	0.019961963
33	妙峰咯吱	7.44	6.07	2.02	1.94	0.015444753
34	葫芦牛	4.70	1.98	2.55	1.22	0.010366665

二、其他品牌指标初步解读

1. 规模分段解读

本研究中的其他农产品品牌包括三大类，分别是农产品加工业品牌、综合农产品类品牌以及农产品手工艺品品牌。从表 4-3 中品牌的基础指标数据可以看出，这 34 个品牌中未出现微小规模品牌，其中品牌规模最大（品牌信息总量超过 0.3106 亿比特）的 2 个品牌分别是王致和和华都食品，品牌规模较大（品牌信息总量在 0.1233 亿～0.3106 亿比特）的品牌有 6 个，品牌规模中等（品牌信息总量在 0.0341 亿～0.1233 亿比特）的品牌有 16 个，符合小规模标准（品牌信息总量在 0.0103 亿～0.0341 亿比特）的品牌有 10 个。下面将以这些品牌的信息总量（或称对消费者的影响力）进行解读分析。

第一类品牌属于北京市的规模品牌，信息总量超过 0.3106 亿比特。王致和品牌的信息总量最高，达到了 0.821058711 亿比特。王致和属于中华老字号，始创于清康熙年间，距今已有 300 多年历史，是国家非物质文化遗产。该品牌的消费者认知基础好，忠实消费者多，复购率高，是北京市家喻户晓的知名品牌，对消费者购买选择偏好具有影响力。华都食品的信息总量为 0.327580628 亿比特，说明该品牌在消费者中的认知程度高，宣传效果好，在同类产品中能成为消费者购买的主要选项之一。这两个品牌基本进入了成熟阶段，发展形势好，可针对美誉度进行品牌体验活动的开展，增加与消费者之间的互动，从而进一步扩大品牌规模。

第二类品牌属于北京市的规模较大的品牌，其中信息总量较高的品牌是密云农业、顺鑫控股、古船（杂粮）和古船大米，品牌信息总量分别为 0.28444746 亿比特、0.24785309 亿比特、

0.238723935亿比特、0.202990742亿比特。这一区间的品牌表现为信息量在北京市分布比较均匀，品牌目标消费者和其他消费者对品牌的认知差异缩小。但可能由于品牌品质或宣传方式与途径等方面有差距，故认知基础虽然差异不大，但美誉度迥异，导致信息量并没有达到应有的水平。大兴农品、碧生源的品牌信息总量分别为0.143886109亿比特、0.138056234亿比特，这2个品牌基本均处于品牌成长中的后期阶段，需继续为品牌传播而努力，且普遍存在美誉度相对认知度较低的情况，也是影响信息总量大小的主要因素之一。

第三类品牌属于北京市的中等规模品牌，其中波龙堡酒庄、红螺食品、老栗树、裕农这4个品牌属于中等偏大品牌，顺鑫鑫源、味食源、皇城货郎、万谷食美、凯达恒业这5个品牌属于一般中等品牌，欧菲伯格、南河北星、喜逢春雨、妫水农耕、首诚、琦彩鸿、新宇阳光这7个品牌属于中等偏小品牌。该区间的16个品牌已成为泛大众化品牌，消费者认知基础良好，基本处于成长早期和中期阶段，这一阶段的品牌具有显著的成长趋势，会对消费者的消费偏好产生一定的影响力，消费者口碑作用开始凸显，有可能向身边亲朋好友推荐，也是品牌发展的良好时机。应利用消费者的口碑传播扩大品牌影响力，在保障品质的同时，做出更多的创新，以对消费者具有持续的吸引力提升体验后的满意度，进而奠定稳定发展的基石。

第四类品牌在北京市的规模较小，从此次品牌调研获得的数据来看，这10个品牌不仅认知基础偏低，且美誉度也偏小，故手工艺品的信息总量数值偏低。如北郎中品牌的认知基础偏低，而且北郎中的美誉度也显著低于认知度，加上品牌效应不稳定，故导致信息总量偏低。

2. 基础指标的解读

34个其他品牌中，王致和品牌的知名度超过了第四个关键点61.80%，故该品牌可以被称为高知名度品牌，具有充分的消费者认知和联想基础，且能够产生自我传播效应，消费者对品牌产生了明显的选择偏好，作为购买的主要选择之一。此阶段的品牌可以逐渐减少大规模的宣传活动而维持品牌知名度平稳或有所提升，同时应将管理重心转移到公共关系活动上，即重视与消费者的互动。

华都食品、密云农业、古船杂粮、古船大米和顺鑫控股5个品牌超过了知名度的第三个关键点37.50%，消费者对品牌的产品、产地和广告内容等信息有较深的了解，产生了明显的消费者区隔，品牌对消费者选择偏好产生影响，且可以成为企业竞争工具，在竞争中作用明显。

碧生源、大兴农品及红螺食品等15个品牌的知名度为16.13%～37.50%，消费者对品牌形成了认知。此阶段的品牌对消费者的购买决策影响不大。另外，该阶段知名度的品牌居多，说明农产品品牌发展情况类似，且农产品品牌创建工作是近几年国家提出的重点发展战略与方针，各级政府重视农业、重视消费者的"菜篮子"、重视农产品品牌建设工作，因而大多数品牌处于此阶段属于正常现象。

其余13个品牌的知名度未超过第二个关键点16.13%，说明品牌可能进行过大规模的宣传活动，消费者对品牌品名有印象或已经比较熟悉。在同质同价和近似包装的品牌选择中表现出选择倾向，品牌对产品营销的作用依然有限，对企业效益的提升没有明显的帮助，基本还处于体量积累阶段。

这34个品牌的认知度与知名度的比值基本都超过了50%，品牌宣传效果好或消费者体验过产品后，促进消费者的认知更充分。只有具有良好的消费者认知基础，才能促使形成品牌效应稳定的状态。

表 4-3 中 34 个品牌的美誉度均超过了第一个关键点 1.62%，说明消费者口碑作用效果明显。王致和品牌的美誉度接近第二个关键点 27.91%，这个品牌本身知名度高，受众人群不断扩大，自传播消费者人数也会随之增加。品牌目标消费者的重复购买率高，有可能产生集体选择偏好，消费者口碑溢出效应显著，对非目标消费者的选择也会产生引导作用。

天谷和葫芦牛这两个品牌的美誉度接近或略高于认知度，目标消费者在体验了该品牌的产品之后感到满意，并向他人推荐，且可能会产生连续推荐的现象；即使消费者未体验过该品牌产品，也可能会出于对推荐者的信任和对品牌表现出的情怀形成对品牌品质的信任，这对品牌的发展极其有益。但也应注意，这两个品牌的知名度和认知度在本次调研中属较低水平，而此阶段的品牌知名度是由消费者对品牌的实际认知而获得的，且消费者对品牌具有良好的口碑，并产生了重复购买行为。但此阶段品牌效应不稳定，没有充足认知支撑美誉度的提升，美誉度容易流失，故尽快提升消费者认知也是品牌建设工作的重点。出现这种现象的原因，一是品牌在创建初期就依赖于消费者美誉度达到认知程度不断扩大的目标，故可以看到消费者的口碑效应为品牌带来了宣传效果，品牌信息传播的有效到达率较高；二是消费者对品牌的口碑传播产生了溢出效应，即对品牌有认知的消费者在体验了该品牌之后感到满意，且乐于推荐给其他消费者，出于对推荐者的信任，这些消费者对该品牌也产生了满意的感受，但由于对该品牌的相关信息并不了解，这种溢出效应在实际经营中并不多见，大部分未体验过产品的消费者会受到责任约束，仅限于暂时将该品牌向别人推荐，但并不会经常推荐。

还有美誉度显著低于认知度的品牌，这一现象的出现，主要有两方面原因，一是消费者在体验了该品牌产品之后并未感到满意，即在同类产品的比较中，消费者将不会对该品牌产生显著偏好；二是该品牌产生了品牌危机，危机来自自身品牌管理疏漏、竞争者数量激增及行业环境变化等多方面因素，需要企业进行问题排查。

美誉度与认知度接近的品牌，发展状态良好。从调研数据来看，这类品牌并没有通过大规模的广告宣传促进知名度和认知度的提升，品牌效应较稳定。

在表 4-3 的 34 个品牌中，基本均具有忠诚度，即连续购买了 5 次及 5 次以上该品牌产品。且从表中可以看出，一些品牌的忠诚度出现了明显高于或低于美誉度的情况，但其余大部分品牌的忠诚度与美誉度的比值则处于良好状态。下面将对以上品牌出现的这三种现象进行逐一分析。

首先，忠诚度明显低于美誉度，说明品牌获得了消费者的满意体验，但大部分消费者未形成重复购买行为。其原因：一是消费者对品牌产品的高价格接受度不高；二是消费者能够找到品质相似且价格较低的可替代农产品，而且在菜市场、超市或外卖平台中经常会有产品促销活动；三是由于农产品本身差异化不显著，且种植技术成熟，故消费者大多会从价格、销售渠道和品类喜好等方面决定是否购买，即农产品品牌对消费者的购买决策影响较小。

其次，忠诚度高于美誉度，这类品牌数量不多，例如对古船大米、北郎中、古船杂粮和王致和食品品牌的重复购买率高，说明品牌品质优良、性价比高，与忠实消费者维系着较稳定的供需关系，这对品牌的发展来说是相当有利的。但需注意，品牌忠诚度显著高于美誉度，这可能并不是由品牌带来的忠实消费者，而是产品价格、促销策略和销售渠道等方面吸引了消费者购买，其会对品牌可持续发展埋下潜在危机。若该品牌价格稍有提升，就会导致忠实消费者的大量流失，品牌效应则将立即失稳，造成企业短期或长期亏损。

最后是品牌的忠诚度与美誉度比值较为合理，说明具有一定的忠诚度，也会促使品牌的口碑传播。重复购买该品牌的消费者是企业应重点维护的对象，这部分消费者应是企业的目标消费者，也是品牌在创建时应确立的战略目标之一。因此，此时的品牌建设工作应该是加强对目标消费者的宣传，增加与消费者之间的互动，吸引新消费者认知并购买该品牌产品。

第四节　共性问题解读及建议

本次“北京优农”项目共调研了146个北京优质农产品品牌，通过品牌个案分析及指标汇总分析解读，研究发现了如下两个问题，并相应提出了发展建议以供参考。

一、大多数品牌知名度集中在16.13%～37.5%，差异化不显著

本次调研的146个北京农产品品牌中，有76个品牌知名度集中在16.13%～37.5%，产品种类相似的不同品牌之间，知名度差距不大。超过16.13%的品牌表现为部分消费者对品牌logo、产品类别、产地和品牌风格等信息较为了解，消费者认知基础良好，能够形成品牌偏好。通过品牌调研数据可知，这一阶段知名度的增加是伴随着认知度和美誉度而增长的。在北京，品牌知名度如此集中，说明品牌的差异化竞争优势并不显著。虽然企业为品牌知名度的获取付出了努力，但可能在产品创新、宣传内容和方式上都存在与其他品牌雷同的情况，所以最终导致品牌在营销环节中的作用不大。从数据中还得知，品牌指标均未达到优秀水平，品牌美誉度和忠诚度均略低于认知程度，所以消费者在同类产品购买中并不因为某品牌而产生重复购买行为，而是依赖于价格和促销搭配产生的购买偏好。

建议：一是从品牌产品的特性和消费者需求出发，拉近品牌与消费者之间的关系。农民合作社、区域公用品牌和一些企业品牌都应开展一些与消费者的互动活动，以吸引消费者对品牌的关注。二是在主流媒体中传播相关品牌信息，引导消费者产生良好印象。应做到在带有评论功能的平台中均可以查找到品牌相关信息。因体验过品牌产品的消费者的评价好坏程度也会对未体验过品牌产品的消费者产生非常大的影响，若负面评价过多会对品牌传播造成不小的阻碍，所以也需要重视负面评价，有则改之无则加勉，澄清事实，做好品牌公关。此外，增加在主流媒体中的广告投入是十分必要的，在宣传内容和渠道上应符合大多数消费者的偏好，只有这样才能引导消费者接受品牌信息，获得较高的品牌有效传播到达率。三是凸显品牌特色，实现差异化竞争。农产品品牌数量增长迅速，能够成长为高知名度和高认知度的品牌寥寥无几，所以如何展现品牌特色并让大部分消费者接受，也是一大难点。实践证明，品牌差异化是品牌有效传播的重要环节之一，对营销有着重要的影响。

二、部分品牌名称与产品关联不高，不利于联想

从品牌名单中可以看出，部分品牌名称与产品关联程度不高，不利于消费者联想。实践表明，品牌命名要易于消费者记忆和联想。在本次调研的区域公用品牌中，平谷大桃、怀柔板栗、大兴西瓜和昌平草莓等品牌名称均易于记忆，朗朗上口，在消费者之间品牌信息传播充分，且美誉度

较高，品牌品质获得了大量消费者的信任，被推荐的频率非常高。这些品牌的运营成本也相应较低，品牌传播难度也更小，而且易于品牌联想。

建议：一是品牌名称非必要不更换，但对于知名度尚小的品牌来说，若进行了品牌宣传方面的努力而收效甚微，则应该考虑是否存在品牌名称不易于消费者记忆或传播的问题。可以进行品牌名称调研，了解目标消费者对品牌名称的看法，从而寻找问题源头。若不是名称问题，那么名称就不需要改变，而应该在品牌宣传策略、产品创新和销售渠道策略等方面寻找突破点。二是同样存在很多知名品牌（不一定是农业品牌）的名称与其产品或行业关联度并不高，但其知名度和认知度能够达到高水平的一大因素是准确定位品牌个性和目标消费者。近几年非常多的小众品牌在高知名度品牌云集的行业中脱颖而出，但这些品牌并没有进行过大规模的品牌宣传活动，而是通过专业专营的方式，获得口碑，以此营销方式获得了品牌知名度和认知度，品牌重复购买率不断提高。所以农产品品牌也可以借鉴这些品牌的营销策略，走出一条具有独特性的发展路径。

三、品牌传播欠缺新媒体矩阵的创建

农产品品牌打造应因势利导，以扩大中国农产品的影响力。农产品品牌的数字化转型是当前时代发展的大势所趋，应充分利用互联网的优势展现品牌风采。

从本次北京 146 个农产品品牌调研的结果来看，参与调研的大部分消费者对品牌的了解主要来源于现场活动、会展和互联网三种渠道，直播是消费者认知品牌的次要渠道。这说明农产品品牌经营者已经开始重视品牌数字化，但在方式方法上可能还存在理论知识不足和专业人员欠缺的问题，导致了实际操作困难，无法高效输出品牌信息的局面。此外，在通过搜集二手材料的过程中发现，大部分品牌在传播内容上存在形式单一、缺乏吸引力等问题，在传播渠道上存在渠道单一、单打独斗等问题。

建议：一是创建直播间，该直播间可由“北京优农”官方代理，也可以通过与各大平台的实力博主合作，以有效推广“北京优农”品牌。这样做的好处是先将优势品牌集中展示和推广，提高“北京优农”品牌在全国范围的知名度和认知度，为单一品牌推广奠定基础。二是创建新媒体矩阵，即通过对多种面向消费者的新媒体进行排列组合，从传播广度和深度两个维度进行品牌营销。根据各个媒体渠道的受众差异，打造独特的产品曝光形式，以便更加高效地使品牌信息被传送到目标消费群体终端。另外，新媒体矩阵能够降低产业风险，防止因传播渠道的单一导致品牌流量的强不稳定性，保障品牌的可持续发展。

四、消费者注重购买体验和品牌品质

从 146 个品牌的调研数据中可以发现，相对流动摊贩、产地自购等购买方式，消费者更倾向于在商品相对集中的菜市场、超市和电商平台购买农产品，推测原因可能有以下两点：首先，菜市场、超市、电商平台兼具产品多样性和购买便利性，消费者能够在家附近的菜市场、超市或通过线上购买渠道一次性买齐所需产品；其次，消费者在菜市场、超市购买农产品时可以直观地感受到产品的新鲜程度、产品价格、卫生安全等因素，并据此做出购买决策，而电商平台提供的售后服务也能为所售农产品提供基本质量保障，让消费者买得放心、吃得安心。

在调研购买农产品影响因素时，多数消费者表示在购买过程中主要关注质量认证、产品价格、卫生安全、营养健康、品牌信誉等因素，对包装标识和配套服务这两种因素的关注较少。随着经济水平的快速发展，高品质消费与个性化消费将成为消费升级的大趋势，而且消费者对农产品的需求已经从最初的解决温饱问题向如今的品质提升进行转换，质量安全和营养健康逐渐成为消费者最关注的重要因素。

建议：一是要让农产品品牌入驻大型连锁商超和当地菜市场，借助稳定的客流量实现销售量的积累，打响品牌知名度。同时应该考虑布局线上销售渠道，与美团买菜、叮咚买菜、京东到家等平台合作，引导消费者产生购买偏好。二是品牌方应严把质量关，始终将产品质量作为第一要务，以高质量高品质的产品获得消费者口碑，从而在激烈的农产品市场竞争中赢得优势。

第三部分

个案分析篇

第五章 种植业品牌个案分析

第一节 平谷大桃

一、品牌简介

平谷产桃历史悠久，最高峰栽培面积达 22 万亩，年产值最高达 15.3 亿元。平谷大桃风味独特、个大、色艳、甜度高、桃味浓。2019 年，摘取了新中国成立 70 周年国庆招待会宴会用桃的“桂冠”，成为名副其实的“国庆礼桃”。

二、品牌基础指标与分析

平谷大桃品牌的信息总量为 0.983891434 亿比特（表 5-1-1），说明该品牌在北京市范围内影响极大，几乎达到了家喻户晓的程度。该规模下的品牌对消费者购买意愿和决策均具有很强的影响力，同类产品中，在不给予任何提示的条件下，该品牌会成为消费者的主要购买选择之一。

表 5-1-1 平谷大桃品牌基础数据

指标范围	知名度（%）	认知度（%）	美誉度（%）	忠诚度（%）	品牌信息量估值（亿比特）
北京市	71.53	67.48	28.30	26.92	0.983891434

从该品牌的基础指标来看，平谷大桃品牌的知名度为 71.53%，突破了知名度第四个关键点 61.80%，已经属于高知名度商标，拥有充分的消费者认知和联想基础，且认知度与知名度比值达到 94.34%，意味着消费者的认知程度深，品牌传播效果极好，而且产生了消费者自我传播现象，说明该品牌传播方式有效，营销策略取得了良好成效。

平谷大桃的品牌美誉度已突破 27.91% 的关键点，达到 28.30%。平谷大桃品牌经过长期发展，市场上可能存在假冒伪劣产品，质量参差不齐，对该品牌的口碑造成了一定的影响。平谷大桃品牌的美誉度相对知名度和认知度较低，这可能是对平谷大桃品牌敲响的一个警钟：是否确实存在“以次充好，假冒伪劣”的现象。该现象的存在对品牌形象会产生较大的负面影响，对品牌公共关系活动的开展带来较大挑战，需采取及时有效的解决策略。平谷大桃的品牌忠诚度为 26.92%，与美誉度相差不大，说明消费者对品牌的正向传播已经充分转化为重复购买行为。这部分消费者是该品牌需全力维护的目标消费者，但更应注意对已流失的目标消费者的挽回和对新消费者的争取。

三、品牌质量分析

平谷大桃品牌的信息质量比值为 1.228641639（表 5-1-2），说明该品牌表现为质有余而量不足，品牌美誉度的贡献远超认知度，有向奢侈品特征发展的趋势，品牌现有的影响力大多来源于消费者口碑。未来该品牌需要扩大消费者群体范围，同时严格把控产品质量，提高消费者满意度。

表 5-1-2　平谷大桃品牌质量比计算

品牌	品牌信息基本量的贡献率	品牌信息质的贡献率	品牌信息质量比值
平谷大桃	44.87038124	55.12961876	1.228641639

四、品牌信息稳定性分析

平谷大桃品牌的稳定性指数为 10.75249675（表 5-1-3），说明该品牌的稳定性极好，但较高的稳定性容易使消费者形成对品牌的刻板印象，不利于品牌转型或者延伸新产品。综合分析，该品牌处于成熟后期，是一个品质优良但品牌成长性不足的超大规模品牌。

表 5-1-3　平谷大桃品牌稳定性计算

品牌	N（E）函数值	品牌衰减系数	品牌信息的衰减速率	品牌稳定性指数
平谷大桃	7.143225782	0.14724868	0.107524968	10.75249675

第二节　怀柔板栗

一、品牌简介

怀柔板栗生产历史悠久，文化积淀深厚，记载栽培技术的文字可追溯到两千多年前，明、清两代一直作为皇家贡品。清代《日下旧闻考》中记载“栗子以怀柔产者为佳”。司马迁曾在《史记》中对幽燕地区盛产栗子有过记述，唐代怀柔板栗被定为贡品，明代中期广植树木“构筑”了另一道“绿色长城”。目前怀柔区栽植板栗树 22 万亩 900 万株，常年产量约 1 万吨。怀柔区板栗产量和出口量均占全市的 60%以上，产量占燕山板栗总产量的 7% 左右。怀柔板栗栽培品种以怀黄、怀九、燕红、3113 为主。

二、品牌基础指标与分析

怀柔板栗品牌的信息总量为 0.640052876 亿比特（表 5-2-1），说明该品牌在北京市拥有极大的影响力，品牌已成为北京市家喻户晓的知名品牌。

表 5-2-1　怀柔板栗品牌基础数据

指标范围	知名度（%）	认知度（%）	美誉度（%）	忠诚度（%）	品牌信息量估值（亿比特）
北京市	68.38	43.76	24.95	21.17	0.640052876

从基础数据表来看，该品牌知名度为 68.38%，突破知名度第四个关键点 61.80%，已经具有充分的消费者认知基础和联想基础，在无提示的情境下，面对同类产品的购买选择时会把此品牌作为主要选项。其认知度与知名度的比值为 64%，意味着品牌传播效果充分，消费者对品牌的认

知有效，品牌在营销活动中的促进作用明显。

该品牌的美誉度与认知度比率较为合理，消费者之间的自传播越来越多，口碑作用逐渐明显，较高的忠诚度意味着消费者对该品牌形成明显的购买偏好，而美誉度也充分地转化为消费者的重复购买行为。此时，品牌的知名度已经较为饱和，因而品牌传播内容可以转向以提示型为主，以维持现有知名度，并扩大目标消费群体范围。

三、品牌质量分析

怀柔板栗品牌的信息质量比为 1.284547012（表 5-2-2），处于优秀水平，说明该品牌的影响力大多来源于品牌质的支撑。品牌知名度和认知度也较高，反映了企业对品牌良好的运营能力，使品牌能够在营销中发挥强有力的竞争优势。未来怀柔板栗品牌应继续重视全国范围内的广告类宣传活动，扩大品牌受众范围。

表 5-2-2　怀柔板栗品牌质量比计算

品牌	品牌信息基本量的贡献率	品牌信息质的贡献率	品牌信息质量比值
怀柔板栗	43. 77235376	56. 22764624	1. 284547012

四、品牌信息稳定性分析

怀柔板栗品牌的稳定性指数为 9.319920017（表 5-2-3），说明该品牌具有较强的稳定性，品牌抗风险能力强，品牌信息有效期间隔较长，品牌维护成本低。综合分析，该品牌处于成熟后期，品质良好但成长性不足，企业应采取措施激发品牌活力，防止品牌出现衰退现象。

表 5-2-3　怀柔板栗品牌稳定性计算

品牌	N（E）函数值	品牌衰减系数	品牌信息的衰减速率	品牌稳定性指数
怀柔板栗	8. 248713551	0. 128380329	0. 0931992	9. 319920017

第三节　昌平草莓

一、品牌简介

昌平区地处燕山、太行山的山前暖带，是国际公认的草莓最佳生产带。昌平草莓核心产区位于昌平中部的兴寿、小汤山、崔村等镇。种植大棚稳定在 5000 栋左右，年产量 6000 吨以上，总产值达 3 亿元以上，种植面积和产量均占到了北京草莓产能的 50% 左右。昌平区创建了“国家级草莓标准化示范区”，通过承办世界草莓大会和北京农业嘉年华、草莓文化节等盛会，拓展了以草莓采摘为主的休闲农业功能，成功打造出北京都市型现代农业发展的新样本。

二、品牌基础指标与分析

昌平草莓品牌的信息总量为 0.367565938 亿比特（表 5-3-1），说明该品牌在北京市范围内属于超大规模品牌。该品牌在北京市拥有极好的消费者认知基础，几乎达到了家喻户晓的程度。

表 5-3-1　昌平草莓品牌基础数据

指标范围	知名度（%）	认知度（%）	美誉度（%）	忠诚度（%）	品牌信息量估值（亿比特）
北京市	50.41	43.55	18.53	19.90	0.367565938

从基础数据表来看，该品牌的知名度为 50.41%，超过了知名度的第三个关键点 37.5%，表现为半数以上消费者对该品牌非常熟悉，不仅认知程度深，而且对产品种类和品牌 logo 等信息非常了解，产生了明显的消费者区隔。该品牌认知度与知名度的比值为 86.39%，超过 50%，意味着该品牌传播效果充分，消费者对该品牌的认知是有效的。

该品牌的美誉度为 18.53%，接近美誉度第二个关键点 27.91%，消费者的口碑逐渐凸显出来，对该品牌的偏好越来越明显，消费者之间的传播也越来越多。该品牌的忠诚度略高于美誉度，意味着消费者对该品牌的口碑有效地转化为对该品牌的重复购买行为，且自传播能力有溢出。但该品牌的美誉度相对偏低，建议企业查清原因，并采取措施提升品牌口碑，以防止出现品牌衰退现象。

三、品牌质量分析

昌平草莓品牌的信息质量比为 0.176364314（表 5-3-2），处于一般水平，说明该品牌的影响力大多数来自品牌量的支撑，美誉度产生的影响力较小。未来该品牌应注重公共关系类宣传活动，建立消费者画像，对不同消费群体采取有针对性的营销策略，吸引更多消费者体验该品牌产品，同时与消费者之间进行积极互动，提升消费者对品牌的整体认知以及对品牌的信任。

表 5-3-2　昌平草莓品牌质量比计算

品牌	品牌信息基本量的贡献率	品牌信息质的贡献率	品牌信息质量比值
昌平草莓	85.007679	14.992321	0.176364314

四、品牌信息稳定性分析

昌平草莓品牌的稳定性指数为 6.758694015（表 5-3-3），说明该品牌具有较强的稳定性，抗风险能力较强，品牌的有效信息间隔时间较长，品牌维护成本较小。综合分析，该品牌处于成熟鼎盛期，品质良好，未来应注重保持品牌活力，防止出现品牌衰退现象。

表 5-3-3　昌平草莓品牌稳定性计算

品牌	N（E）函数值	品牌衰减系数	品牌信息的衰减速率	品牌稳定性指数
昌平草莓	11.00059382	0.094297388	0.06758694	6.758694015

第四节　昌平苹果

一、品牌简介

昌平区是北京市重要的苹果生产基地。昌平区于 2002 年被国家质量监督检验检疫总局授予国家级苹果标准化示范区称号，“昌平苹果”于 2006 年被认定为中国地理标志保护产品，并于 2015 年和 2017 年两次进入全国名特优新农产品目录，先后被评为“最受消费者喜爱的中国农产品区域公用品牌”和“北京农业区域好品牌”。截至 2022 年底，全区苹果种植面积 2 万亩，主要集中分布在京密引水渠以北的百里山前暖带，涉及 10 个镇街、118 个村，年产量 1 万余吨，产值稳定在 1.2 亿元，惠及全区 2000 多户苹果种植户，户均收入 4.23 万元，在推动全区绿色发展、富民增收、稳定农村绿岗就业等方面发挥着不可替代的作用。

二、品牌基础指标与分析

昌平苹果品牌的信息总量为 0.130809904 亿比特（表 5-4-1），说明该品牌在北京市范围内影响力较大，该品牌已经开始褪去区域品牌的特征，向大众化品牌转变，在北京市有较好的消费者认知基础。

表 5-4-1　昌平苹果品牌基础数据

指标范围	知名度（%）	认知度（%）	美誉度（%）	忠诚度（%）	品牌信息量估值（亿比特）
北京市	34.79	21.77	9.44	14.16	0.130809904

从基础数据表来看，该品牌的知名度为 34.79%，接近知名度的第三个关键点 37.50%，已经出现大范围的消费者认知，消费者对产品类型、产品包装等信息具有较深入的了解，品牌也有了良好的联想基础。该品牌的认知度为 21.77%，与知名度的比值为 62.59%，意味着该品牌传播效果较为充分，消费者对该品牌的认知是有效的。

从该品牌的美誉度指标来看，消费者口碑作用开始凸显，消费者之间的传播也越来越多。而且忠诚度远超过了美誉度，这种情况下的高忠诚度可能不是品牌因素造成的，而是另有其他原因，如价格、渠道及促销等方式，相对较低的价格会带来较高的重复购买行为，但这并不是品牌的作用。建议企业查清原因，防止出现“重名轻誉”的现象。

三、品牌质量分析

昌平苹果品牌的信息质量比为 0.145569579（表 5-4-2），处于一般水平，说明该品牌质与量之间的结构较为均衡。未来该品牌需要注重品牌创新，无论是营销策略还是产品类型，应通过差异化策略，引起消费者兴趣。同时，应继续保持高品质的产品和服务，以确保品牌的声誉得到进一步提升。

表 5-4-2　昌平苹果品牌质量比计算

品牌	品牌信息基本量的贡献率	品牌信息质的贡献率	品牌信息质量比值
昌平苹果	87.29282086	12.70717914	0.145569579

四、品牌信息稳定性分析

昌平苹果品牌的稳定性指数为 3.351164252（表 5-4-3），说明该品牌稳定性一般，并具有一定的抗风险能力，而且品牌信息衰减速度较快，此时品牌的维护成本较高。综合分析，该品牌处于成熟早期，建议该品牌应优化营销内容和营销方式，以易于被消费者感知并产生良好印象。

表 5-4-3　昌平苹果品牌稳定性计算

品牌	N（E）函数值	品牌衰减系数	品牌信息的衰减速率	品牌稳定性指数
昌平苹果	22.06834215	0.047523073	0.033511643	3.351164252

第五节　大兴西瓜

一、品牌简介

大兴西瓜生产历史悠久，明朝万历二十一年被列为皇宫太庙的荐新贡品，一直延续到清代。大兴西瓜的 6 个主产乡镇位于大兴区西部的永定河沿岸，其土质主要是砂土和砂性两合土，不仅有利于西瓜对水分、矿物质等营养物质的吸收，并促进根系发育，而且有利于糖分的积累，使大兴西瓜含糖量充足，而且瓤质酥脆多汁。近年来，在"西瓜之乡"庞各庄镇建成了"瓜乡大道""御瓜园""中国西瓜博物馆"，将生产与销售有机衔接，使文化与历史集中展示，构成了一部极具现代时尚与历史底蕴的西瓜文化经典。

二、品牌基础指标与分析

大兴西瓜品牌的信息总量为 0.575592472 亿比特（表 5-5-1），说明该品牌在北京市范围内影响力很大，大多数消费者对该品牌都表示非常熟悉。

表 5-5-1　大兴西瓜品牌基础数据

指标范围	知名度（%）	认知度（%）	美誉度（%）	忠诚度（%）	品牌信息量估值（亿比特）
北京市	66.47	47.73	21.69	30.66	0.575592472

大兴西瓜品牌的知名度超过了知名度的第四个关键点 61.80%，属于高知名度品牌。大兴西瓜在北京市具有充分的消费者认知和联想基础，半数以上的消费者表现出明显的选择偏好。品牌认知度与知名度的比值为 71.81%，说明大兴西瓜的品牌传播效率比较高，消费者对品牌产品有充分的认知。

大兴西瓜在北京市的美誉度为 21.69 %，在此次调研品牌中属于较高水平，品牌的产品品质获得了多数消费者的认可。大兴西瓜品牌的忠诚度超过了品牌美誉度，说明在北京市消费者对该品牌产品的重复购买率很高，但这可能并不全是因为消费者对品牌认可造成的，也可能是受到了购买便利性、产品价格等其他因素的影响。

综上所述，大兴西瓜品牌效应良好，发展质量优良，北京市的大多数消费者都对此品牌有较深入的了解。

三、品牌质量分析

大兴西瓜品牌的信息质量比值为 0.983684011（表 5-5-2），说明该品牌的信息质量在本次所调研的品牌中属于优秀水平，品牌具有非常好的口碑传播效果，自我传播动力很强。

表 5-5-2　大兴西瓜品牌质量比计算

品牌	品牌信息基本量的贡献率	品牌信息质的贡献率	品牌信息质量比值
大兴西瓜	50.41125473	49.58874527	0.983684011

四、品牌信息稳定性分析

大兴西瓜品牌的稳定性指数为 8.132232142（表 5-5-3），说明该品牌稳定性较强，各项指标现状都不太容易改变。根据品牌基础指标、质量比以及稳定性可以推测目前大兴西瓜处于鼎盛期，品牌影响力极大，该阶段需要注重对忠实消费者的维护，防止消费者购买偏好的转移和流失。

表 5-5-3　大兴西瓜品牌稳定性计算

品牌	N（E）函数值	品牌衰减系数	品牌信息的衰减速率	品牌稳定性指数
大兴西瓜	9.443658138	0.112670648	0.081322321	8.132232142

第六节　甜 . 那溪

一、品牌简介

甜 . 那溪品牌注册于 2012 年，以“创造健康优质生活”为品牌理念，主要用于有机桃产品，销售专注于北京及国内大中城市卖场。甜 . 那溪品牌基地日常管理全部采用有机化管理，并取得了有机证书。同时，甜 . 那溪品牌建立了大桃追溯信息化体系，实现智能信息化管理。未来合作社将强化产前、产中、产后衔接，实行从品种选育到大桃销售的全过程记录，通过利用信息技术，对合作社基本信息、基地环境、设施设备、管理制度、机构与人员、投入品、检疫检验标准、外包事项、操作过程、现场环境、产品存储等信息进行集中管理。

二、品牌基础指标与分析

甜 . 那溪品牌的信息总量为 0.117245317 亿比特（表 5-6-1），说明该品牌在北京市范围内有较好的消费者认知基础，使得品牌具有较强的影响力。目前，品牌的区域特征已逐渐褪去，逐渐发展成大众化品牌。

表 5-6-1　甜 . 那溪品牌基础数据

指标范围	知名度（%）	认知度（%）	美誉度（%）	忠诚度（%）	品牌信息量估值（亿比特）
北京市	29.95	22.49	10.18	8.63	0.117245317

从基础数据表来看，甜 . 那溪品牌的知名度为 29.95%，超过了知名度第二个关键点 16.13%，表现为半数消费者开始对品牌有较深的认知，同时对甜 . 那溪品牌的产品种类、产品价格较为熟悉，对品牌的种植地也有一定了解。该品牌的认知度与知名度之间的比值为 75.10%，意味着品牌传播效果充分，宣传内容能够让消费者对品牌的信息有效吸收和记忆，使消费者对该品牌产生了有效认知。

该品牌的美誉度为 10.18%，超过了美誉度第一个关键点 1.62%，消费者对品牌的口碑作用逐渐凸显出来，开始形成消费者偏好。忠诚度与美誉度之间的关系比例合理，消费者对品牌的良好口碑能够充分地转化为重复购买行为。这表明消费者对甜 . 那溪品牌的满意度较高，从而对品牌的认可度和忠诚度也随之增加。

三、品牌质量分析

甜 . 那溪品牌的信息质量比为 0.03665787（表 5-6-2），而且质量比在本次调研中属于较好水平，说明该品牌质与量之间的贡献基本合理，能够使品牌在营销活动中形成一定的竞争优势。基于此，建议甜 . 那溪品牌应该强化口碑营销，通过用户口碑分享、社交媒体营销以及与消费者之间的互动等形式进一步提升美誉度和口碑效应，巩固消费者偏好并促进重复购买行为，这将有助于品牌构建长期稳定的市场地位。

表 5-6-2　甜 . 那溪品牌质量比计算

品牌	品牌信息基本量的贡献率	品牌信息质的贡献率	品牌信息质量比值
甜 . 那溪	96.4638411	3.536158903	0.03665787

四、品牌信息稳定性分析

甜 . 那溪品牌的稳定性指数为 7.444315051（表 5-6-3），说明该品牌稳定性接近较强水平，品牌具备一定的抗风险能力，且品牌信息的有效间隔周期较长，使得品牌的信息维护成本较低。综合分析，该品牌处于成长后期，具有较好的成长性，可以通过持续的品牌建设和多渠道宣传营销策略扩大品牌影响力。

表 5-6-3　甜 . 那溪品牌稳定性计算

品牌	N（E）函数值	品牌衰减系数	品牌信息的衰减速率	品牌稳定性指数
甜 . 那溪	9.826086957	0.103589151	0.074443151	7.444315051

第七节　鑫桃源

一、品牌简介

鑫桃源品牌由陈国松创立，通过"区域品牌 + 企业品牌"的方式进行区域特色产品的销售，从原产地甄选并依托便捷的物流快速送达到消费者手中，链接了消费者与生产者。同时，通过合作社进行国际市场开拓，在东南亚举办北京特色农产品展，提高了企业品牌在国际市场上的知名度和美誉度。

合作社不断与科研单位合作，从新品种选育、标准化种植和品牌化推广等方面进行深入合作，在当地培育了一批懂农业、爱农业的新农人。

二、品牌基础指标与分析

鑫桃源品牌的信息总量为 0.127056657 亿比特（表 5-7-1），说明该品牌在北京市有较好的品牌影响力，品牌的原产地优势开始变得不再明显，区域特征逐渐褪去，逐渐成为大众化品牌。

表 5-7-1　鑫桃源品牌基础数据

指标范围	知名度（%）	认知度（%）	美誉度（%）	忠诚度（%）	品牌信息量估值（亿比特）
北京市	29.09	21.16	13.61	8.91	0.127056657

从基础数据表来看，鑫桃源品牌的知名度为 29.09%，超过了知名度第二个关键点 16.13%，品牌开始出现大范围的消费者认知，部分消费者开始对品牌内涵等信息有了较深的理解和认知，品牌对营销产生了促进作用。该品牌的认知度与知名度之间的比值为 72.74%，表现为品牌传播效果充分，消费者对品牌形成了有效认知。

鑫桃源品牌的美誉度为 13.61%，超过了美誉度第一个关键点 1.62%，消费者之间的自传播效应逐渐增加，口碑作用也逐渐凸显出来。美誉度与认知度之间的比率较为合理，消费者对品牌的认知能够较为充分地转化为对品牌的口碑，且忠诚度与美誉度之间的比率关系也较为合理，使得认知度、美誉度和忠诚度三者形成的良好指标关系在品牌营销活动中发挥作用，增强了品牌在市场中的竞争优势。

三、品牌质量分析

鑫桃源品牌的信息质量比为 0.220118861（表 5-7-2），属于较好水平，说明该品牌信息的质与量之间贡献合理，能够使品牌在市场中保持一定的竞争优势。未来企业应注重广告类宣传活动，向消费者推广产品或服务的特性、优势等，通过吸引目标消费群体的注意力来影响其购买决策，增加销售额和市场份额。同时在一些宣传平台上应注重与消费者之间的良好互动，以维护与消费者之间的良好关系。

表 5-7-2　鑫桃源品牌质量比计算

品牌	品牌信息基本量的贡献率	品牌信息质的贡献率	品牌信息质量比值
鑫桃源	81.9592281	18.0407719	0.220118861

四、品牌信息稳定性分析

鑫桃源品牌的稳定性指数为 4.994844925（表 5-7-3），说明该品牌的稳定性较为一般，且品牌信息的衰减速率较快，说明消费者对品牌宣传信息的有效认知周期较短，品牌需要在信息维护上有较大投入，但这也意味着品牌更容易通过提供差异化的产品或服务来吸引那些更愿意尝试新事物的消费者。综合分析，该品牌处于成长后期，应该根据自身情况，制定相应的品牌策略和营销手段，注重建立与消费者的良好互动关系，以提高品牌的认知度和忠诚度。

表 5-7-3　鑫桃源品牌稳定性计算

品牌	N（E）函数值	品牌衰减系数	品牌信息的衰减速率	品牌稳定性指数
鑫桃源	34.18585182	0.069356544	0.049948449	4.994844925

第八节　绿农兴云

一、品牌简介

绿农兴云果品产销合作社于 2016 年创立，其锚定享誉全国的平谷大桃产业，从事农业生产性服务，在平谷区首创“互联网 +”大桃电商运营模式，成为龙头企业，拥有“科技小院”、智慧农园示范基地、大桃优新品种示范基地等，建立了生态闭环体系大桃全产业链社会化服务队。

二、品牌基础指标与分析

绿农兴云品牌的信息总量为 0.144202701 亿比特（表 5-8-1），说明该品牌在北京市范围内有较为充分的消费者认知基础和联想基础，品牌具有良好的延伸能力，且在北京市的品牌影响力较大。

表 5-8-1　绿农兴云品牌基础数据

指标范围	知名度（%）	认知度（%）	美誉度（%）	忠诚度（%）	品牌信息量估值（亿比特）
北京市	34.93	22.95	11.36	9.32	0.144202701

从基础数据表来看，绿农兴云品牌的知名度为 34.93%，接近知名度第三个关键点 37.5%，表现为半数消费者对品牌非常熟悉，且部分消费者开始出现深度认知，不仅熟悉品牌产品种类，而且对品牌产地、logo 也有一定认知，产生了一定的消费者区隔。该品牌的认知度占知名度的 65.72%，意味着该品牌传播效果较好，传播策略恰当，能够使宣传内容有效触达目标消费群体。

绿农兴云品牌的美誉度为 11.36%，超过了美誉度第一个关键点 1.62%，消费者的口碑作用开始凸显出来，消费者偏好开始越来越明显。该品牌的忠诚度与美誉度接近，消费者之间的自传播效应极好，对品牌的口碑能充分地转化为重复购买行为。总体来看，该品牌在营销活动中的促进作用较为明显。

三、品牌质量分析

绿农兴云品牌的信息质量比为 0.065824713（表 5-8-2），属于一般水平，说明其品牌量的贡献略大于质的贡献。品牌拥有良好的消费者认知基础，使得品牌延伸成为可能。品牌口碑较好，但相对而言积累量不够。未来该品牌应加强口碑营销，以通过公共关系类活动与公众建立积极的关系，从而提高品牌的声誉。

表 5-8-2　绿农兴云品牌质量比计算

品牌	品牌信息基本量的贡献率	品牌信息质的贡献率	品牌信息质量比值
绿农兴云	93.82405829	6.175941714	0.065824713

四、品牌信息稳定性分析

绿农兴云品牌的稳定性指数为 8.379732154（表 5-8-3），说明该品牌稳定性较强，同时也具备了较强的抗风险能力。品牌信息的衰减速率指数较高，意味着消费者形成的有效信息认知间隔周期较长，为品牌采取措施提高消费者对品牌的信任及忠诚度打下了良好基础。综合分析，绿农兴云品牌处于成熟早期，具备良好的消费者认知基础和信任度，品牌影响力较大。

表 5-8-3　绿农兴云品牌稳定性计算

品牌	N（E）函数值	品牌衰减系数	品牌信息的衰减速率	品牌稳定性指数
绿农兴云	8.8	0.116094987	0.083797322	8.379732154

第九节　林淼

一、品牌简介

林淼品牌标志造型以竖线代表树木，曲线代表河流，简约鲜明地对品牌绿色天然的特点进行了描述。生产基地处于金海湖畔，燕山大金山下，现有生产规模 130 亩。

二、品牌基础指标与分析

林淼品牌的信息量为 0.056924426 亿比特（表 5-9-1），属于中等规模品牌，说明该品牌在北京市范围内形成了较强的市场影响力，拥有较好的消费者认知基础，但该品牌仍保留了一定的区域品牌特征。

表 5-9-1　林淼品牌基础数据

指标范围	知名度（%）	认知度（%）	美誉度（%）	忠诚度（%）	品牌信息量估值（亿比特）
北京市	18.30	12.91	8.74	5.69	0.056924426

从基础指标来看，该品牌的知名度为 18.30%，超过了知名度第二个关键点 16.13%，表现为半数以上消费者对该品牌有一定的熟悉度，可以辨识品牌 logo、熟悉产品类型等。该品牌的认知度占知名度的 70.54%，说明消费者对该品牌的认知是有效的，且品牌传播效果比较充分。

林淼品牌的美誉度为 8.74%，超过了美誉度的第一个关键节点，消费者的口碑作用逐渐凸显出来，消费者之间的传播也开始出现并逐渐增多。其忠诚度为 5.69%，略低于美誉度，说明该品牌确实得到了消费者的认可，形成了一定的自传播能力，消费者口碑较为充分地转化成消费者实际的购买力。

三、品牌质量分析

林淼品牌的信息质量比值为 0.479269435（表 5-9-2），说明该品牌的质量在本次调研中处于较好水平，而且品牌质与量的贡献较为均衡合理。该品牌的知名度较低，但体验过该品牌产品的消费者大部分都表现出较好的口碑。未来该品牌需要注重品牌的长期建设和维护，通过品牌故事、核心价值观等元素，加深消费者对品牌的认知和情感连接。同时，还应积极参与公益活动和承担社会责任，以进一步提升品牌形象和美誉度。

表 5-9-2　林淼品牌质量比计算

品牌	品牌信息基本量的贡献率	品牌信息质的贡献率	品牌信息质量比值
林淼	67.60093709	32.39906291	0.479269435

四、品牌信息稳定性分析

林淼品牌的稳定性指数为 6.310052624（表 5-9-3），说明该品牌稳定性较为一般，品牌信息的有效间隔期较长，维护成本较低。综合分析，该品牌目前处于成长中后期，具有较好的上升空间。未来该品牌仍需继续加大宣传力度，根据具体的产品类型、目标人群选择合适的推广渠道，让更多消费者了解该品牌。

表 5-9-3　林淼品牌稳定性计算

品牌	N（E）函数值	品牌衰减系数	品牌信息的衰减速率	品牌稳定性指数
林淼	11.4416476	0.088278024	0.063100526	6.310052624

第十节　绿养道

一、品牌简介

绿养道品牌由首批北京大学生村官创立，秉持"自然品质荟萃，绿色养生之道"的先进理念，创新"好环境、好技术、好管理、好品质、好体验"的"五好"标准，将果农的桃子进行分级包装，通过联结拥有丰富种植经验的老果农和熟悉网络销售的新果农以及想品尝新鲜、高品质平谷大桃的高端消费者，建立销售联合体，集聚大桃生产、网络销售、安全追溯、观光采摘和农事体验等要素，以实现平谷大桃的品牌价值。

二、品牌基础指标与分析

绿养道品牌的信息总量为 0.154670366 亿比特（表 5-10-1），说明该品牌在北京市具有较好的影响力，品牌区域特征不太明显，逐渐成为泛大众化的品牌。

从基础数据表来看，绿养道品牌的知名度为 30.21%，接近知名度第三个关键点 37.5%，表明半数消费者对品牌已有较深入的认知，不仅熟悉绿养道品牌的主营产品，还熟悉品牌的 logo、包

表 5-10-1　绿养道品牌基础数据

指标范围	知名度（%）	认知度（%）	美誉度（%）	忠诚度（%）	品牌信息量估值（亿比特）
北京市	30.21	26.37	15.53	10.22	0.154670366

装等相关信息，产生了一定的消费者区隔。该品牌的认知度与知名度之间的比值为 87.27%，意味着品牌传播效果充分，消费者对品牌形成的认知是有效的。

绿养道品牌的美誉度为 15.53%，超过了美誉度的第一个关键点 1.62%，消费者的口碑作用开始凸显出来，消费者对绿养道品牌也形成了一定的偏好，消费者之间的传播也越来越多。该品牌的忠诚度与美誉度之间的比值较为合理，意味着消费者对该品牌的良好口碑较为充分地转化为重复购买行为。该品牌的指标结构较为稳定，能够对品牌在营销活动中起到一定的支撑作用。

三、品牌质量分析

绿养道品牌的信息质量比为 0.159415714（表 5-10-2），说明该品牌的质量处于一般水平，相对品牌信息基本量的贡献而言，品牌质的贡献率较少。未来该品牌应加强对公共关系类活动的关注，侧重传播品牌的故事、社会责任等相关信息，与消费者建立良好的双向互动关系，并注重品牌形象的长期建设和维护，以加深品牌在大众心目中的印象。

表 5-10-2　绿养道品牌质量比计算

品牌	品牌信息基本量的贡献率	品牌信息质的贡献率	品牌信息质量比值
绿养道	86.25034043	13.74965957	0.159415714

四、品牌信息稳定性分析

绿养道品牌的稳定性指数为 11.75882684（表 5-10-3），说明该品牌的抗风险能力强，但品牌信息的衰减速率指标较高，意味着消费者对品牌形成的有效认知周期较长，因此该品牌可以减少广告类宣传活动的密度，注重公共关系类活动以提升品牌的美誉度。但较高的稳定性也意味着消费者容易对品牌产生“刻板印象”，不利于品牌转型。综合分析，绿养道品牌处于成熟期，品牌影响力较大，在市场竞争中具有一定的优势。

表 5-10-3　绿养道品牌稳定性计算

品牌	N（E）函数值	品牌衰减系数	品牌信息的衰减速率	品牌稳定性指数
绿养道	6.439150032	0.160388782	0.117588268	11.75882684

第十一节　天葡庄园

一、品牌简介

天葡庄园创立于 2010 年，总部位于密云区巨各庄镇，是以葡萄为主题的一二三产融合发展的产业园。天葡庄园致力于打造中国葡萄主题休闲农业品牌的标杆。目前，天葡庄园在全国共有5个种植基地，总面积为1500亩，以生产高端绿色葡萄、酿造红酒、加工葡萄醋等产品为主，以"生态、生产、生活"三位一体为企业发展理念。

二、品牌基础指标与分析

天葡庄园品牌的信息总量为0.192698165亿比特（表5-11-1），说明该品牌在北京市具有较强的影响力，受到较多消费者的认可和赞美。

表5-11-1 天葡庄园品牌基础数据

指标范围	知名度（%）	认知度（%）	美誉度（%）	忠诚度（%）	品牌信息量估值（亿比特）
北京市	35.14	29.69	15.99	11.54	0.192698165

从基础数据表来看，该品牌的知名度为35.14%，接近知名度的第三个关键点37.5%，拥有较充分的消费者认知和联想基础。且其认知度与知名度比值为84.49%，传播效果极好，品牌已经出现大量的自传播现象。在无提示情境下，半数以上的消费者会对该品牌表现出明显的选择偏好，品牌在竞争中的作用明显。

该品牌的美誉度为15.99%，超过了美誉度第一个关键点1.62%，品牌已经出现了十分显著的自传播现象。且其忠诚度与美誉度之间比率合理，意味着对品牌持良好口碑的大多数目标消费者已经形成了重复购买的集体偏好。此时，品牌经营的重点可以放在一些提示性广告类活动上，以提升现有的知名度，同时应加强质量和服务监管等，并与消费者建立良好的互动关系，让消费者产生更满意的消费体验。

三、品牌质量分析

天葡庄园品牌的信息质量比为0.232567737（表5-11-2），处于较好水平，意味着品牌质量优良，受到了较多消费者的认可。未来品牌需继续加大宣传力度，让更多人知晓该品牌。同时，该品牌也具有了品牌延伸的基础和条件，可以通过产品延伸，吸引其他目标消费者，从而扩大品牌影响力。

表5-11-2 天葡庄园品牌质量比计算

品牌	品牌信息基本量的贡献率	品牌信息质的贡献率	品牌信息质量比值
天葡庄园	81.1314437	18.8685563	0.232567737

四、品牌信息稳定性分析

天葡庄园品牌的稳定性指数为6.039265524（表5-11-3），说明该品牌的稳定性较强，品牌的有效信息间隔时间较长，维护成本较低，品牌具有较强的抗风险能力。综合分析，该品牌处于成熟鼎盛期，是一个品质优良但成长性有限的品牌。因此，该品牌应采取措施，增强品牌活力，防止出现品牌衰退风险。

表 5-11-3　天葡庄园品牌稳定性计算

品牌	N（E）函数值	品牌衰减系数	品牌信息的衰减速率	品牌稳定性指数
天葡庄园	61.30469266	0.082697632	0.060392655	6.039265524

第十二节　金地达源

一、品牌简介

北京金地达源生态农业观光采摘园位于高岭镇辛庄路口，地处密云水库生态涵养区，占地面积 1280 亩，有苹果园 130 亩、有机水杏采摘园 300 亩、有机板栗 850 亩、林下种植红薯 100 亩，形成了以果树种植、观光采摘、旅游、垂钓、健康养生、亲子体验、销售等为一体的全产业链基地。

二、品牌基础指标与分析

金地达源品牌的信息量为 0.066725854 亿比特（表 5-12-1），说明该品牌的区域特征已逐渐褪去，在北京市拥有良好的消费者认知基础。

表 5-12-1　金地达源品牌基础数据

指标范围	知名度（%）	认知度（%）	美誉度（%）	忠诚度（%）	品牌信息量估值（亿比特）
北京市	20.01	15.38	9.30	5.06	0.066725854

该品牌的知名度为 20.01%，超过了知名度第二个关键点 16.13%，北京市半数消费者对该品牌都有较深的认知，甚至形成明显的品牌偏好。该品牌的认知度占知名度的 76.88%，意味着该品牌传播策略有效，宣传内容能有效触达目标消费者。

该品牌的美誉度为 9.30%，美誉度与认知度之间的比率较为良好，意味着消费者对该品牌的认知度大部分转化为品牌的口碑，消费者之间的传播也越来越多。该品牌的忠诚度超过了美誉度的一半，说明消费者对该品牌的口碑较为充分地转化为重复购买行为。整体来看，该品牌指标结构合理，能够在营销活动中起到促进作用。

三、品牌质量分析

金地达源品牌的信息质量比为 0.057677766（表 5-12-2），在本次调研中处于一般水平，说明该品牌的质与量之间的结构较为合理。未来该企业需要加大品牌宣传力度，吸引更多消费者体验，以提高品牌信息的质量。

表 5-12-2　金地达源品牌质量比计算

品牌	品牌信息基本量的贡献率	品牌信息质的贡献率	品牌信息质量比值
金地达源	94.54675438	5.453245621	0.057677766

四、品牌信息稳定性分析

金地达源品牌的稳定性指数为 3.334510108（表 5-12-3），说明该品牌的稳定性偏弱，品牌信息传播有效间隔期较短，品牌维护费用较高。但消费者对品牌信息的认知有效期较短也意味着现有消费者对市场变化更加灵活，对品牌创新或是延伸的接受性较高。综合分析，该品牌处于成长中后期，品牌品质优良，成长性较好。

表 5-12-3 金地达源品牌稳定性计算

品牌	N（E）函数值	品牌衰减系数	品牌信息的衰减速率	品牌稳定性指数
金地达源	56.02409639	0.046851536	0.033345101	3.334510108

第十三节 密农人家

一、品牌简介

北京密农人家农业科技有限公司创立于 2012 年，位于密云区河南寨镇，是集品种引进、标准生产、品牌打造、产品配送于一体的现代农业电商企业，形成了绿色、安全、“有味道”的品牌形象。其本地农产品销售额累计超过 1.8 亿元，2022 年密云本地农产品销售额达 2750 万元，带动农民与合作社实现增收。

二、品牌基础指标与分析

密农人家品牌的信息总量为 0.125418255 亿比特（表 5-13-1），说明该品牌影响力较大，在北京市范围内有较好的消费者认知基础，且品牌信息在北京市分布较为均匀。

表 5-13-1 密农人家品牌基础数据

指标范围	知名度（%）	认知度（%）	美誉度（%）	忠诚度（%）	品牌信息量估值（亿比特）
北京市	31.92	19.95	11.40	8.68	0.125418255

从基础数据表来看，密农人家品牌的知名度为 31.92%，接近知名度第三个关键点 37.5%，表现为半数消费者对品牌具有相当的认知基础，对品牌主营产品和品牌包装风格等信息较为熟悉。该品牌的认知度与知名度之间的比值为 62.94%，意味着品牌传播效果充分，传播渠道选择正确，能使信息有效触达目标消费者。

密农人家品牌的美誉度为 11.40%，超过了美誉度第一个关键点 1.62%，意味着消费者口碑作用逐渐明显，且消费者之间的自传播率也越来越高，形成了较为明显的购买偏好。该品牌的忠诚度与美誉度之间的比值合理，表明消费者对品牌的良好口碑能够较为充分地转化为重复购买行为。整体来看，品牌形成了较为良好的指标结构，品牌对营销的促进作用明显。

三、品牌质量分析

密农人家品牌的信息质量比为 0.167926189（表 5-13-2），属于一般水平，说明该品牌的质与量的贡献较为均衡，但质的影响偏低。未来该品牌应注重公共关系类活动，通过建立信任关系和塑造品牌形象，以在长期和广泛的范围内影响消费者的品牌认知，并提高品牌在公众心目中的良好印象。

表 5-13-2　密农人家品牌质量比计算

品牌	品牌信息基本量的贡献率	品牌信息质的贡献率	品牌信息质量比值
密农人家	85.6218492	14.3781508	0.167926189

四、品牌信息稳定性分析

密农人家品牌的稳定性指数为 4.121246608（表 5-13-3），说明该品牌的稳定性一般，抗风险能力较弱。另外，品牌信息的衰减速率指数显示消费者对品牌的有效认知周期较短，意味着消费者对品牌印象不太深刻，企业在品牌知名度维护上需要投入较多。综合分析，该品牌处于成熟早期，逐渐向成熟鼎盛期过渡，品牌具有较好的影响力，但仍需通过宣传类广告来维持品牌的知名度。

表 5-13-3　密农人家品牌稳定性计算

品牌	N（E）函数值	品牌衰减系数	品牌信息的衰减速率	品牌稳定性指数
密农人家	29.84146341	0.057780488	0.041212466	4.121246608

第十四节　密水农家

一、品牌简介

密水农家网店成立于 2013 年，通过“互联网 + 农业”推广渠道或第三方平台（如京东、淘宝等）进行农产品的推广和销售，并依托第三方快递（如顺丰、京东等）配送到全国各地的顾客手中，塑造了密云农产品“优质、新鲜、放心”的品牌形象。

二、品牌基础指标与分析

密水农家品牌的信息总量为 0.197444473 亿比特（表 5-14-1），说明该品牌在北京市范围内影响极强，可能是品牌借助线上平台销售的原因，使得在北京市有较高的消费者认知基础。

表 5-14-1　密水农家品牌基础数据

指标范围	知名度（%）	认知度（%）	美誉度（%）	忠诚度（%）	品牌信息量估值（亿比特）
北京市	41.82	29.57	12.15	11.14	0.197444473

从基础数据表来看，该品牌的知名度为 41.82%，突破了知名度第三个关键点 37.5%，表现

为半数以上消费者对该品牌非常熟悉，不仅认知程度较深，且能够辨识品牌 logo，对品牌的产品种类、销售价格也较为清楚，产生了明显的消费者区隔。该品牌的认知度与知名度的比值为70.71%，意味着该品牌传播效果充分，传播内容和传播渠道能有效触达消费者。

密水农家品牌的美誉度为 12.15%，超过美誉度第一个关键点 1.62%，意味着消费者的口碑作用逐渐凸显出来，形成了较为明显的消费者偏好，消费者之间的自传播效应也越来越多。该品牌的忠诚度与美誉度相差不大，意味着消费者对品牌的良好口碑充分地转化为消费者的重复购买行为。但该品牌美誉度相对偏低，较高的知名度和认知度并未充分地转化为消费者对品牌的认可和赞许。

三、品牌质量分析

密水农家品牌的信息质量比为 0.084447363（表 5-14-2），说明该品牌的质量在本次调研中处于一般水平，品牌基本信息量对品牌质量的贡献较高，意味着该品牌拥有较好的消费者认知基础。未来该品牌应通过有针对性的广告策略和营销活动，加强与消费者之间的联系，以提高品牌美誉度，并引导更多潜在消费者对品牌产生认知和兴趣，从而吸引消费者形成购买偏好。

表 5-14-2　密水农家品牌质量比计算

品牌	品牌信息基本量的贡献率	品牌信息质的贡献率	品牌信息质量比值
密水农家	92.21286659	7.787133412	0.084447363

四、品牌信息稳定性分析

密水农家品牌的稳定性指数为 9.037633996（表 5-14-3），说明该品牌的稳定性较强，品牌维护费用低，具有强抗风险能力。综合分析，密水农家品牌处于成熟鼎盛期，品牌发展良好，具有较好的品牌联想和延伸基础。

表 5-14-3　密水农家品牌稳定性计算

品牌	N（E）函数值	品牌衰减系数	品牌信息的衰减速率	品牌稳定性指数
密水农家	8.233841087	0.124826163	0.09037634	9.037633996

第十五节　中农富通

一、品牌简介

"中农富通"品牌创建于 2008 年，商标注册于 2009 年，logo 图形红色象征红红火火、具有燃烧般的活力；土金色象征植根国土、立足大农业的发展愿景；字母 FT 的变形是"富通"品牌概念的浓缩，彰显财富、富强、通达、通顺、变通；地球的抽象表达蕴含立足北京、辐射全国、面向世界的战略目标；平整宽广变形字幕上的边缘象征大农业领域平台。截至 2022 年 10 月，"中农富通"商标已注册 29 件，涉及 10 大类别，拥有富通大潮来、运蔬香、中农大潮来、潞鲜荟等品牌商标。

二、品牌基础指标与分析

中农富通品牌的信息总量为0.059328225亿比特（表5-15-1），属于中等规模品牌，说明该品牌涉及类别广泛，在北京市具有较好的消费者认知基础。

表5-15-1　中农富通品牌基础数据

指标范围	知名度（%）	认知度（%）	美誉度（%）	忠诚度（%）	品牌信息量估值（亿比特）
北京市	20.99	11.69	3.62	2.41	0.059328225

从基础数据表来看，该品牌的知名度为20.99%，超过了知名度的第二个关键点16.13%，表现为半数消费者对该品牌有较深的认知，不仅了解中农富通的业务范围，还能辨识品牌的logo，对品牌基础信息有了解等。该品牌的认知度与知名度比值为55.67%，可以看出企业为获得品牌知名度做过专门努力，传播效果良好，品牌信息传播有效到达率高。

该品牌的美誉度超过了1.62%，消费者口碑作用开始凸显出来，且有部分消费者已经产生了重复购买行为，但其与认知度的比率偏低，说明该品牌的认知度并未充分地转化为美誉度和忠诚度，可能是由于品牌通过高密度的宣传活动造成了短期内知名度的大幅上升，但并未形成消费者的购买偏好。整体来看，该品牌基础指标结构较为合理，但仍需注重公共关系类活动，让更多消费者深入了解该品牌特点，并进而提高该品牌的美誉度。

三、品牌质量分析

中农富通品牌的信息质量比为－0.252000365（表5-15-2），其意味着该品牌质量低于本次调研的平均水平，可能是由于高频度的宣传活动大幅提高了品牌知名度，使得信息质量比失衡。未来该品牌需要注重公共关系类活动，与消费者建立良好的互动关系，严格把控产品质量和服务质量，让更多消费者体验该品牌产品从而转化为购买力。

表5-15-2　中农富通品牌质量比计算

品牌	品牌信息基本量的贡献率	品牌信息质的贡献率	品牌信息质量比值
中农富通	133.6899048	−33.68990478	－0.252000365

四、品牌信息稳定性分析

中农富通品牌的稳定性指数为2.541869009（表5-15-3），说明该品牌的稳定性较弱，其原因可能是刚刚经历过渡期或是品牌处于发展初期，品牌战略仍处于调整阶段，此时出现失稳状态是正常现象，但品牌抗风险能力较弱。综合分析，该品牌处于成长中期，成长性较好，未来需通过优化宣传内容，明确品牌定位和风格，以拉长消费者对品牌认知的有效间隔期。

表5-15-3　中农富通品牌稳定性计算

品牌	N（E）函数值	品牌衰减系数	品牌信息的衰减速率	品牌稳定性指数
中农富通	27.66251729	0.036213099	0.02541869	2.541869009

第十六节 聚牧源

一、品牌简介

聚牧源农业专业合作社基地坐落于北京市通州区漷县镇吴营村，紧邻京哈高速漷县出入口，位置优越，交通便利；毗邻通州运河水系，水源充足，风光旖旎。合作社基地占地面积80余亩，实现了全覆盖种植。

合作社秉承"美好生活同行者"的建社理念，致力于把安全优质的农产品、把厚重的农耕文化、把沉淀的非遗文化，提供给广大市民朋友。合作社的无公害果蔬种植区生产的安全可口的果蔬可常年采摘；合作社的农耕文化科普区、农事体验区，除了满足中小学校社会实践大课堂课程需要，同时也可接待企业团建、农疗、家庭亲子等活动；合作社的非遗手编培训，简单易学，可以亲手体验非遗手编文化，把自己编制的产品带回家，感受非遗文化的魅力。

聚牧源一直是您美好生活路上的"同行者"，在这里让人们放慢脚步，细细感受自然的魅力，体会生活中的美好。

二、品牌基础指标与分析

聚牧源品牌的信息总量为0.057510733亿比特（表5-16-1），说明该品牌具有较好的消费者认知基础。

表5-16-1 聚牧源品牌基础数据

指标范围	知名度（%）	认知度（%）	美誉度（%）	忠诚度（%）	品牌信息量估值（亿比特）
北京市	22.74	9.34	5.27	4.05	0.057510733

从基础数据表来看，该品牌的知名度为22.74%，超过了知名度的第二个关键点16.13%，此时半数消费者对该品牌有一定的知晓程度，但由于认知度与知名度比值为41.06%，认知度略显不足，意味着该品牌传播效果并不充分，这可能是由于品牌的传播渠道、传播方式与目标消费者存在偏差，影响了传播的有效到达率。

该品牌的美誉度与认知度比率合理，消费者对品牌的认知形成了良好的口碑效应。从忠诚度来看，已有部分对品牌持良好口碑的消费者产生了重复购买行为，形成了品牌偏好。但认知度、美誉度和忠诚度相对知名度来说显得偏低，也意味着品牌的影响力受到了限制。

三、品牌质量分析

聚牧源品牌的信息质量比为−0.093846471（表5-16-2），意味着该品牌质量低于本次调研的平均水平，品牌质和量之间比例失衡。因此，企业可以通过重新评估品牌形象，确保与目标受众的需求和价值观相匹配，并利用有效的传播渠道和平台，以提高品牌形象在目标受众中的认知度和美誉度。此外，应通过积极的品牌管理和公共关系活动，与消费者进行良好互动，倾听他们的意见和反馈，以维护客户关系。

表 5-16-2　聚牧源品牌质量比计算

品牌	品牌信息基本量的贡献率	品牌信息质的贡献率	品牌信息质量比值
聚牧源	110.3565752	−10.35657518	−0.093846471

四、品牌信息稳定性分析

聚牧源品牌的稳定性指数为 3.7330（表 5-16-3），说明该品牌的稳定性较为一般，而且品牌信息衰减速率较快。综合分析，该品牌处于成长中期阶段，品质一般，且消费者对品牌有效认知周期较短，企业需明确品牌定位，有针对性地进行差异化营销，以加深消费者对品牌的印象。

表 5-16-3　聚牧源品牌稳定性计算

品牌	N（E）函数值	品牌衰减系数	品牌信息的衰减速率	品牌稳定性指数
聚牧源	18.99335233	0.052875495	0.037330411	3.733041113

第十七节　“第五季”

一、品牌简介

春夏秋冬，一年有四季，而通过科技手段和超大的拓展空间，创造出一个新的“季节”，使四季之后又延伸了一个“季节”——百亩联栋台湾热带水果园在寒冷的冬季依然果满花香、春意盎然，因此被称为“第五季”。中国人是龙的传人，“第五季”园区整体的集雨水系工程，全年收集天上的降水（“龙水”）。园区位于美丽的凤港减河南岸，因此商标由龙的图案和“第五季龙水凤港”组成，寓意龙的传人和龙水、凤港河滋润的“第五季”必将风调雨顺，蓬勃发展。

二、品牌基础指标与分析

“第五季”品牌的信息总量为 0.076904872 亿比特（表 5-17-1），说明该品牌在北京市范围内拥有较好的消费者认知基础。

表 5-17-1　“第五季”品牌基础数据

指标范围	知名度（%）	认知度（%）	美誉度（%）	忠诚度（%）	品牌信息量估值（亿比特）
北京市	24.14	15.13	8.23	6.33	0.076904872

从基础数据表来看，“第五季”品牌的知名度为 24.14%，超过了知名度第二个关键点 16.13%，说明有相当部分的消费者对品牌出现了较深的认知，不仅熟知品牌的产品类型，而且对品牌内涵和品牌宣传内容等信息也较为了解，开始出现一定的消费者区隔。该品牌的认知度与知名度比值为 62.67%，意味着消费者对品牌形成的认知是有效的，品牌传播效果充分。

“第五季”品牌的美誉度为 8.23%，突破了美誉度第一个关键点 1.62%，意味着消费者的口碑作用开始凸显出来，形成了较为明显的消费者偏好，消费者之间的传播也越来越多。该品牌的忠诚度为6.33%，与美誉度比率合理，说明消费者对品牌的良好口碑能够较为充分地转化为重复购买行为。整体来看，该品牌的各项指标之间的比例关系基本合理，能够使品牌在营销活动中起到促进作用。

三、品牌质量分析

“第五季”品牌的信息质量比为－0.013402437（表5-17-2），低于本次调研平均水平，说明该品牌的影响力受量的影响较大。由于线下调研数据中该品牌的美誉度为0，影响了总体的品牌口碑，使品牌美誉度积累量没有达到本次调研的平均水平。未来该品牌应注重品牌推广活动，针对不同消费群体采取个性化的营销策略，并不断改善产品质量和服务体验，以强化消费者对品牌的认同感和信任度。

表5-17-2 “第五季”品牌质量比计算

品牌	品牌信息基本量的贡献率	品牌信息质的贡献率	品牌信息质量比值
第五季	101.3584502	−1.358450211	－0.013402437

四、品牌信息稳定性分析

“第五季”品牌的稳定性指数为5.93243797（表5-17-3），说明该品牌的稳定性一般，具备抗风险能力，品牌信息有效间隔期也较长。综合分析，该品牌目前处于成长中后期，可以适当减少提示类广告频率，应以公共关系类宣传为主，以加深消费者对品牌的认知。

表5-17-3 “第五季”品牌稳定性计算

品牌	N（E）函数值	品牌衰减系数	品牌信息的衰减速率	品牌稳定性指数
第五季	12.15384615	0.08314443	0.05932438	5.93243797

第十八节　绿蜻蜓

一、品牌简介

北京绿蜻蜓特色果蔬产销专业合作社（简称绿蜻蜓合作社）是国家级示范合作社，坐落于北京市通州区漷县镇吴营村，2014年11月在通州区工商局登记注册，社员遍布全国各地。

随着乡村振兴战略的实施，农产品品牌的发展已经成为乡村振兴中不可忽视的重要组成部分。绿蜻蜓合作社坚持身体力行，带头组织农户从事无公害以上标准的蔬菜、果品、水稻、杂粮、茶叶等种植。在运营模式上采用“前店后园”的空间布局，遵循了“以园养店，以店促园”的发展思路，以更好地带动区域经济发展并助力乡村振兴。

绿蜻蜓合作社注册有“绿蜻蜓市民农场”“蜻蜓精良”“山农逸家”等商标，拥有无公害证书、有机证书和食品经营许可证，并自建网站开设旗舰店、微店等。于2017年开设社区店，每年为社员提供技术培训30余次，社员年平均增收3000～5000元。在各级政府的大力扶持下，于2021年发展成为国家级示范社，并获得多种荣誉证书及先进合作社称号。

二、品牌基础指标与分析

绿蜻蜓品牌的信息总量为 0.024511281 亿比特（表 5-18-1），说明该品牌已经逐渐褪去区域品牌特征，在全市范围内拥有一定的消费者认知基础。

表 5-18-1　绿蜻蜓品牌基础数据

指标范围	知名度（%）	认知度（%）	美誉度（%）	忠诚度（%）	品牌信息量估值（亿比特）
北京市	10.99	8.20	2.63	1.82	0.024511281

从基础数据表来看，该品牌的知名度为 10.99%，突破了知名度第一个关键点 4.69%。实际上，这一阶段的知名度很难自然获得，一般需要企业进行获取知名度的努力，但是仅靠知名度使商标成为品牌是远远不够的，还需要获得一定的美誉度。而该品牌的认知度与知名度的比值为 74.64%，意味着品牌传播效果较为充分，传播方式和传播渠道有效。

该品牌的美誉度为 2.63%，不足认知度的一半，但对该品牌有较好口碑的消费者对该品牌的忠诚度也较高，形成了一定的品牌偏好。这种情况下高认知度低美誉度的原因可能是品牌发展初期采取了高密度的宣传活动，使消费者对品牌的认知在短时间内得到了大幅度提升，但品牌差异化不足，未能充分吸引消费者的购买兴趣。整体来看，该品牌的指标结构较不稳定，未能对品牌营销活动起到明显的支撑作用。

三、品牌质量分析

绿蜻蜓品牌的信息质量比为 −0.168583782（表 5-18-2），低于本次调研平均水平，说明该品牌的美誉度较低，消费者的口碑作用并未产生积极影响，消费者之间的自传播率也较低，不利于品牌进一步扩大。未来该品牌仍需加强品牌建设，严格把控产品质量，并采取有针对性的营销策略来激发消费者的兴趣，并与消费者之间建立良好的互动关系。

表 5-18-2　绿蜻蜓品牌质量比计算

品牌	品牌信息基本量的贡献率	品牌信息质的贡献率	品牌信息质量比值
绿蜻蜓	120.2767012	−20.27670124	−0.168583782

四、品牌信息稳定性分析

绿蜻蜓品牌的稳定性指数为 1.841473741（表 5-18-3），说明该品牌的稳定性较弱，其原因可能是品牌发展处在过渡期或者刚刚完成过渡，随着发展阶段的变化进行品牌战略调整而出现了失稳状态，而且此时品牌的抗风险能力也较弱。综合分析，该品牌处于成长早期，成长性较好，未来仍需持续关注品牌建设，明确目标消费者群体，并采取差异化的营销策略，以扩大品牌影响力。

表 5-18-3　绿蜻蜓品牌稳定性计算

品牌	N（E）函数值	品牌衰减系数	品牌信息的衰减速率	品牌稳定性指数
绿蜻蜓	38.02281369	0.026325202	0.018414737	1.841473741

第十九节　京农颐景园

一、品牌简介

北京颐景园种植专业合作社成立于2014年，2018年注册“京农颐景园”商标，图案是以两枝树叶为轮廓，中间是由树叶组成的飞鸟共同组成的，其代表着绿色农业，同时寓意着给农业插上绿色的翅膀，越飞越高。

北京颐景园种植专业合作社位于北京市房山区大石窝镇北尚乐村，是国家级示范合作社，北京市农产品全程标准化基地，北京市市级生态园区。合作社占地110余亩，有高标准日光温室15栋，钢架大棚75栋。园区作为中国农业大学多种蔬菜优良品种培育基地，主要种植番茄、甜椒、辣椒、黄瓜、茄子、油菜等30余种优质蔬菜及食用玫瑰、樱桃、桃、苹果、梨、红心猕猴桃、葡萄等。

二、品牌基础指标与分析

京农颐景园品牌的信息总量为0.061310601亿比特（表5-19-1），说明在北京市范围内该品牌拥有一定的消费者基础。

表5-19-1　京农颐景园品牌基础数据

指标范围	知名度（%）	认知度（%）	美誉度（%）	忠诚度（%）	品牌信息量估值（亿比特）
北京市	21.30	18.84	3.82	3.42	0.061310601

从基础数据表来看，该品牌的知名度为21.30%，超过了知名度的第二个关键点16.13%，意味着半数消费者对其已有较深的认知，不仅了解该品牌的主要产品类型，而且还对品牌的包装和logo等信息也有一定认知。该品牌的认知度占知名度的88.42%，说明该品牌传播效果充分，宣传内容能有效触达消费者，也意味着该品牌拥有相当良好的消费者认知基础。

该品牌的美誉度为3.82%，突破了美誉度的第一个关键点，此时消费者的口碑作用开始逐渐凸显出来，消费者的偏好越来越明显。该品牌的忠诚度与美誉度之间的比率合理，绝大部分对该品牌持有较好口碑的消费者都会产生重复购买行为。但由于美誉度与认知度之间的比率较低，消费者对该品牌的认知未能充分转化为对该品牌的口碑，意味着该品牌可能存在“重名轻誉”的现象，美誉度指标偏低不利于品牌在消费者之间的自传播。建议企业查清原因，防止美誉度过低造成指标结构的不稳定。

三、品牌质量分析

京农颐景园品牌的信息质量比为−0.134694139（表5-19-2），说明该品牌质量低于本次调研的平均水平，品牌美誉度对品牌影响力的贡献较小。由于其美誉度、忠诚度和认知度相差较大，意味着质的影响较小，使得品牌总体影响力比较有限。未来该品牌仍需要加强公共关系活动，并着力提高品牌的内在发展质量。

表 5-19-2　京农颐景园品牌质量比计算

品牌	品牌信息基本量的贡献率	品牌信息质的贡献率	品牌信息质量比值
京农颐景园	115.5660727	−15.56607271	−0.134694139

四、品牌信息稳定性分析

京农颐景园品牌的稳定性指数为 2.686723447（表 5-19-3），说明该品牌的稳定性较弱，而且品牌抗风险能力一般。由于该品牌的美誉度和忠诚度偏低，因此该品牌仍需要投入较大成本维护品牌口碑。综合分析，该品牌处于成长中期、品质一般，未来仍需注重美誉度和忠诚度的提升。

表 5-19-3　京农颐景园品牌稳定性计算

品牌	N（E）函数值	品牌衰减系数	品牌信息的衰减速率	品牌稳定性指数
京农颐景园	26.21231979	0.038249665	0.026867234	2.686723447

第二十节　小汤山

一、品牌简介

“小汤山”是北京天安农业发展有限公司旗下的蔬菜品牌，始建于 1984 年，其前身为北京市农业局组建的小汤山特菜基地，主要从事蔬菜的生产、加工和销售。“小汤山”以北京市农技推广站、中国农业科学院、中国农业大学、北京市农林科院等科研教育单位为强大技术支撑，多次承担并完成了农业农村部、北京市的技术研发与推广项目，拥有现代化大型配送中心 3 座，配备了从荷兰、意大利等国进口的蔬菜分级筛选机、称量包装机等自动化生产设备，并引进德国 SAP 公司的 ERP 管理系统，应用 GPS、GPRS 技术监控生产、流通环节。“小汤山”秉承“民以食为天，食以安为先”的理念，致力于管控源头以保障食品安全并促进消费者健康，同时打造品牌以引领产业升级。目前,“小汤山”的产品已覆盖全国近 200 家商超，年供应北京市场蔬菜 10000 吨以上，年销售额超过 1.7 亿元。

二、品牌基础指标与分析

小汤山品牌的信息总量为 0.244960733 亿比特（表 5-20-1），说明该品牌已经逐渐褪去区域品牌的特征，在北京市范围内具有良好的消费者认知基础。

表 5-20-1　小汤山品牌基础数据

指标范围	知名度（%）	认知度（%）	美誉度（%）	忠诚度（%）	品牌信息量估值（亿比特）
北京市	51.00	34.64	10.70	11.66	0.244960733

从基础数据表来看，该品牌的知名度为 51.00%，超过了知名度的第三个关键点 37.50%，意味着半数消费者对其已有较深认知，表现出在对异质异价，甚至风格不同的同类产品都有明显的

购买意愿，形成了品牌偏好。该品牌的认知度与知名度的比值为 67.93%，意味着该品牌传播效果充分，传播内容能够有效触达消费者。

该品牌的美誉度为 10.70%，说明消费者的口碑作用开始凸显出来，消费者之间也会出现自传播现象。该品牌的忠诚度与美誉度接近，说明该品牌的口碑作用能够充分转化为消费者的重复购买行为，而且该品牌产品质量得到了消费者的认可。但从整体指标结构来看，该品牌的美誉度和忠诚度偏低，消费者对品牌的认知未能充分转化为对该品牌的赞许，也意味着该品牌存在“重名轻誉”现象，其原因可能是品牌推广方式的差异化程度较小，未能充分激发消费者的兴趣。

三、品牌质量分析

小汤山品牌的信息质量比为 0.226896158（表 5-20-2），处于较好水平，说明该品牌具有良好的口碑传播效果，自传播能力强，具备了良好的品牌延伸基础，上升空间很大。未来该品牌应继续注重公共关系活动，同时注重产品类型、品牌风格等的差异化，并大力吸引消费者体验，以形成良好的口碑效应。

表 5-20-2　小汤山品牌质量比计算

品牌	品牌信息基本量的贡献率	品牌信息质的贡献率	品牌信息质量比值
小汤山	81.50649046	18.49350954	0.226896158

四、品牌信息稳定性分析

小汤山品牌的稳定性指数为 3.802313138（表 5-20-3），说明该品牌的稳定性较弱，而且品牌抗风险能力不强，同时品牌信息衰减速率较快，意味着后期维护成本较高。综合分析，该品牌处于成熟鼎盛期，品牌需持续创新，通过个性化或差异化的营销策略激发品牌活力，以刺激消费者购买欲望，促进品牌口碑提升。

表 5-20-3　小汤山品牌稳定性计算

品牌	N（E）函数值	品牌衰减系数	品牌信息的衰减速率	品牌稳定性指数
小汤山	18.69667616	0.053838272	0.038023131	3.802313138

第二十一节　黑山寨

一、品牌简介

北京海疆栗蘑产销专业合作社位于“栗蘑之乡”昌平区延寿镇黑山寨村西，自 2012 年成立以来，确立了“以农业生产种植为基础，以休闲体验为特色，以市场需求为重点，以制作美食为核心竞争力”的发展思路，把农业从田间种植延伸到餐桌上的美食去经营、去创新，拓展了农业的新功能，促进了农业调整，实现了从一产向三产的跨越，并聚焦旅游观光、采摘、农事体验等业态，成功地打造出栗蘑生产、种植、销售、美食制作的一体化经营模式，成为北京人喜爱的绿色休闲农业基地。栗蘑主要成分为栗蘑多糖，同时富含较高的铁、铜、硒等和维生素 C。因为具有突出的营养和药理价值，被誉为“食用菌王子”和“华北人参”。

二、品牌基础指标与分析

黑山寨的品牌信息量为 0.086837964 亿比特（表 5-21-1），说明该品牌在北京市已经具有一定的影响力。

表 5-21-1 黑山寨品牌基础数据

指标范围	知名度（%）	认知度（%）	美誉度（%）	忠诚度（%）	品牌信息量估值（亿比特）
北京市	23.61	16.93	11.09	8.79	0.086837964

黑山寨品牌在北京市的知名度为 23.61%，已经超过了知名度的第二个关键点 16.13%，该阶段半数消费者对品牌已有较深认知，表现出在对异质异价甚至风格不同的同类产品中都有明显的购买意愿，此时品牌已经成为市场竞争的有力工具。该品牌的认知度与知名度的比值为 71.71%，意味着品牌宣传过程中采取的方式或内容能够有效触达目标消费者，品牌信息传播比较充分。

黑山寨在北京市的美誉度为 11.09%，突破了美誉度的第一个关键点 1.62%，这个阶段属于有效自传播效应发生时期，消费者偏好开始越来越明显，消费者之间的传播也越来越多。该品牌的美誉度与认知度差异不大，说明消费者认知较为充分地转化为了对品牌的口碑，消费者在体验过产品后满意度较高，愿意向他人进行推荐。黑山寨的品牌忠诚度为 8.79%，说明部分消费者产生了强烈的品牌偏好。而且黑山寨品牌的忠诚度与美誉度仍差距不大，说明品牌口碑比较充分地实现了向销售能力的转移。

综上所述，黑山寨品牌的指标结构良好，各指标的比例关系合理，知名度、认知度、美誉度为忠诚度的获得奠定了基础，从而也说明该品牌是一个发展状况良好的品牌。

三、品牌质量分析

黑山寨品牌的信息质量比值为 0.059140062（表 5-21-2），在本次调研的品牌中属于一般水平。主要原因是线下调研效果不太理想，品牌信息大多来自宣传、广告中量的支撑，来自消费者口碑的信息较少，建议未来在推广品牌的同时要注重发挥口碑效应。

表 5-21-2 黑山寨品牌质量比计算

品牌	品牌信息基本量的贡献率	品牌信息质的贡献率	品牌信息质量比值
黑山寨	94.41621892	5.583781082	0.059140062

四、品牌信息稳定性分析

黑山寨品牌的稳定性指数为 8.153627893（表 5-21-3），说明该品牌具有较强的稳定性，而且指标结构也不容易发生变动。根据品牌基础指标、质量比以及稳定性，可以推测目前黑山寨品牌处于成长期中期阶段，该阶段需要注意美誉度与知名度、认知度的协调增长。

表 5-21-3 黑山寨品牌稳定性计算

品牌	N（E）函数值	品牌衰减系数	品牌信息的衰减速率	品牌稳定性指数
黑山寨	9.018867925	0.11308206	0.081536279	8.153627893

第二十二节 万德庄园

一、品牌简介

北京万德园农业科技发展有限公司成立于2009年，位于北京市昌平区小汤山镇，中国航空博物馆以西，上风上水的北京西北郊区，燕山山脉山前暖带，北纬40° 国际公认的最佳草莓生长带。

公司现有育苗温室大棚108栋，日光温室28栋，连栋温室2栋。公司技术力量雄厚，与日本专家和中国农业科学院、北京市农林科学院、中国农业大学都有合作，并与中国农业大学合作在公司建立了“科技小院”为公司提供直接的技术支持。公司种植的是日系草莓，拥有20多个品种，如皇家御用、点雪、衣紫、隋珠等，品种特性优良，口感独特，香味浓郁，回味无穷，已获得广大顾客的好评。

二、品牌基础指标与分析

万德庄园品牌的信息总量为0.039710736亿比特（表5-22-1），说明该品牌在北京市有部分消费者对该品牌具有一定认知。

表 5-22-1 万德庄园品牌基础数据

指标范围	知名度（%）	认知度（%）	美誉度（%）	忠诚度（%）	品牌信息量估值（亿比特）
北京市	14.32	11.51	6.49	4.60	0.039710736

万德庄园品牌的知名度为14.32%，超过了知名度的第一个关键点4.69%，知名度从这一阶段开始会对营销起到明显的促进作用，超过半数的消费者有进一步认知品牌的意愿，也表现出同类产品购买的偏好，但这一偏好还比较微弱。万德庄园品牌的认知度是11.51%，与知名度的比值为80.37%，说明品牌信息传播非常充分。

该品牌的美誉度为6.49 %，说明部分消费者在体验过产品后对品牌比较认可，品牌自传播效应开始显现，且可以看出消费者认知较为充分地转化成了对品牌的良好口碑。万德庄园的品牌忠诚度为4.6%，略低于美誉度，说明品牌口碑充分实现了向销售能力的转移，消费者的消费习惯形成。就草莓品牌来说，北京市已有昌平草莓、天润园、龙海源草莓等品牌，市场竞争比较激烈，且草莓产品的同质性极高，消费者很难对某一品牌产生强烈的偏好。

综合分析，万德庄园品牌的指标结构良好，具备较大的发展潜力。建议未来品牌在宣传推广的同时要增加现场采摘等活动，以吸引更多消费者前来体验，进而促进美誉度提升及口碑传播。

三、品牌质量分析

万德庄园品牌的信息质量比值为－0.060155903（表 5-22-2），在本次调研中低于平均发展水平。这意味着品牌认知基础一般，导致以此为支撑的美誉度也一般，从而品牌信息质的贡献率较小。建议未来在进行品牌宣传推广时还要注重激发消费者的口碑效应，使品牌发展质量达到最优水平。

表 5-22-2　万德庄园品牌质量比计算

品牌	品牌信息基本量的贡献率	品牌信息质的贡献率	品牌信息质量比值
万德庄园	106.4006257	−6.400625695	－0.060155903

四、品牌信息稳定性分析

万德庄园品牌的稳定性指数为 4.626118312（表 5-22-3），属于一般水平。结合品牌的基础数据、质量比和稳定性，可以大致推测该品牌目前处于成长期早期阶段，是一个发展势头良好的品牌。

表 5-22-3　万德庄园品牌稳定性计算

品牌	N（E）函数值	品牌衰减系数	品牌信息的衰减速率	品牌稳定性指数
万德庄园	15.41935484	0.065243043	0.046261183	4.626118312

第二十三节　鑫城缘

一、品牌简介

北京鑫城缘果品专业合作社位于昌平区草莓产业基地核心区兴寿镇西新城村，是一家集果品生产、销售，以及采摘、农业技术服务、农民技术培训于一体的股份制农民专业合作社。合作社于 2008 年 3 月成立，现有社员 243 户，带动周边农户 500 户。2011 年通过申请成为昌平区首批“昌平草莓”国家地理标志保护使用单位。2014 年至今被连续评为“国家级农民专业合作社示范社”。于 2009 年通过无公害认证并注册“鑫城缘”商标。2022 年获得有机认证。合作社从 2012 年开始致力于都市型现代农业建设，探索怎样实现草莓从农产品到农业礼品的转型。2014 年以来，北京鑫城缘果品专业合作社致力于探索农业体验课程开发和农民教育，与此同时打造自己的网络销售平台，并采用农业物联网，让消费者能够看见产品的生产过程，并且能够通过网络平台下单和直接配送至消费者手中，实现了从农田到餐桌的“无缝”对接。

二、品牌基础指标与分析

鑫城缘品牌的信息总量为 0.039583957 亿比特（表 5-23-1），说明该品牌在北京市的品牌影响力偏小。鑫城缘品牌的知名度为 15.02%，接近知名度的第二个关键点，品牌认知度与知名度的比值为 73.10%，表现为消费者对品牌信息的认知程度较高，品牌对消费者的偏好产生了较大影响，在同质同价的同类产品中，消费者会将该品牌作为购买的主要选择之一。该品牌的知名度一部分来源于消费者的实际认知，另一部分可能来自品牌宣传，品牌信息有效传播到达率较高。

表 5-23-1 鑫城缘品牌基础数据

指标范围	知名度（%）	认知度（%）	美誉度（%）	忠诚度（%）	品牌信息量估值（亿比特）
北京市	15.02	10.98	5.44	4.60	0.039583957

鑫城缘品牌的美誉度为 5.44%，超过了美誉度的第一个关键点，消费者口碑作用开始凸显，消费者自传播效应开始萌发，且品牌忠诚度不为零，与美誉度的比值良好，说明消费者对品牌的良好口碑向重复购买行为转化也较充分。虽然该品牌整体指标偏低，但指标之间的比例关系均在合理范围内，说明知名度和认知度有较大的提升空间，需要该品牌增加广告宣传投入，也可以通过自媒体营销方式扩大品牌影响力，为美誉度和忠诚度的进一步提升奠定基础。

三、品牌质量分析

鑫城缘品牌的质量比为 –0.088991624（表 5-23-2），在本次品牌调研中低于平均水平，结合品牌基础指标和原始数据来看，该品牌在线下调研中知名度偏低，品牌基本量的积累仍需继续，因而品牌口碑对品牌影响力的贡献率偏弱，从而对知名度和认知度的积累应是该品牌当前的首要任务。

表 5-23-2 鑫城缘品牌质量比计算

品牌	品牌信息基本量的贡献率	品牌信息质的贡献率	品牌信息质量比值
鑫城缘	109.7684748	–9.768474841	–0.088991624

四、品牌信息稳定性分析

鑫城缘品牌的稳定性指数为 3.861935694（表 5-23-3），属于一般水平，而且抗风险能力也相对较弱。综合考虑基础指标和质量比，可以判断鑫城缘品牌可能处于成长早期阶段。为了提高品牌的稳定性，可以通过积极的市场推广和品牌宣传，以增强消费者对鑫城缘品牌的认知度。同时，还应优化产品和服务，以提供具有竞争力的价格和高品质的产品，并关注消费者需求，及时调整和改进产品，以满足消费者的期望，从而增强消费者购买意愿和忠诚度。

表 5-23-3 鑫城缘品牌稳定性计算

品牌	N（E）函数值	品牌衰减系数	品牌信息的衰减速率	品牌稳定性指数
鑫城缘	18.38461538	0.054667019	0.038619357	3.861935694

第二十四节 军都山

一、品牌简介

军都山红苹果专业合作社于 2007 年 9 月 29 日成立，注册资金 106.39 万元，注册商标为“军都山”，经营范围涵盖：果树种植、生产资料采购、农业技术培训、技术服务，以及销售蔬菜水果、农药、苗木和开展病虫害防治服务等。合作社共有社员150多户，果园3000余亩，果品种类涉及苹果、樱桃、李子、桃等，一年总产量1200吨，其中富士苹果已通过ISO9001:2000认证，荣获北京奥运会推荐果品、第三届苹果节金奖等荣誉，形成了以苹果为主的多元化果品种植产业。

合作社在社长张启营及二代新农人张增阔的带领下，为周边果农提供从种到收的一系列指导及服务，始终本着“一切从农户利益出发，服务农户，致富大家”的宗旨，以市场为导向真抓实干，形成了“合作社+基地+农户+标准”的创新发展模式，努力打造“军都山”品牌，并充分发挥合作社服务社员的职能，助力社员增收致富。

二、品牌基础指标与分析

军都山品牌的信息总量为0.029721033亿比特（表5-24-1），说明该品牌仍具有较强的区域特征，开始对消费者形成一定的影响力，但影响力偏低。

表5-24-1 军都山品牌基础数据

指标范围	知名度（%）	认知度（%）	美誉度（%）	忠诚度（%）	品牌信息量估值（亿比特）
北京市	14.03	5.89	2.64	2.24	0.029721033

从基础数据表来看，该品牌的知名度为14.03%，超过了知名度的第一个关键点。实际上，这个阶段的知名度一般是企业经过专门努力获得的，商标进入了成为名牌的过程，对营销可以起到一定的促进作用。该品牌的认知度与知名度之比为41.94%，意味着该品牌传播效果较好，传播渠道是有效的，能够将大部分品牌信息传达至目标消费者。

该品牌的美誉度为2.64%，突破了美誉度的第一个关键点1.62%。此时消费者的口碑作用开始凸显出来，消费者之间的传播也越来越多。该品牌的忠诚度与美誉度指标接近，说明消费者对品牌的口碑能够充分转化为重复购买行为。从整体指标结构来看，军都山品牌的美誉度和忠诚度偏低，消费者对该品牌的认知未能充分地转化为对该品牌的赞许，可能是由于该品牌存在产品质量与服务问题，或是品牌差异化不够，未能充分吸引消费者进行体验。

三、品牌质量分析

军都山品牌的信息质量比为−0.151822297（表5-24-2），说明该品牌信息质量低于本次调研的平均水平。该品牌美誉度偏低，致使品牌影响力受到质量不足的影响，没有达到应该达到的水平。未来该品牌应高度重视品牌口碑问题，严格把控产品质量，为消费者提供更为满意的服务。

表5-24-2 军都山品牌质量比计算

品牌	品牌信息基本量的贡献率	品牌信息质的贡献率	品牌信息质量比值
军都山	117.8998217	−17.8998217	−0.151822297

四、品牌信息稳定性分析

军都山品牌的稳定性指数为0.306603741（表5-24-3），说明该品牌的稳定性极弱，而且抗风险能力不足。如果该品牌想要继续扩大影响力，就需要投入较高的成本。综合分析，该品牌处于成长早期，正在逐渐向成长中期过渡，具有较好的成长性。

表 5-24-3 军都山品牌稳定性计算

品牌	N（E）函数值	品牌衰减系数	品牌信息的衰减速率	品牌稳定性指数
军都山	26.62139918	0.004402098	0.003066037	0.306603741

第二十五节 红泥乐农场

一、品牌简介

北京圣泉农业专业合作社（下称"圣泉农业"）成立于 2015 年 1 月，位于北京市昌平区南口镇红泥沟村以南，占地约 7.5 公顷，拥有 32 个日光温室标准大棚。合作社自成立以来，坚持绿色、可持续发展理念，以服务农民增收和市民生活为目标，通过深入挖掘红泥沟村的历史文化，借助红泥土的特性引入"文化""旅游""生态""养生"等元素，把"红泥"融入蔬果生产、乡土文化之中，大力发展富铁蔬果生产，着力培育和壮大"红泥 + 阳台蔬菜"特色农业、休闲采摘、农业科普培训、红泥文化、社会化服务等产业，而且利用红泥土的特性研发了阳台盆栽蔬菜营养土栽培袋，并获得了实用型专利。2015 年，合作社注册了"红泥乐农场"商标。

二、品牌基础指标与分析

红泥乐农场品牌的信息总量为 0.053244366 亿比特（表 5-25-1），说明该品牌在北京市的品牌影响力偏小。该品牌的知名度为 17.25%，超过了知名度的第二个关键点，而且其认知度与知名度的比值达到了 50% 以上，表现为部分消费者对该品牌的基本信息较为了解。从数据上看，该品牌为获取知名度应该做过相应的努力，通过新闻、自媒体或广告等宣传方式对品牌信息进行传播，传播有效到达率较高。

表 5-25-1 红泥乐农场品牌基础数据

指标范围	知名度（%）	认知度（%）	美誉度（%）	忠诚度（%）	品牌信息量估值（亿比特）
北京市	17.25	15.32	7.32	5.02	0.053244366

红泥乐农场品牌的美誉度为 7.32%，超过了第一个关键点，而且品牌忠诚度不为零，其与美誉度的比值也较高，所以品牌的良好口碑向重复购买率转化比较充分。从原始数据来看，该品牌在线上调研的知名度较高，在青年消费群体中的信息传播更有效。但该品牌的整体指标值偏低，而且在北京市的营销效果一般，未形成稳定的品牌指标结构，在营销中的作用偏小。因此，该品牌应进一步提升品牌影响力，但因农产品品牌同质化程度高，故品牌的创新性尤为重要，不仅是品牌产品创新，而且在宣传内容和方式上也需要创新。

三、品牌质量分析

红泥乐农场品牌的质量比为 −0.037487706（表 5-25-2），在本次品牌调研中低于平均水平，说明该品牌尚未完成对品牌基本量的积累，品牌口碑的贡献率偏低。主要原因在于品牌知名度和认知度还需要进一步提高，品牌口碑的增长还依赖于消费者认知的增长。

表 5-25-2　红泥乐农场品牌质量比计算

品牌	品牌信息基本量的贡献率	品牌信息质的贡献率	品牌信息质量比值
红泥乐农场	103.8947769	−3.894776872	−0.037487706

四、品牌信息稳定性分析

红泥乐农场品牌的稳定性指数为 5.245907218（表 5-25-3），说明该品牌的稳定性一般，并具有一定的抗风险能力，而且品牌信息传播有效间隔期较短。结合基础指标和质量比来看，该品牌处于成长早期或中期阶段。

表 5-25-3　红泥乐农场品牌稳定性计算

品牌	N（E）函数值	品牌衰减系数	品牌信息的衰减速率	品牌稳定性指数
红泥乐农场	13.65714286	0.073764131	0.052459072	5.245907218

第二十六节　天润园

一、品牌简介

北京天润园草莓专业合作社成立于 2009 年 2 月。截至目前，合作社已吸收社员 99 户，带动周边农户 300 余户，农户分布于崔村、兴寿、百善、小汤山四镇。在合作社管理和草莓种植上，合作社不断开拓创新，以“天润园”为品牌，本着“公司＋合作社＋农户”的产业化发展模式，逐步加大市场开拓力度，充分发挥“合作”职能，积极为社员提供产前、产中、产后等服务。目前，合作社占地 280 亩，其中草莓基地 200 亩，建有草莓日光温室 90 余栋，平均年产量可达 125 吨；育苗基地 76 亩，建有育苗棚 44 栋，每年可出种苗 300 余万株。同时，还建有 400 平方米加工车间、1700 平方米冷库等配套设施。合作社主要从事草莓生产活动，是一处以设施农业生产为主，以示范应用推广农业高新技术为特色，集农产品生产销售、观光采摘、种苗繁育于一体的农业园区。

二、品牌基础指标与分析

天润园品牌的信息总量为 0.034404799 亿比特（表 5-26-1），说明该品牌在北京市范围内拥有一定的影响力。在消费者认知中，该品牌也已经逐渐朝大众化方向过渡。

表 5-26-1　天润园品牌基础数据

指标范围	知名度（%）	认知度（%）	美誉度（%）	忠诚度（%）	品牌信息量估值（亿比特）
北京市	13.53	11.08	4.46	2.84	0.034404799

从基础数据表来看，该品牌的知名度为 13.53%，接近知名度的第二个关键点 16.13%，意味着半数消费者对该品牌已有较深的认知，在面对异质异价，甚至风格不同的同类产品时会有明显的购买意愿。该品牌的认知度占知名度的 81.88%，意味着该品牌的传播效果充分，选择的传播渠道以及传播内容能够有效到达消费者，使消费者对该品牌形成了有效认知。

天润园品牌的美誉度为 4.46%，突破了美誉度第一个关键点 1.62%，说明该品牌的消费者口碑开始逐渐发挥作用，消费者之间的自传播也越来越多。该品牌的忠诚度略低于美誉度，意味着该品牌的口碑较为充分地转化为消费者的重复购买行为。但品牌认知度与美誉度之间的比率较不合理，美誉度偏低，造成这一现象的原因可能是品牌差异化程度偏低，未能充分吸引消费者注意力，或是产品定价过高、质量或服务存在问题等未能使消费者形成重复购买行为习惯，建议企业进一步查清具体原因，有的放矢。

三、品牌质量分析

天润园品牌的信息质量比为 −0.116568342（表 5-26-2），低于本次调研的平均水平，说明该品牌现有的影响力大多来源于认知度的支撑，而且美誉度在品牌营销活动中发挥的作用较小。未来该品牌应重视公共关系类活动，并吸引消费者体验产品，从而形成良好的消费体验，以此提高品牌的美誉度。

表 5-26-2　天润园品牌质量比计算

品牌	品牌信息基本量的贡献率	品牌信息质的贡献率	品牌信息质量比值
天润园	113.1949474	−13.19494737	−0.116568342

四、品牌信息稳定性分析

天润园品牌的稳定性指数为 3.144208555（表 5-26-3），说明该品牌的稳定性偏低，而且抗风险能力较弱。综合分析，该品牌处于成长中期，具有较好的成长性，未来该品牌仍应持续加强品牌建设。

表 5-26-3　天润园品牌稳定性计算

品牌	N（E）函数值	品牌衰减系数	品牌信息的衰减速率	品牌稳定性指数
天润园	22.44668911	0.044662818	0.031442086	3.144208555

第二十七节　御享

一、品牌简介

"御享"是北京金惠农农业专业合作社旗下的品牌。合作社成立于 2011 年，一直致力于"从田头到餐桌"的现代蔬菜产业链打造，已形成了蔬菜种源、标准化种植、初加工、休闲观光、连锁销售终端等完整产业链。基地位于昌平区兴寿镇肖村。截至目前，合作社入社社员 207 人，有阳光温室 362 栋，土地面积 1700 余亩，带动周边 300 余农户，主营品种有蔬菜、草莓、食用菌，还有樱桃、桃、杏等果品。合作社现已与周边数十个高档社区、超市、企业达成合作。

合作社采用规范化生产管理模式：从生产前培训到生产作业中细致指导；2015 年，合作社注册了“御享”商标。合作社遵循“安全、纯净、天然、健康”四大原则，采用社区支持农业（CSA）的经营理念，倡导健康、自然的生活方式，并希望建立会员与基地和谐发展、相互信任的关系，为会员提供健康、安全的农副鲜品。

合作社通过合同式生产、订单式销售等经营方式，合理整合合作社及其社员的资源，制定种植计划，并以销售定种植规模及品种，以实现合理安排、减少浪费的目标，从而为社员带来较高的收益。

二、品牌基础指标与分析

御享品牌的信息总量为 0.063164956 亿比特（表 5-27-1），说明该品牌在北京市范围内拥有较好的消费者认知基础，而且品牌的区域特征也逐渐褪去，正在向大众化品牌方向发展。

表 5-27-1　御享品牌基础数据

指标范围	知名度（%）	认知度（%）	美誉度（%）	忠诚度（%）	品牌信息量估值（亿比特）
北京市	21.06	12.83	7.83	5.63	0.063164956

从基础数据表来看，该品牌的知名度为 21.06%，超过了知名度的第二个关键点 16.13%，而且其认知度与知名度的比值为 60.94%，意味着消费者对该品牌有较深的认知，不仅知晓品牌的产品类型，而且对品牌的包装风格、品牌标识也有了解，传播渠道能将品牌内容有效传达给消费者。

御享品牌的美誉度为 7.83%，与认知度指标接近，说明消费者对品牌的认知充分地转化为品牌的口碑，品牌的质量得到了消费者的认可。该品牌的忠诚度略低于美誉度，说明消费者的口碑作用对品牌营销起到了明显的支撑作用，消费者之间的自传播也越来越多。整体看来，该品牌的忠诚度指标偏低，因而企业应重视对老客户群体的维护，使之产生重复购买的行为习惯。

三、品牌质量分析

御享品牌的信息质量比为 −0.023922626（表 5-27-2），低于本次调研的平均水平，说明该品牌的影响力大多来自品牌知名度和认知度的支撑。未来该品牌应注重广告类宣传活动，借助自媒体平台，多渠道地进行推广，以吸引目标消费群体，提高品牌知名度和美誉度，进而激发购买兴趣，推动销售增长。同时，该品牌也需要确保广告内容能够准确吸引，符合消费者期望，以提升可信度和建立强大的品牌形象。

表 5-27-2　御享品牌质量比计算

品牌	品牌信息基本量的贡献率	品牌信息质的贡献率	品牌信息质量比值
御享	102.4508945	−2.450894451	−0.023922626

四、品牌信息稳定性分析

御享品牌的稳定性指数为5.628259035（表5-27-3），说明该品牌的稳定性一般，并且有一定的抗风险能力。综合分析，御享品牌目前处于成长后期，品牌能为其营销活动提供较强的支撑作用。

表5-27-3　御享品牌稳定性计算

品牌	N（E）函数值	品牌衰减系数	品牌信息的衰减速率	品牌稳定性指数
御享	12.77139208	0.078995855	0.05628259	5.628259035

第二十八节　食为先

一、品牌简介

本着“安全、风味、健康”的创业宗旨，秉承产地环境优良、产品品质独特的经营方针，北京食为先生态农业园有限责任公司于2014年成立。“食为先”体现了“民以食为天，食以安为先”的大道至简理念。“食”字由两部分组成，一个“人”字，一个“良”字，说明一个有良心的人才能把食品和饮食相关的事做好，寓意为企业要以提供安全、健康的食材为最基本的出发点，做良心企业。

经过近8年的探索实践，公司已发展成为一家以“有机”为核心、以“生态”为理念的“新时代农业＋物联网＋互联网”的农业企业，集果蔬种植、采摘、销售、休闲度假、参观体验、社会参与于一体。

二、品牌基础指标与分析

食为先品牌的信息总量为0.019490147亿比特（表5-28-1），说明该品牌在北京市属于小规模，而且品牌在北京市的影响力较小，且品牌仍具有较强的区域特征。

表5-28-1　食为先品牌基础数据

指标范围	知名度（%）	认知度（%）	美誉度（%）	忠诚度（%）	品牌信息量估值（亿比特）
北京市	9.04	5.73	3.22	2.01	0.019490147

从基础数据表来看，该品牌的知名度为9.04%，超过了知名度的第一个关键点4.69%，意味着该品牌有为获取知名度而进行过专门的努力，使得接近半数的消费者对该品牌有一定的了解。该品牌的认知度占知名度的63.36%，意味着传播效果充分，消费者对该品牌的认知是有效的。

食为先品牌的美誉度为3.22%，超过了美誉度的第一个关键点1.62%，说明消费者开始形成口碑效应，消费者之间的自传播也越来越多。该品牌的忠诚度与美誉度的比率较为合理，意味着消费者的口碑能够较为充分地转化为重复购买行为。整体看来，该品牌的美誉度和忠诚度偏低，可能是品牌处于发展初期，品牌营销差异化程度不高，未能充分吸引消费者关注，具体原因还需要通过更多指标加以判断。

三、品牌质量分析

食为先品牌的信息质量比为－0.032836044（表 5-28-2），低于本次调研的平均水平，说明品牌美誉度对品牌影响力的贡献较小。未来该品牌应更加重视品牌美誉度的提升，严格监管产品质量，提高服务质量，为消费者营造良好的购买体验，以形成良好的口碑效应。

表 5-28-2　食为先品牌质量比计算

品牌	品牌信息基本量的贡献率	品牌信息质的贡献率	品牌信息质量比值
食为先	103.3950856	−3.395085589	－0.032836044

四、品牌信息稳定性分析

食为先品牌的稳定性指数为 2.256432912（表 5-28-3），说明该品牌的稳定性较弱，而且抗风险能力也较弱。由于品牌处于成长早期，经历过渡阶段造成了失稳现象，未来该品牌仍需加强品牌建设，增加宣传力度，同时在发展初期注重产品质量，以提升品牌口碑。

表 5-28-3　食为先品牌稳定性计算

品牌	N（E）函数值	品牌衰减系数	品牌信息的衰减速率	品牌稳定性指数
食为先	31.10419907	0.032191605	0.022564329	2.256432912

第二十九节　兴农鼎力

一、品牌简介

“兴农鼎力”是北京兴农鼎力种植专业合作社对外进行销售的主打品牌，其坚持强调“高品质”“安全”和“新鲜”等特征，树立起了良好的形象与口碑。合作社依托品牌效应，紧抓“互联网＋”的良好机遇，与春播科技有限公司进行合作，依靠其宣传销售平台，使兴农鼎力品牌逐渐走进市民生活，获得市民信赖，使合作社的品牌知名度与信赖度得到了大幅提升。

合作社专设了蔬果配送专用车辆和团队服务人员，通过品牌管理培训，使团队人员深入理解了农产品品牌建设的内涵与外延，通过注重品牌形象打造，提升了品牌价值。

二、品牌基础指标与分析

兴农鼎力品牌的信息总量为 0.057636915 亿比特（表 5-29-1），说明该品牌在北京市范围内有一定的影响力，且拥有较好的消费者认知基础。

表 5-29-1　兴农鼎力品牌基础数据

指标范围	知名度（%）	认知度（%）	美誉度（%）	忠诚度（%）	品牌信息量估值（亿比特）
北京市	20.46	14.59	5.30	4.22	0.057636915

从基础数据表来看，该品牌知名度为20.46%，超过知名度的第二个关键点16.13%，表现为半数消费者对该品牌有一定的了解程度，不仅了解品牌的产品类型，而且对品牌的包装风格、logo等也有所了解。该品牌的认知度与知名度之比为71.30%，意味着该品牌的传播效果充分，并且消费者对品牌形成的认知是有效的。

兴农鼎力品牌的美誉度为5.30%，意味着消费者已经形成了明显的消费偏好，在面对异质异价的同类产品时会对该品牌有一定的偏好，而且消费者之间的自传播效应也越来越多。此外，该品牌的忠诚度与美誉度之间的比值较为合理，消费者对该品牌的口碑能够充分转化为重复购买行为，意味着该品牌受到了较多消费者的认可。整体看来，该品牌的美誉度和忠诚度偏低，可能是由于该品牌存在重名轻誉的现象，对广告类的推广活动频率较高，造成短时间内知名度大幅上升。

三、品牌质量分析

兴农鼎力品牌的信息质量比为－0.064635503（表5-29-2），低于本次调研的平均水平，但其知名度和认知度较高，说明企业对品牌的运营水平较高，使得品牌获得了一定的消费者基础。由于其美誉度偏低，使得品牌的影响力受到限制。未来该品牌应更加重视公共关系类推广活动，通过多种多样的活动形式使消费者深入认知该品牌，并提供良好的消费体验，以提升消费者的满意度。

表5-29-2　兴农鼎力品牌质量比计算

品牌	品牌信息基本量的贡献率	品牌信息质的贡献率	品牌信息质量比值
兴农鼎力	106.9101942	-6.910194196	－0.064635503

四、品牌信息稳定性分析

兴农鼎力品牌的稳定性指数为1.865853555（表5-29-3），说明该品牌的稳定性较弱，而且抗风险能力也较弱。综合分析，兴农鼎力品牌目前处于成长后期，逐渐向成熟早期过渡，上升空间较大，未来仍需优化传播内容和传播途径，以提高消费者的有效认知周期。

表5-29-3　兴农鼎力品牌稳定性计算

品牌	N（E）函数值	品牌衰减系数	品牌信息的衰减速率	品牌稳定性指数
兴农鼎力	57.8623962	0.026584934	0.018658536	1.865853555

第三十节　永顺华

一、品牌简介

北京永顺华蔬菜种植有限公司成立于2001年，注册资本200万元，位于北京市顺义区北务镇闫家渠村南，总占地60000平方米，建有日光温室43栋，基地东西两侧均为生产区域，种植有茄果类、瓜类、叶菜类、根茎类、葱蒜类、豆类等共计100多个品种，有高级农艺师8人、农艺师15人，是一家从事有机蔬菜生产、加工、配送及销售为一体的民营企业。公司采用“公司＋基地＋

农户”的经营模式，坚持“以人为本、诚信务实”的经营管理理念，经过十余年的努力，现已成为顺义区农业产销一体化重点企业。公司产品在华联、京客隆等多家连锁超市设立了专柜，形成了一定的品牌优势，年销售额实现了稳步增长。

二、品牌基础指标与分析

永顺华品牌的信息总量为0.044779717亿比特（表5-30-1），说明该品牌在北京市拥有一定的消费者基础，品牌影响力一般，而且该品牌已经逐渐褪去了区域品牌特征，转向大众化品牌。

表5-30-1 永顺华品牌基础数据

指标范围	知名度（%）	认知度（%）	美誉度（%）	忠诚度（%）	品牌信息量估值（亿比特）
北京市	15.89	13.73	5.74	4.72	0.044779717

从基础数据表来看，永顺华品牌的知名度为15.89%，接近知名度第二个关键点16.13%，表现为相当部分的消费者对该品牌具有较好的认知基础，对该品牌产品类型、价格等较为了解。该品牌的认知度与知名度之比为86.4%，意味着品牌传播效果充分，消费者对品牌形成的认知是有效的。

永顺华品牌的美誉度为5.74%，超过了美誉度第一个关键点1.62%，说明消费者的口碑作用开始凸显出来，并逐渐对该品牌形成了较为明显的品牌偏好。该品牌的忠诚度与美誉度之间关系良好，意味着消费者对该品牌的良好口碑充分地转化为重复购买行为。整体看来，该品牌的美誉度与忠诚度偏低，但指标结构良好。

三、品牌质量分析

永顺华品牌的信息质量比为－0.08065013（表5-30-2），低于本次调研的平均水平。由于品牌美誉度和忠诚度偏低，消费者对品牌的认知未能充分地转化为对品牌的口碑，可能是由于品牌的差异化不足未能充分吸引消费者的购买兴趣。未来该品牌应注重公共关系类活动，与消费者建立良好的互动关系，注重消费者反馈，通过产品创新或者服务创新赢取消费者口碑。

表5-30-2 永顺华品牌质量比计算

品牌	品牌信息基本量的贡献率	品牌信息质的贡献率	品牌信息质量比值
永顺华	108.7725177	−8.772517685	－0.08065013

四、品牌信息稳定性分析

永顺华品牌的稳定性指数为4.081408207（表5-30-3），说明该品牌的稳定性一般，而且抗风险能力不足。综合分析，该品牌处于成长中期，品牌能对营销活动起到一定的促进作用，但未来仍需注重品牌推广，以扩大品牌影响力。

表5-30-3 永顺华品牌稳定性计算

品牌	N（E）函数值	品牌衰减系数	品牌信息的衰减速率	品牌稳定性指数
永顺华	17.42160279	0.057712387	0.040814082	4.081408207

第三十一节　华顺源

一、品牌简介

北京华顺源蔬菜加工有限公司成立于2015年，位于北京市顺义区龙湾屯镇。公司注册资金800万元，厂区占地21亩，拥有员工70余人，年均产量约23000吨，主要经营范围为：黄豆芽、绿豆芽、豆嘴等豆芽产品的生产和销售。公司秉承“小豆芽、大民生”的经营理念，采用现代化机械设备，生产工艺全程由电脑控制，实现了豆芽生产的产业革命，填补了国内空白，并致力于打造绿色无公害豆芽产品。2016年4月6日，北京鑫玺投资有限公司与北京顺鑫控股集团有限公司（以下简称“顺鑫控股”）正式签约，顺鑫控股旗下的北京顺鑫鑫源食品集团有限公司控股北京鑫玺投资有限公司旗下的北京华顺源蔬菜加工有限公司，合作成立北京顺鑫华顺源农业科技发展有限公司，从而使公司发展驶入了快车道。

二、品牌基础指标与分析

华顺源品牌的信息总量为0.023859085亿比特（表5-31-1），说明该品牌在北京市范围内的影响力较小，而且仍具有一定的区域品牌特征。

表5-31-1　华顺源品牌基础数据

指标范围	知名度（%）	认知度（%）	美誉度（%）	忠诚度（%）	品牌信息量估值（亿比特）
北京市	10.43	7.32	3.81	1.61	0.023859085

从基础数据表来看，该品牌的知名度为10.43%，突破了知名度第一个关键点4.69%。由此可以看出企业为获取知名度也进行过努力，具有一定的消费者认知基础。该品牌的认知度与知名度之比为70.22%，意味着该品牌传播效果充分，传播渠道能触达目标消费者，并使之形成有效的消费者认知。

华顺源品牌的美誉度为3.81%，突破了美誉度第一个关键点1.62%，这意味着消费者的口碑作用开始凸显出来，形成较为明显的消费者偏好，而且消费者之间的传播也越来越多，说明消费者对该品牌的认知能够充分地转化为对该品牌的口碑。但该品牌的忠诚度与美誉度之间的比率极不合理，说明消费者对该品牌的认可并没有转化为重复购买行为，这可能是由于产品定价过高且差异化不显著，未能吸引消费者产生重复购买的欲望。

三、品牌质量分析

华顺源品牌的信息质量比为－0.114386601（表5-31-2），低于本次调研的平均水平。这说明该品牌的消费人群还比较有限，总体来说影响力较小，对营销活动的支撑作用不明显。未来该品牌应继续加强宣传，并吸引更多消费者进行体验，以扩大目标消费群体。

表 5-31-2　华顺源品牌质量比计算

品牌	品牌信息基本量的贡献率	品牌信息质的贡献率	品牌信息质量比值
华顺源	112.9160875	−12.91608745	−0.114386601

四、品牌信息稳定性分析

华顺源品牌的稳定性指数为 1.3321（表 5-31-3），说明该品牌的稳定性偏弱，而且抗风险能力不足。由于品牌处于成长早期，并没有形成稳定的经营模式，而且消费者对品牌认知不足，因此未来该品牌仍需在品牌建设上加大投入。

表 5-31-3　华顺源品牌稳定性计算

品牌	N（E）函数值	品牌衰减系数	品牌信息的衰减速率	品牌稳定性指数
华顺源	67.79359431	0.019062685	0.01332092	1.332091968

第三十二节　鑫双河

一、品牌简介

北京市双河果园成立于 1999 年，属集体所有制企业。果园位于顺义区南彩镇河北村，毗邻首都国际机场，交通便利。“双河”之名源于果园南靠潮白河，东临箭杆河。园内空气清新，水质甘甜，土壤肥沃，是种植果树的优良之选。

目前，双河果园是北京市果品标准化生产基地、北京市民观光采摘指定果园、北京市食用农产品安全生产基地，顺义区大型农业龙头企业。果园占地 1000 亩，种植有樱桃、葡萄、油桃、苹果、甜杏等十多个“形奇、色美、味香”的独特优质品种。

二、品牌基础指标与分析

鑫双河品牌的信息总量为 0.032649964 亿比特（表 5-32-1），说明该品牌在北京市范围内拥有一定的消费者认知基础，而且该品牌也逐渐成为一个泛大众化的品牌。

表 5-32-1　鑫双河品牌基础数据

指标范围	知名度（%）	认知度（%）	美誉度（%）	忠诚度（%）	品牌信息量估值（亿比特）
北京市	12.64	11.14	4.82	3.42	0.032649964

从基础数据表来看，该品牌的知名度为 12.64%，接近知名度的第二个关键点 16.13%，意味着部分消费者对其已有较深的认知，表现为在面对异质异价，甚至风格不同的同类产品时对该品牌有明显的购买意愿。该品牌的认知度与知名度之比为 88.10%，意味着该品牌的传播效果充分，消费者认知有效。

鑫双河品牌的美誉度为4.82%，突破了美誉度第一个关键点1.62%。这意味着消费者的口碑作用开始凸显出来，而且消费者之间的传播也越来越多。该品牌的忠诚度与美誉度之间的比率较为合理，说明消费者对品牌的口碑能较大部分转化为重复购买行为。整体看来，该品牌的美誉度偏低，说明消费者对品牌的认知未能充分地转化为对该品牌的认可，其原因可能是企业存在重名轻誉的现象。

三、品牌质量分析

鑫双河品牌的信息质量比为−0.106297187（表5-32-2），低于本次调研的平均水平。由于美誉度、忠诚度偏低，因而品牌的影响力有限。未来该品牌应重视广告类活动和公共关系类活动相结合，通过多种多样的活动形式让消费者深入了解该品牌。同时也应注意对老客户的维护，使其形成重复购买的习惯。

表5-32-2 鑫双河品牌质量比计算

品牌	品牌信息基本量的贡献率	品牌信息质的贡献率	品牌信息质量比值
鑫双河	111.8940195	−11.89401952	−0.106297187

四、品牌信息稳定性分析

鑫双河品牌的稳定性指数为3.408817088（表5-32-3），说明该品牌的稳定性较弱，而且抗风险能力也较弱。综合分析，该品牌处于成长中期，品牌整体指标结构较为合理，成长性较好。

表5-32-3 鑫双河品牌稳定性计算

品牌	N（E）函数值	品牌衰减系数	品牌信息的衰减速率	品牌稳定性指数
鑫双河	20.74688797	0.048359201	0.034088171	3.408817088

第三十三节 purelife

一、品牌简介

纯然有机农场创建于2008年，简称"纯然场"，寓意"纯净、淡然"。农场占地面积350亩，以种植有机蔬菜为主。建场15年来，农场一直坚持科技兴农、绿色发展，坚守与自然和谐共处的绿色有机种植模式，高度重视土壤养护和生态系统的平衡，积极发展生态、绿色的高质量精品农业，先后注册"purelife"绿色有机蔬菜、"京城芋姐"芋系列产品品牌，着力打造350亩以芋头为特色的休闲农业园区。

二、品牌基础指标与分析

purelife品牌的信息总量为0.063364790亿比特（表5-33-1），说明该品牌在北京市拥有一定的消费者基础，品牌影响力较好，而且已逐渐褪去了区域品牌特征。

表 5-33-1 purelife 品牌基础数据

指标范围	知名度（%）	认知度（%）	美誉度（%）	忠诚度（%）	品牌信息量估值（亿比特）
北京市	20.04	12.66	9.29	7.39	0.063364790

从基础数据表来看，该品牌的知名度为 20.04%，超过了知名度第二个关键点 16.13%，表现为半数消费者对品牌有了较深的认知，不仅熟悉品牌产品的类型，而且对品牌包装、logo 也较为了解。该品牌的认知度与知名度之比为 63.17%，意味着品牌传播效果较好，传播内容能够被消费者有效认知并记忆。

purelife 品牌的美誉度为 9.29%，超过了美誉度第一个关键点 1.62%，意味着消费者的口碑作用开始凸显出来，逐渐形成了较为明显的品牌偏好。该品牌的忠诚度与美誉度之间的比率也比较好，说明消费者对品牌的良好口碑能够较为充分地转化为重复购买行为。整体看来，该品牌的指标结构较好，能够对营销活动起到促进作用。

三、品牌质量分析

purelife 品牌信息质量比为 0.542593458（表 5-33-2），在本次调研中处于较好水平，而且品牌质与量之间的比例较为均衡。未来该品牌应持续进行品牌宣传，通过多渠道传播扩大消费者基数，同时应在一些互动性较好的平台与消费者建立良好的关系，以提升消费者对品牌的忠诚度和信任感。

表 5-33-2 purelife 品牌质量比计算

品牌	品牌信息基本量的贡献率	品牌信息质的贡献率	品牌信息质量比值
purelife	64.82589398	35.17410602	0.542593458

四、品牌信息稳定性分析

purelife 品牌的稳定性指数为 6.742969023（表 5-33-3），说明该品牌的稳定性一般，而且具备一定的抗风险能力。综合分析，purelife 品牌处于成长中后期，品牌品质良好，具有较好的成长性。

表 5-33-3 purelife 品牌稳定性计算

品牌	N（E）函数值	品牌衰减系数	品牌信息的衰减速率	品牌稳定性指数
purelife	10.77005924	0.094141045	0.06742969	6.742969023

第三十四节 分享收获

一、品牌简介

“分享收获”，源于我们对农业生产的深刻理解与向往，既表达了人们对每一份收获的珍视，也传递了人们乐于分享、互帮互助的精神。分享收获农场的品牌标语是“重建人与土地的连接”。即每一个人都应该有机会接触土地、了解土地，感受土地的脉搏。通过与土地的接触，可以更深刻地理解自然，更深刻地理解生命，更深刻地理解分享收获的意义。

二、品牌基础指标与分析

分享收获品牌的信息总量为0.119900285亿比特（表5-34-1），说明该品牌在行业内拥有较大的影响力，而且多数消费者对分享收获品牌有一定的认知基础。

表5-34-1 分享收获品牌基础数据

指标范围	知名度（%）	认知度（%）	美誉度（%）	忠诚度（%）	品牌信息量估值（亿比特）
北京市	29.06	21.84	11.84	9.86	0.119900285

从基础指标来看，分享收获品牌的知名度超过了第二个关键点16.13%，意味着其在北京市已经出现了大范围的消费者认知，有相当部分的消费者对产品和企业以及品牌内涵等信息开始有较深入的理解和认知，说明此时品牌对销售的促进作用明显。该品牌的认知度与知名度之比为75.15%，说明品牌传播效率很高，多数消费者能够通过现有的宣传对品牌产生更多了解。

分享收获在北京市的美誉度为11.84%，超过了美誉度的第一个关键点1.62%，意味着消费者的口碑传播作用开始凸显，而且品牌自传播效应开始发挥作用。但与品牌的认知度相比，美誉度略低，二者比值接近50%，说明消费者对品牌的充分认知并未完全转化为对品牌的认可。分享收获品牌的忠诚度与美誉度接近，说明品牌口碑向销售能力的转化较为充分，消费者重复购买率较高。

综上所述，分享收获品牌拥有良好的消费者认知基础，品牌信息传播效果良好，但消费者口碑作用还有待提升，未来可通过把控产品品质或打造差异化产品来提高消费者的美誉度。

三、品牌质量分析

分享收获品牌的信息质量比值为0.077115755（表5-34-2），在本次调研中属于较好水平。结合品牌知名度分析，分享收获品牌目前的影响力更多的是来自广告的影响，而缺少公共关系类活动对品牌内在发展质量的支撑，因此未来分享收获品牌可以考虑加强公共关系类活动，以提高品牌发展质量。

表5-34-2 分享收获品牌质量比计算

品牌	品牌信息基本量的贡献率	品牌信息质的贡献率	品牌信息质量比值
分享收获	92.84053223	7.159467769	0.077115755

四、品牌信息稳定性分析

分享收获品牌的稳定性指数为8.742826989（表5-34-3），说明该品牌的稳定性较强，而且品牌的各项指标现状都不太容易改变。综合来看，分享收获品牌目前应当处于成长期后期阶段，品牌的基础指标良好。未来该品牌需要加强公共关系类活动，可以通过一些互动性较好的自媒体平台发布品牌相关信息，并与消费者进行互动，以增强品牌与消费者的情感联系。

表 5-34-3　分享收获品牌稳定性计算

品牌	N（E）函数值	品牌衰减系数	品牌信息的衰减速率	品牌稳定性指数
分享收获	8.449514153	0.120920239	0.08742827	8.742826989

第三十五节　地之源

一、品牌简介

“地之源”现代农业，是北京地界投资集团的全资农业板块，已建成北京—地源遂航、大连—地源桂航等基地，总占地面积达4000余亩，主要生产有机蔬菜、网纹甜瓜、蓝莓等。北京基地位于李遂镇后营村北，总占地531亩，其中设施蔬菜生产面积300亩、大田100亩、果园30亩、鱼塘及林下养殖区53亩，主要生产有机蔬菜和深网甜瓜，全年总产量2200余吨，基地已取得绿色食品认证、有机食品认证、GAP-良好农业认证。自产的西甜瓜、番茄、黄瓜、草莓等多次在北京及全国各擂台赛上获得奖项。此外，企业具有独立的产、供、销能力，有自营店5家，服务2万户家庭，而且通过“公司＋基地＋农户”“管理输出＋标准输出＋销售服务”等面向中高档超市和会员家庭，为之稳定直供优质果蔬及加工品。

二、品牌基础指标与分析

地之源品牌的信息总量为0.025662331亿比特（表5-35-1），说明该品牌在北京市影响力较小，而且在北京市有部分消费者对品牌有基础认知。

表 5-35-1　地之源品牌基础数据

指标范围	知名度（%）	认知度（%）	美誉度（%）	忠诚度（%）	品牌信息量估值（亿比特）
北京市	11.18	8.64	3.12	1.64	0.025662331

从基础指标来看，地之源品牌的知名度超过了知名度的第一个关键点4.69%，说明该品牌开始对营销产生促进作用，而且有部分消费者开始表现出品牌偏好，但这一偏好还不太明显。该品牌认知度为8.64%，与知名度的比值为77.28%，意味着品牌传播效率较高，宣传效果较好。

地之源品牌的品牌美誉度为3.12 %，意味着部分对品牌有深度认知的消费者开始自发产生推荐行为。但与认知度相比，该品牌的美誉度偏低，说明消费者的认知转化不充分。此外，地之源品牌拥有一定数量的忠实客户，但品牌忠诚度与品牌美誉度略有差距，说明在品牌口碑向销售能力的转化过程中还存在一些障碍，导致消费者重复购买率不高。

综上所述，地之源品牌处于发展初期，各项指标还不太突出，尤其是认知度向美誉度的转化仍有很大提升空间，未来可考虑加大宣传力度来提升消费者体验意愿，同时确保产品品质，以增强消费者口碑传播效应。

三、品牌质量分析

地之源品牌的信息质量比值为 -0.138379437（表 5-35-2），说明该品牌的信息质量略低于本次所调研品牌的平均水平，而且自传播效应十分微弱，意味着消费者的集体购买偏好还未形成。未来需要加强品牌宣传，注重产品质量，使品牌的基础指标协调增长。

表 5-35-2 地之源品牌质量比计算

品牌	品牌信息基本量的贡献率	品牌信息质的贡献率	品牌信息质量比值
地之源	116.0603684	-16.06036839	-0.138379437

四、品牌信息稳定性分析

地之源品牌的稳定性指数为 1.089661573（表 5-35-3），说明该品牌的稳定性较弱。根据各项数据可以大致推测地之源品牌目前处于成长期早期阶段，品牌的基础指标较弱，影响力较小。由于该阶段是品牌推广的关键时期，因此需要增大品牌建设的投入，以实现品牌快速发展。

表 5-35-3 地之源品牌稳定性计算

品牌	N（E）函数值	品牌衰减系数	品牌信息的衰减速率	品牌稳定性指数
地之源	79.27171492	0.015619211	0.010896616	1.089661573

第三十六节 宋宝森

一、品牌简介

“宋宝森”及肖像商标注册于 2001 年，由北京老宋瓜王科技发展有限公司授权“北京老宋瓜果专业合作社”使用。合作社的生产基地位于中国西瓜特产之乡北京市大兴区的庞各庄，其西瓜产业园区占地 120 亩，入社社员 472 户，入社土地种植面积达 2200 亩，其产品是国家地理标识产品。

二、品牌基础指标与分析

宋宝森品牌的信息总量为 0.069016699 亿比特（表 5-36-1），说明该品牌在行业内拥有一定的影响力，而且北京市已有部分消费者表现出对宋宝森品牌的明显偏好。

表 5-36-1 宋宝森品牌基础数据

指标范围	知名度（%）	认知度（%）	美誉度（%）	忠诚度（%）	品牌信息量估值（亿比特）
北京市	19.57	15.71	10.59	8.57	0.069016699

宋宝森品牌在北京市的知名度为 19.57%，超过了品牌知名度的第二个关键点 16.13%，这意味着有半数消费者开始表现出对同类产品的购买意愿，逐渐产生品牌偏好。宋宝森品牌的认知度

与知名度之比为 80.25%，说明品牌传播效果很好，消费者对品牌理念、品牌 logo 及产品类型等信息有深入了解。

宋宝森品牌的美誉度为 10.59%，说明产品品质获得了消费者的认可，而且消费者在体验过产品后产生了主动向他人进行推荐的意愿。尤其是近年来大量媒体对宋宝森获取“瓜王”称号等事件进行相关报道和宣传，部分消费者已将宋宝森看作优质品牌的代名词，自传播效应显著。从该品牌的美誉度和忠诚度数值来看，消费者对宋宝森品牌的认可比较充分地转换为实际的连续购买行为。尽管西瓜产品同质性很强而且品牌众多，但宋宝森依靠高品质的特征在激烈的市场竞争中占据了一定优势，品牌效应十分显著。综上所述，宋宝森品牌的指标结构良好，品牌对产品的销售产生了显著的促进作用，是一个发展潜力很大的优良品牌。

三、品牌质量分析

宋宝森品牌的信息质量比值为 0.095958605（表 5-36-2），品牌信息质量略高于本次调研的平均水平。但从比值来看，品牌信息质的贡献率略小，因此未来宋宝森品牌可以考虑增加公共关系类活动，以提高品牌质的贡献率，并使品牌信息质量达到优良水平。

表 5-36-2　宋宝森品牌质量比计算

品牌	品牌信息基本量的贡献率	品牌信息质的贡献率	品牌信息质量比值
宋宝森	91.24432214	8.755677856	0.095958605

四、品牌信息稳定性分析

宋宝森品牌的稳定性指数为 3.843768207（表 5-36-3），说明该品牌的稳定性稍弱，而且指标结构有可能会发生改变。根据品牌基础指标、质量比以及稳定性指数可以推测，目前宋宝森品牌处于成长期中期阶段，该阶段是品牌发展的关键时期也是问题的爆发期，需要对品牌进行有效管理，以使品牌的各项指标协调增长。

表 5-36-3　宋宝森品牌稳定性计算

品牌	N（E）函数值	品牌衰减系数	品牌信息的衰减速率	品牌稳定性指数
宋宝森	55.21376434	0.053751338	0.038437682	3.843768207

第三十七节　乐苹

一、品牌简介

“乐苹”牌商标是以公司董事长冯乐平的名字谐音命名的，寓意为“快乐、平安”。商标由字母、汉字和图案组成，其中“LP”是“乐苹”二字的拼音首字母，椭圆形图案类似西瓜形状，与字母和汉字浑然一体，给人以美的观感，也体现了北京市庞各庄乐平农产品产销有限公司最初的主营业务。公司现有 30000 平方米的现代化连栋温室、13000 平方米的万吨级冷藏保鲜库和 3000

平方米的配套加工车间，北京市自有种植基地3000亩，绿色种植基地700亩，市级优级标准化基地500亩，有机种植基地147亩。

二、品牌基础指标与分析

乐苹品牌的信息总量为0.038222473亿比特（表5-37-1），此时品牌在消费者认知中不再具有区域特征，开始成为一个泛大众的品牌。

表 5-37-1 乐苹品牌基础数据

指标范围	知名度（%）	认知度（%）	美誉度（%）	忠诚度（%）	品牌信息量估值（亿比特）
北京市	15.51	8.78	4.90	3.27	0.038222473

乐苹的品牌知名度为15.51%，已超过知名度的第一个关键点4.69%，意味着该品牌为获取知名度而付出过专门的努力，知名度在这一阶段已经开始对营销起到明显的促进作用，超过半数的消费者对乐苹品牌有进一步认知的意愿，也表现出对该品牌产品购买的偏好，但这一偏好还比较微弱。该品牌的认知度为8.78%，与知名度的比值为56.57%，大于理想值50%，这说明目标消费者对乐苹的了解比较充分，品牌信息传达效果很好。

乐苹在北京市的美誉度达到了4.90%，这意味着品牌获得了市场的认可和口碑，部分消费者开始向身边人自发推荐该品牌。根据该品牌的忠诚度可以认为部分消费者已经对乐苹产生了强烈的品牌偏好，发生了多次连续购买行为。相对于品牌知名度和认知度，乐苹的美誉度和忠诚度略低，这有可能是因为西瓜这一行业的特点造成的，由于市场上有大量的同质化品牌，消费者在购买时可能更关注产品的新鲜程度、购买便利性等问题，而较少关注产品品牌。

总体来看，乐苹的品牌指标结构合理，品牌信息传播效果良好，是一个正处于发展上升期的品牌。未来乐苹品牌应注重口碑传播，通过提高产品品质、服务质量等来提高品牌美誉度和忠诚度。

三、品牌质量分析

乐苹品牌的信息质量比值为－0.10405289（表5-37-2），未达到本次调研品牌的平均水平。消费者认知大都来自品牌的信息量，而其质的贡献率较小。未来可以多采取一些公共关系类活动来增加品牌信息的质，以增强品牌信息质量。

表 5-37-2 乐苹品牌质量比计算

品牌	品牌信息基本量的贡献率	品牌信息质的贡献率	品牌信息质量比值
乐苹	111.6137313	−11.61373135	－0.10405289

四、品牌信息稳定性分析

乐苹品牌的稳定性指数为3.466037832（表5-37-3），属于具有较弱稳定性的品牌，而且品牌信息有效间隔期较短。综合分析，乐苹品牌目前应当处于成长期早期阶段，而且逐渐向中期过渡，未来该品牌需要加大宣传力度，优化传播内容，以吸引更多消费者来体验乐苹产品。

表 5-37-3　乐苹品牌稳定性计算

品牌	N（E）函数值	品牌衰减系数	品牌信息的衰减速率	品牌稳定性指数
乐苹	20.40816327	0.049157289	0.034660378	3.466037832

第三十八节　庞各庄世同

一、品牌简介

“庞各庄世同”是北京庞安路西瓜合作社打造的西瓜品牌。北京庞安路西瓜专业合作社于 2007 年 8 月成立，是国家级示范社。合作社以西瓜种苗、西瓜种植、西瓜销售为主，通过采摘、批发、电商、预售等多种方式经营。合作社园区种植面积 46.8 亩，辐射周边农户 421 户，从种苗到销售闭环管理，以生态、安全、绿色为生产标准统一种植和销售。此外，合作社具有外埠基地种植面积 2000 余亩，分布于内蒙古、甘肃、山东、东北等地。

二、品牌基础指标与分析

庞各庄世同品牌的信息总量为 0.172187181 亿比特（表 5-38-1），说明该品牌在北京市有一定的品牌影响力，而且部分消费者对品牌有较深入的认知。

表 5-38-1　庞各庄世同品牌基础数据

指标范围	知名度（%）	认知度（%）	美誉度（%）	忠诚度（%）	品牌信息量估值（亿比特）
北京市	33.88	32.75	12.86	10.41	0.172187181

庞各庄世同的知名度为 33.88%，超过了第二个关键点 16.13%，这意味着在北京市有半数消费者开始逐渐对庞各庄世同产生了品牌偏好。从基础数据表可以看出，庞各庄世同的品牌信息传播效果非常好，其认知度与知名度的比值达到了 96.68%，说明该品牌的信息传播效率超过了绝大多数品牌。这也有可能是因为品牌名称中带有地理名称“庞各庄”，对品牌推广起到了助推作用。

庞各庄世同品牌在市场上获得了部分消费者的认可和支持，品牌美誉度达到了 12.86%，超过了第一个关键点 1.62%，从而在这一阶段出现了部分消费者的推荐性口碑，但作用还不太显著。根据该品牌的忠诚度数值可以发现，消费者对庞各庄世同的口碑向实际购买行为的转化比较充分，品牌对销售的促进作用明显。

综上所述，庞各庄世同在北京市范围内拥有良好的消费者认知基础，但消费者认知向口碑的转化尚未达到最理想的状态，这有可能是因为北京市的西瓜品牌众多，给庞各庄世同的口碑自传播增加了难度。未来庞各庄世同需要重点把控产品质量，并促进认知度向美誉度的转化。

三、品牌质量分析

庞各庄世同的信息质量比值为 0.3321378（表 5-38-2），在本次调研的品牌中属于较好水平。根据基础指标可知，庞各庄世同在认知度向美誉度的转化上还不够充分，因此建议该品牌未来注重增加公共关系类活动，并扩大消费者体验量，以进一步提升品牌发展质量和影响力。

表 5-38-2　庞各庄世同品牌质量比计算

品牌	品牌信息基本量的贡献率	品牌信息质的贡献率	品牌信息质量比值
庞各庄世同	75.06730913	24.93269087	0.3321378

四、品牌信息稳定性分析

庞各庄世同品牌的稳定性指数为 4.630142496（表 5-38-3），说明该品牌的稳定性一般。根据品牌质量比、稳定性可以推测，目前庞各庄世同品牌处于成长期后期阶段，而且正逐渐向成熟期过渡。未来该品牌需要重点关注品牌美誉度与忠诚度的提升，以促进品牌早日迈入成熟期。

表 5-38-3　庞各庄世同品牌稳定性计算

品牌	N（E）函数值	品牌衰减系数	品牌信息的衰减速率	品牌稳定性指数
庞各庄世同	19.04988662	0.065022706	0.046301425	4.630142496

第三十九节　兴庞农

一、品牌简介

“兴庞农”品牌由北京庞农兴农产品产销专业合作社注册创立，且由合作社名称演变而来。合作社一直秉持兴旺庞各庄产业，带动农民增收为经营理念。合作社位于北京市大兴区庞各庄镇东南次村，于 2008 年登记注册成立，目前拥有 6 个暖棚、73 个冷棚，占地面积为 98.7 亩，主要以种植（L900、L600、麒麟）西瓜、销售西瓜为主。此外，合作社在云南、海南等地建有外埠基地，做到了西瓜全年生产的无缝对接，并与盒马鲜生、京东生鲜、美团买菜、叮咚买菜、鑫荣懋、华联商超、OLE 等商超签订合作协议，帮扶周边村镇贫困户约 50 户。

二、品牌基础指标与分析

兴庞农品牌的信息总量为 0.160021762 亿比特（表 5-39-1），说明该品牌在北京市的影响力较大，而且部分消费者对该品牌的认知程度较深，对品牌的基础信息有一定的了解和认识。

表 5-39-1　兴庞农品牌基础数据

指标范围	知名度（%）	认知度（%）	美誉度（%）	忠诚度（%）	品牌信息量估值（亿比特）
北京市	31.52	25.64	15.61	15.96	0.160021762

兴庞农品牌的知名度是 31.52%，超过了知名度的第二个关键点 16.13%，这意味着该阶段商标开始出现大范围的消费者认知，即对产品和企业以及品牌内涵等信息，开始有相当部分的消费者有了较深的理解和认知。兴庞农品牌的认知度是 25.64 %，与知名度的比值为 81.36%，说明品

牌信息传播非常充分，消费者能够对产品类型、价格等信息有更多了解和认识。

该品牌的美誉度为 15.61 %，在本次调研中属于良好水平，说明该产品的品质赢得了消费者认可，而且该阶段有部分消费者或媒体自发进行传播和推荐活动。兴庞农的品牌忠诚度略高于美誉度，品牌口碑充分实现了向销售能力的转移，品牌自传播能力有溢出，消费者形成了集体购买的品牌偏好。

综合分析，兴庞农品牌的指标结构基本达到了最优结构，各项指标间的关系比较理想，品牌发展质量优良。

三、品牌质量分析

兴庞农的信息质量比值为 0.284694624（表 5-39-2），品牌信息质量在本次调研的品牌中属于较好水平，说明消费者对该品牌的产品质量比较认可，并产生了后续的连续购买行为。建议未来合作社可以注重提高品牌信息质的贡献率，并维护消费者与品牌的关系，以使品牌信息质量比达到最佳水平。

表 5-39-2　兴庞农品牌质量比计算

品牌	品牌信息基本量的贡献率	品牌信息质的贡献率	品牌信息质量比值
兴庞农	77.83950999	22.16049001	0.284694624

四、品牌信息稳定性分析

兴庞农品牌的稳定性指数为 5.841598215（表 5-39-3），说明该品牌的稳定性一般，达到了多数具有一定影响力的品牌都能达到的水平。综合分析，兴庞农目前应当处于品牌成长期后期阶段，有向成熟期早期过渡的趋势。

表 5-39-3　兴庞农品牌稳定性计算

品牌	N（E）函数值	品牌衰减系数	品牌信息的衰减速率	品牌稳定性指数
兴庞农	32.10880549	0.080533053	0.058415982	5.841598215

第四十节　李家巷

一、品牌简介

“李家巷”品牌注册于 2009 年，为北京李家巷西瓜产销专业合作社所有，品牌名称使用庞各庄镇李家巷村的名字命名，体现了庞各庄西瓜原产地的鲜明特点，也便于消费者记忆。从 2010 年至今，合作社积极探索品牌建设，追求产品改进和创新，迎合了高中低端各类市场，维持了一大批忠实消费者。

二、品牌的基础指标与分析

李家巷品牌的信息总量为 0.029527225 亿比特（表 5-40-1），说明该品牌在北京市范围内具有一定消费者认知基础。

表 5-40-1　李家巷品牌基础数据

指标范围	知名度（%）	认知度（%）	美誉度（%）	忠诚度（%）	品牌信息量估值（亿比特）
北京市	12.50	8.75	3.82	3.01	0.029527225

李家巷的品牌的知名度为12.50%，超过知名度的第一个关键点4.69%，意味着品牌对营销起到了明显的促进作用，而且超过半数的消费者对品牌有进一步认知的意愿，也表现出对该品牌同类产品购买的偏好，但这一偏好表现的还是比较微弱。该品牌的认知度为8.75%，与知名度的比值为69.95%，这说明目标消费者对李家巷的品牌信息了解充分，品牌传播策略有效，效率较高。

该品牌的美誉度达到了3.82%，超过了第一个关键点1.62%，说明消费者口碑作用开始凸显，而且该阶段属于自传播效应发生时期。与品牌认知度相比，该品牌的美誉度偏低，而且美誉度与知名度的比值不足50%，可能是由于产品品质还有待提高，未能形成满意的消费者体验。此外，该品牌的忠诚度为3.01%，与美誉度比较接近，说明部分消费者开始形成对李家巷产品的消费习惯。

总体来看，李家巷的品牌指标关系基本合理，只是相对于认知度，品牌的美誉度和忠诚度略低，可能是因为品牌处于发展早期的原因，导致各项指标还有很高的提升空间。

三、品牌质量分析

李家巷的信息质量比值为−0.134694139（表5-40-2），说明该品牌的质量未达到此次调研品牌的平均水平。这可能是由于李家巷品牌目前的发展还不成熟，品牌的知名度、认知度不高以及品牌自传播效应还比较微弱造成的。

表 5-40-2　李家巷品牌质量比计算

品牌	品牌信息基本量的贡献率	品牌信息质的贡献率	品牌信息质量比值
李家巷	115.5660727	−15.56607271	−0.134694139

四、品牌信息稳定性分析

李家巷品牌的稳定性指数为2.685880221（表5-40-3），说明该品牌属于弱稳定性类型，而且品牌的信息间隔期较短，抗风险能力较弱，未来需要大量投入发展品牌。综合分析，李家巷目前处于成长期早期阶段，而且正在逐渐向中期过渡，未来需要加大宣传力度，以提升品牌影响力。

表 5-40-3　李家巷品牌稳定性计算

品牌	N（E）函数值	品牌衰减系数	品牌信息的衰减速率	品牌稳定性指数
李家巷	26.21231979	0.038237818	0.026858802	2.685880221

第四十一节 宏福柿

一、品牌简介

北京宏福农业科技有限公司是由北京宏福集团投资，位于北京市大兴区庞各庄镇。公司引进荷兰先进的现代温室建造技术和智能化生产设备，构建起高产、高效、生态、优质和安全的农业生产体系，主要种植多品类西红柿，生产过程严格执行 GAP 认证（全球良好农业操作认证）标准，从而确保了产品的纯净与安全。

二、品牌基础指标与分析

宏福柿品牌的信息总量为 0.078814105 亿比特（表 5-41-1），说明该品牌在行业内具有一定的影响力，而且北京市已有消费者对该品牌的产品类型、品牌内涵等信息比较熟悉。

表 5-41-1 宏福柿品牌基础数据

指标范围	知名度（%）	认知度（%）	美誉度（%）	忠诚度（%）	品牌信息量估值（亿比特）
北京市	23.79	20.26	6.83	5.83	0.078814105

宏福柿的品牌知名度为 23.79%，已超过知名度的第二个关键点 16.13%，意味着该品牌有一定的消费者认知基础，而且消费者逐渐对品牌产生深度认知，品牌对产品销售的促进作用明显。该品牌的认知度为 20.26%，与知名度的比值为 85.14%，远远大于理想值 50%，这说明品牌的相关信息能够有效触达目标消费者且传播效果较好。

宏福柿品牌在北京市的美誉度达到了 6.83%，超过了第一个关键点 1.62%，说明此时该品牌获得了部分消费者的认可，自传播效应开始发挥作用。但与品牌认知度相比，其美誉度偏低，说明消费者认知向口碑转化的过程存在阻碍，这有可能是因为产品品质未达到消费者自愿向他人进行推荐的水平或者是行业内其他品牌对宏福柿的口碑传播造成了干扰。该品牌的忠诚度接近美誉度，这意味着该品牌的自传播效应良好，消费者口碑可以充分地转化为重复购买行为，消费者偏好明显。

总体来看，宏福柿的品牌信息传播效果很好，是一个发展劲头很足的品牌。未来企业需要关注品牌的口碑传播，应通过提高产品品质和服务质量等来提高品牌美誉度和忠诚度。

三、品牌质量分析

宏福柿品牌的信息质量比值为 −0.050909961（表 5-41-2），略低于本次调研品牌的平均水平，其原因主要是品牌信息质的贡献率太小，消费者对品牌的认知大多来自广告宣传，品牌采取的公共关系类活动较少，未来应注重品牌信息质的积累，以此来提高品牌的内在发展质量。

表 5-41-2 宏福柿品牌质量比计算

品牌	品牌信息基本量的贡献率	品牌信息质的贡献率	品牌信息质量比值
宏福柿	105.3640812	−5.364081214	−0.050909961

四、品牌信息稳定性分析

宏福柿品牌的稳定性指数为4.884174578（表5-41-3），属于稳定性一般的品牌，而且抗风险能力不是很强。根据基本指标、质量比和稳定性可以推测，宏福柿目前处于成长期中后期阶段，应该说品牌拥有不错的认知基础，发展潜力很大。

表5-41-3　宏福柿品牌稳定性计算

品牌	N（E）函数值	品牌衰减系数	品牌信息的衰减速率	品牌稳定性指数
宏福柿	14.65201465	0.068797014	0.048841746	4.884174578

第四十二节　立征春雨

一、品牌简介

"立征春雨"是由企业法人代表和其爱人的名字组合而成。北京立征春雨农业专业合作社成立于2008年6月，生产基地位于大兴区礼贤镇东黄垡村，生产面积168.5亩，年产量800余吨，是北京市优级农业标准化生产示范基地。基地严格按照国家相关种植业标准进行生产，采用农业农村部全国种植业产品质量可追溯系统、物联网技术、产品检测系统、进销存和物资管理等系统，实现了产品质量可追溯、生产过程可查询、生产环境可智能化监测，从而确保每批上市农产品的合格率达到100%。

二、品牌基础指标与分析

立征春雨品牌的信息总量为0.108693073亿比特（表5-42-1），说明该品牌在北京市有较大的影响力，大量消费者对品牌有基础认知。

表5-42-1　立征春雨品牌基础数据

指标范围	知名度（%）	认知度（%）	美誉度（%）	忠诚度（%）	品牌信息量估值（亿比特）
北京市	26.17	23.51	11.28	7.87	0.108693073

从基础指标来看，立征春雨品牌的知名度为26.17%，超过了知名度的第二个关键点16.13%。说明该阶段品牌对营销产生了明显的促进作用，超过半数的消费者有进一步认知的意愿，表现出对该品牌产品购买的偏好。该品牌的认知度为23.51%，占知名度的89.84%，意味着品牌传播效率较高，宣传效果较好。

立征春雨品牌的美誉度为11.28%，意味着部分消费者对品牌的产品品质感到满意，并在体验后愿意向他人进行推荐。但由表5-42-1可以看出，其消费者认知基础向口碑传播的转换不充分，可能是由于蔬菜市场上品牌众多，阻碍了立征春雨的自传播效应。该品牌的忠诚度为7.87%，说明有部分消费者产生了多次购买立征春雨产品的行为，消费习惯逐渐形成。

整体分析，立征春雨品牌的指标结构比较合理，但是在消费者认知基础向口碑传播转化上略显不足，未来可通过差异化策略引导消费者进行口碑传播，以提高品牌美誉度。

三、品牌质量分析

立征春雨的品牌信息质量比为0.063682468（表5-42-2），在本次调研品牌中属于一般水平，其主要原因是品牌的美誉度相对于认知度稍低，品牌质的贡献率过小，未来该品牌可以通过增加公共关系类活动使品牌发展质量向最优区间转移。

表5-42-2 立征春雨品牌质量比计算

品牌	品牌信息基本量的贡献率	品牌信息质的贡献率	品牌信息质量比值
立征春雨	94.01301895	5.986981053	0.063682468

四、品牌信息稳定性分析

立征春雨品牌的稳定性指数为8.281524879（表5-42-3），说明该品牌的稳定性较强。结合上述分析，立征春雨当前处于品牌成长中后期阶段，品牌方在此阶段应注重提升品牌的自传播效应，以使品牌知名度与美誉度协调增长。

表5-42-3 立征春雨品牌稳定性计算

品牌	N（E）函数值	品牌衰减系数	品牌信息的衰减速率	品牌稳定性指数
立征春雨	8.869179601	0.11478711	0.082815249	8.281524879

第四十三节 伍各庄益农

一、品牌简介

北京伍各庄益农农业专业合作社成立于2010年10月，位于北京市大兴区礼贤镇。“伍各庄益农”品牌以“地域名称+发展理念”组成，秉承“生产面积规模化、技术水平专业化、生产管理规范化”的现代生产理念，探索“公司+合作社+农户”的利益联结机制，带动当地农户120户，提供就业岗位40个。合作社主要种植无公害香菜、蒿子秆、生菜、菠菜等叶类蔬菜，现与多家餐饮企业合作，开展订单生产。合作社现有生产基地1200余亩，分布在北京、天津、河北、内蒙古等地，年产量2000吨，年产值800多万元。

二、品牌基础指标与分析

伍各庄益农品牌的信息总量为0.055057452亿比特（表5-43-1），在北京市具备一定的品牌影响力。

表5-43-1 伍各庄益农品牌基础数据

指标范围	知名度（%）	认知度（%）	美誉度（%）	忠诚度（%）	品牌信息量估值（亿比特）
北京市	18.20	15.30	6.80	3.80	0.055057452

伍各庄益农的品牌知名度为 18.20%，超过知名度的第二个关键点 16.13%，说明此时超过半数的消费者对品牌有进一步认知的意愿，但知名度对营销的作用还比较有限。该品牌的认知度为 15.30%，与知名度的比值为 84.07%，意味着其信息传播效果较好，为品牌获得较高的美誉度奠定了良好的认知基础。

伍各庄益农在北京市的美誉度达到了 6.80%，说明该品牌收获了部分消费者的认可和称赞。但其消费者口碑向连续购买行为的转化并不充分，有可能是因为蔬菜产品的同质性严重，消费者的品牌偏好并不十分强烈。

总体来看，伍各庄益农的品牌指标结构基本合理，品牌信息传播效果很好。但是相对于品牌的认知度，美誉度和忠诚度偏低。未来伍各庄益农应注重品牌的口碑效应，并通过提高产品品质、服务质量以及打造差异化优势等方式增强品牌的市场竞争力，进而提高品牌的美誉度和忠诚度。

三、品牌质量分析

伍各庄益农的信息质量比值为 −0.051588446（表 5-43-2），该数值并不理想，未达到此次调研的平均水平。若该品牌信息质的贡献率能够适当提高会更好，因此建议未来可以考虑多参加展会、网络直播等活动，以吸引更多消费者前来体验产品，并使品牌信息质量达到优秀状态。

表 5-43-2 伍各庄益农品牌质量比计算

品牌	品牌信息基本量的贡献率	品牌信息质的贡献率	品牌信息质量比值
伍各庄益农	105.4394578	−5.439457783	−0.051588446

四、品牌信息稳定性分析

伍各庄益农品牌的稳定性指数为 4.851917816（表 5-43-3），说明其稳定性一般，属于大多数具有一定影响力的品牌都能达到的水平。综合分析，伍各庄益农当前处于成长期早期阶段，并逐渐向中期过渡，但品牌的美誉度和忠诚度稍弱，使品牌影响力受到限制，未来企业应当重点关注消费者体验，严格把控产品质量，以促进品牌指标的协调增长。

表 5-43-3 伍各庄益农品牌稳定性计算

品牌	N（E）函数值	品牌衰减系数	品牌信息的衰减速率	品牌稳定性指数
伍各庄益农	14.70588235	0.06835325	0.048519178	4.851917816

第四十四节 赵家场春华

一、品牌简介

"赵家场春华"由北京赵家场春华西甜瓜产销专业合作社注册创立。"赵家场"是永定河畔的一个村庄，位于北京市大兴区北臧村镇；"春华"象征着硕果累累，春华秋实。合作社秉承现代化生产经营理念，充分挖掘永定河农耕文化，形成了农业生产、观光休闲、采摘及农事活动体验等多业态相融合的发展模式，将农业系统、生态系统、人文景观系统相统一。为推动地区农业产业化发展，合作社积极开展西瓜、蔬菜新品种、新技术示范推广，同时采取“文化＋产业＋旅游”的捆绑式经营模式，以“永定河文化”为切入点，以打造“最美左堤路”“永定河文化旅游观光带”为契机，逐步形成了集旅游观光、高效农业、生态环境优化和优秀传统文化传承为一体的新型农业园区。

二、品牌基础指标与分析

赵家场春华品牌的信息总量为 0.045520248 亿比特（表 5-44-1），说明其品牌特性不显著，而且该品牌目标消费者与其他消费者对该品牌的认知差异也不十分明显。

表 5-44-1　赵家场春华品牌基础数据

指标范围	知名度（%）	认知度（%）	美誉度（%）	忠诚度（%）	品牌信息量估值（亿比特）
北京市	15.82	13.50	6.40	4.60	0.045520248

赵家场春华品牌在北京市的知名度为 15.82 %，超过了品牌知名度的第一个关键点 4.69%，知名度在这一阶段已经产生有效作用，对营销起到了积极的促进作用，而且超过半数的消费者有进一步认知的意愿，也表现出同类产品购买的偏好。该品牌的认知度与知名度的比值为 85.33%，远远高于知名度与认知度的理想比值 50%，意味着品牌传播效果充分，而且目标消费者对赵家场春华的产品类型、产品价格等信息有深入了解。

赵家场春华品牌的美誉度为 6.40%，意味着其在市场上拥有不错的口碑效应，而且消费者在产生购买行为后对产品品质感到满意。该品牌的忠诚度为 4.60%，说明对品牌持有认可态度的消费者有一大半已经成为品牌产品的重复购买者，表现出强烈的品牌偏好。

从指标结构来看，赵家场春华品牌的各项比例基本合理，尤其是知名度向认知度的转换非常充分。略显不足的是品牌的美誉度和认知度相对于认知基础有些偏低，其原因在于北京市已有大兴西瓜、庞各庄世同等知名度较高的品牌，市场竞争激烈，因此赵家场春华品牌未来应注重发挥品牌口碑作用，使目标消费者产生重复购买的品牌偏好。

三、品牌质量分析

赵家场春华的信息质量比值为－0.062488901（表 5-44-2），低于本次调研品牌的平均水平。由于消费者对品牌的了解大多来自品牌信息量，但该品牌质的贡献率较小，因此建议赵家场春华品牌应在未来增加品牌公共关系类活动，以提高品牌发展的质量。

表 5-44-2　赵家场春华品牌质量比计算

品牌	品牌信息基本量的贡献率	品牌信息质的贡献率	品牌信息质量比值
赵家场春华	106.6654039	−6.665403888	－0.062488901

四、品牌信息稳定性分析

赵家场春华品牌的稳定性指数为 4.563480162（表 5-44-3），属于稳定性一般的品牌。综合分析，赵家场春华品牌目前处于成长期早期阶段，该发展阶段对品牌的管理和控制能力要求较高，需要进行有效的品牌管理，因此其在进行品牌宣传推广时应注重美誉度和忠诚度的提高。

表 5-44-3　赵家场春华品牌稳定性计算

品牌	N（E）函数值	品牌衰减系数	品牌信息的衰减速率	品牌稳定性指数
赵家场春华	15.625	0.064379064	0.045634802	4.563480162

第四十五节　凤河源

一、品牌简介

清光绪《顺天府志·河渠志》记载，凤河源出南苑，团河行宫内的湖、泉是凤河的主水源，因其形如凤而得名。凤河两岸有几十个以“营”定名的村落，大都是明初从山西移民至此，祖祖辈辈为宫廷养殖鸡、鸭、鹅类，形成了“凤河移民文化”。2020 年 4 月，由小黑垡村、上黎城村、潞城营三村、赤鲁村、北蒲州营村五村党支部联合发起，成立北京市凤河联盈农业专业合作社联合社，使用“凤河源”商标经营生态蔬菜、生态水果、散养鸡蛋、泰丰肉鸽等长子营镇自产的特色农产品，广受市民好评，而且“凤河源”已成为北京市著名的农业品牌。

二、品牌基础指标与分析

凤河源品牌的信息总量为 0.088250101 亿比特（表 5-45-1），说明该品牌在北京市具有较大的品牌影响力，而且大量消费者对品牌有基本认知。

表 5-45-1　凤河源品牌基础数据

指标范围	知名度（%）	认知度（%）	美誉度（%）	忠诚度（%）	品牌信息量估值（亿比特）
北京市	27.32	15.58	8.37	6.70	0.088250101

凤河源的品牌知名度为 27.32%，超过知名度的第二个关键点 16.13%，说明超过半数的消费者对品牌有进一步认知的意愿，但知名度对营销的作用还比较有限。该品牌的认知度为 15.58%，与知名度的比值为 57.05%，说明该品牌的信息传播效果较好，为品牌获得较高的美誉度奠定了良好的认知基础。

凤河源在北京市的美誉度达到了 8.37%，意味着品牌收获了部分消费者的认可和称赞，但是相对于认知度，凤河源的美誉度稍低，这也是农业生产行业的痛点之一，因为不同品牌的产品同质性很高，且消费者在购买时可能更倾向于把渠道、新鲜程度、价格看作比品牌更重要的影响因素，导致这类品牌获得高美誉度的难度更大。此外，凤河源的口碑向实际购买行为的转化比较充分，而且部分消费者的购买偏好明显。

总体来看，凤河源的品牌指标结构基本合理，品牌信息传播效果良好。未来凤河源应注重品牌的口碑效应，通过提高产品品质和服务质量、打造差异化优势等方式增强品牌的市场竞争力，进而提高品牌的美誉度。

三、品牌质量分析

凤河源的信息质量比值为 −0.009667162（表 5-45-2），该数值并不理想，未达到此次调研的平均水平。品牌信息主要来自知名度、认知度中量的积累，但来自质的贡献率较小，因此建议该品牌未来可以考虑增加公共关系类活动，以使品牌信息质量达到优秀状态。

表 5-45-2　凤河源品牌质量比计算

品牌	品牌信息基本量的贡献率	品牌信息质的贡献率	品牌信息质量比值
凤河源	100.9761529	−0.976152869	−0.009667162

四、品牌信息稳定性分析

凤河源的稳定性指数为 6.042948841（表 5-45-3），其稳定性一般，属于大多数具有一定影响力的品牌都能达到的水平。综合分析，凤河源当前处于成长中期阶段，未来应当重点关注消费者体验，以促进品牌指标的协调增长。

表 5-45-3　凤河源品牌稳定性计算

品牌	N（E）函数值	品牌衰减系数	品牌信息的衰减速率	品牌稳定性指数
凤河源	11.9474313	0.084648694	0.060429488	6.042948841

第四十六节　贾尚

一、品牌简介

“贾尚”品牌是以北京安定贾尚种植有限公司负责人贾尚的名字命名的，商标由汉字和图案组成，圆形图案类似梨形，古朴美观，体现了公司最初的主营业务和经营者的初心。北京安定贾尚种植有限公司，占地面积 343 亩，合作农户面积 1348 亩。2006 年申请并通过了果品有机认证，2009 年转换为有机园区，培育的果品获得 260 多个奖项，成为梨产业的佼佼者。

二、品牌基础指标与分析

贾尚品牌的信息总量为 0.035936323 亿比特（表 5-46-1），在北京市有一定的消费者认知基础，品牌呈现泛大众化趋势。

表 5-46-1　贾尚品牌基础数据

指标范围	知名度（%）	认知度（%）	美誉度（%）	忠诚度（%）	品牌信息量估值（亿比特）
北京市	14.44	10.66	4.12	2.84	0.035936323

贾尚的品牌的知名度为14.44%，接近知名度的第二个关键点16.13%，说明品牌开始成为有效的营销工具，消费者逐渐表现出对同类产品的偏好，但这一偏好表现得还比较微弱。该品牌的认知度为10.66%，与知名度的比值为73.82%，这说明目标消费者对贾尚的品牌信息了解比较充分，品牌信息传达效果很好。

贾尚品牌的美誉度为4.12%，与认知度存在一定差距，可能是由于产品品质未达到消费者期望或其他品牌阻碍了贾尚的口碑传播。该品牌的忠诚度为2.84%，说明只有小部分消费者养成了品牌消费习惯，品牌口碑并未实现向实际购买行为的充分转移，而且消费者没有形成集体强烈的品牌偏好。

总体来看，贾尚的品牌指标结构基本合理，但是品牌的认知基础并没有完全转化为对品牌的赞许，而且前三项指标没有充分发挥出对产品销售的促进作用。这也是大多数农产品品牌在发展过程中可能会遇到的问题，相比于产品品牌，消费者在购买时可能更加关注产品品质、渠道等因素。未来企业应注重保持产品的高品质，并充分利用互联网传达本品牌的优势，以提高品牌核心竞争力。

三、品牌质量分析

贾尚的信息质量比值为−0.106797534（表5-46-2），品牌发展质量未达到本次调研品牌的平均水平。结合贾尚的基础指标可以发现品牌目前还处于发展初期，自传播现象微弱，未来可考虑利用自媒体平台吸引更多消费者体验产品，提高品牌发展质量。

表5-46-2　贾尚品牌质量比计算

品牌	品牌信息基本量的贡献率	品牌信息质的贡献率	品牌信息质量比值
贾尚	111.9566995	−11.95669947	−0.106797534

四、品牌信息稳定性分析

贾尚品牌的稳定性指数为1.442654027（表5-46-3），其稳定性较弱。根据品牌指标结构、质量比、稳定性可以判断，目前贾尚品牌处于品牌成长期的早期阶段，此时品牌各项指标还不太突出，而且影响力有限。未来需要在品牌建设方面加大投入，以提升品牌的发展后劲。

表5-46-3　贾尚品牌稳定性计算

品牌	N（E）函数值	品牌衰减系数	品牌信息的衰减速率	品牌稳定性指数
贾尚	72.43209877	0.02061578	0.01442654	1.442654027

第四十七节　盛世杰

一、品牌简介

品牌logo（商标）包含“盛世杰”的大写英文首字母SSJ，并把J放在中间位置，代表“盛世杰”要做成农产品供应链品牌的中坚力量、要有杰出表现，符号为绿色叶片、金黄色土地，代表农业的丰收。北京盛世杰农业发展有限公司成立于 2014 年，位于北京市大兴区魏善庄镇西沙窝村，占地面积 251 亩，集蔬菜新品种引进与推广、休闲观光采摘、社区生鲜连锁加盟直营、社区蔬菜直通、社区团购直送、疫情应急保障于一体，是产供销一体化的综合性园区。园区特色种植品种有盆栽蔬菜、番茄、黄瓜、西瓜、珍稀菌类等。

二、品牌基础指标与分析

盛世杰品牌的信息总量是 0.040454649 亿比特（表 5-47-1），在行业内有一定影响力，部分消费者对品牌熟知。

表 5-47-1　盛世杰品牌基础数据

指标范围	知名度（%）	认知度（%）	美誉度（%）	忠诚度（%）	品牌信息量估值（亿比特）
北京市	15.79	11.44	4.46	2.63	0.040454649

盛世杰品牌的知名度是 15.79%，接近品牌知名度的第二个关键点 16.13%，该阶段的品牌知名度能够对产品销售发挥促进作用。该品牌的认知度为 11.44%，与知名度的比值为 72.42%，说明品牌信息传播效率较高，而且目标消费者能够对品牌内涵、产品类型有深刻了解。

盛世杰的品牌美誉度为 4.46%，突破了第一个关键点 1.62%，说明消费者的口碑传播作用开始凸显出来，品牌偏好也越来越明显。但品牌美誉度与认知度相比差距较大，这意味着消费者对品牌内涵的认知未能充分转化为品牌的口碑。这可能是因为部分消费者在购买产品后并没有感到满意，也可能是因为市场上同类品牌的干扰导致消费者即使充分认知也没有进入自传播阶段。根据美誉度和忠诚度的关系可以看出，只有一部分自传播者有重复购买行为，这有可能是价格、渠道等因素造成的。

综上所述，盛世杰品牌的指标结构基本合理，能够为产品营销起到支撑作用。但品牌美誉度和忠诚度略低，未来可考虑通过提升产品的差异化竞争优势，以在激烈的市场竞争中占据一席之地。

三、品牌质量分析

盛世杰品牌的信息质量比值为 −0.116568342（表 5-47-2），说明品牌信息质量未达到理想状态。结合基础指标结构分析，该品牌目前的消费人群还比较有限，品牌发展前景广阔，建议未来应加大宣传，以提升品牌综合影响力。

表 5-47-2　盛世杰品牌质量比计算

品牌	品牌信息基本量的贡献率	品牌信息质的贡献率	品牌信息质量比值
盛世杰	113.1949474	−13.19494737	−0.116568342

四、品牌信息稳定性分析

盛世杰品牌的稳定性指数为 3.143623946（表 5-47-3），说明其稳定性偏弱。结合上述分析可以判断，目前盛世杰品牌处于发展期早期阶段，消费者对品牌有一定的认知基础，但其美誉度和忠诚度还有上升空间。未来企业应多关注品牌管理和控制问题，以提升品牌的综合竞争力。

表 5-47-3　盛世杰品牌稳定性计算

品牌	N（E）函数值	品牌衰减系数	品牌信息的衰减速率	品牌稳定性指数
盛世杰	22.44668911	0.044654641	0.031436239	3.143623946

第四十八节　四季阳坤

一、品牌简介

北京四季阳坤农业科技发展有限公司成立于 2015 年 7 月，位于北京市大兴区庞各庄镇张公垡村。2017 年注册的“四季阳坤”品牌，标志的外形就打破了传统思维，柔和的多边形轮廓给人无尽遐想，中间似茁壮成长的菜苗，表明农业行业属性，菜苗下方为丰收的原野，就像升起的太阳，中间白色弧线寓意企业不断创新；“四季阳坤”4 个字指一年四季种植蔬菜瓜果，吸收天地精华，培育优质蔬菜。

二、品牌基础指标与分析

四季阳坤品牌的信息总量为 0.110895240 亿比特（表 5-48-1），说明市场上有大量消费者对品牌有基本认知，而且品牌在行业内拥有较大影响力。

表 5-48-1　四季阳坤品牌基础数据

指标范围	知名度（%）	认知度（%）	美誉度（%）	忠诚度（%）	品牌信息量估值（亿比特）
北京市	25.75	23.79	12.10	9.45	0.110895240

四季阳坤在北京市的品牌知名度为 25.75%，超过了第二个关键点 16.13%，说明该品牌已逐渐被大量消费者熟知，而且其知名度的增加是伴随认知度、美誉度增长的，品牌对营销的促进作用较为明显。该品牌的认知度为 23.79%，与知名度的比值为 92.36%，意味着品牌信息传播效率非常高，超过大多数品牌的传播效率，而且品牌具有有效传播途径，传播内容能被消费者所熟知。

四季阳坤的美誉度为 12.10%，说明产品获得了部分消费者的喜爱和赞美，但该品牌的美誉度与认知度相比稍显偏低，而且消费者认知向口碑的转化并不充分。此外，四季阳坤品牌的忠诚度为 9.45%，与美誉度比较接近，说明消费者偏好比较明显，口碑向重复购买行为的转化比较充分。

综上所述，四季阳坤品牌的品牌结构良好，在北京市有良好的消费者认知基础，但品牌美誉度稍低，建议未来应多开展采摘活动，吸引消费者前来体验，以提升品牌美誉度。

三、品牌质量分析

四季阳坤品牌的信息质量比值为 0.132776773（表 5-48-2），在本次调研中属于一般水平。结合基础指标分析，其质量比未达到优良水平的主要原因是没有形成与知名度、认知度匹配的美誉度，导致品牌信息质的贡献率太小，未来应该通过增加公共关系类活动来提升信息的质，以使品牌质量比达到最优。

表 5-48-2　四季阳坤品牌质量比计算

品牌	品牌信息基本量的贡献率	品牌信息质的贡献率	品牌信息质量比值
四季阳坤	88.27864626	11.72135374	0.132776773

四、品牌信息稳定性分析

四季阳坤品牌的稳定性指数为 4.433173804（表 5-48-3），属于稳定性一般的品牌，该水平是大多数有影响力的品牌均能达到的水平。结合基础指标和质量比推测，四季阳坤品牌目前处于品牌成长期的中期阶段，是一个发展状态良好，具备成长性的品牌。

表 5-48-3　四季阳坤品牌稳定性计算

品牌	N（E）函数值	品牌衰减系数	品牌信息的衰减速率	品牌稳定性指数
四季阳坤	61.45434298	0.061612648	0.044331738	4.433173804

第四十九节　拇指姑娘

一、品牌简介

“拇指姑娘”品牌创立于 2015 年，是北京清水云峰果业有限公司旗下的高端奇异莓鲜果品牌。品牌故事围绕“自然”：百花山国家级自然保护区，采用有机种植的方式；“神秘”：国家猕猴桃种质资源圃提供的奇异莓品种；“健康”：高维生素 C 给消费者带来健康友好的生活体验。“拇指姑娘”品牌产品年产 150 吨，连续 8 年获得有机、绿色农产品“双认证”。

二、品牌基础指标与分析

拇指姑娘品牌的信息总量为 0.021613199 亿比特（表 5-49-1），说明在北京市仅有一部分特定人群对该品牌知晓，而且品牌影响力较小。

表 5-49-1　拇指姑娘品牌基础数据

指标范围	知名度（%）	认知度（%）	美誉度（%）	忠诚度（%）	品牌信息量估值（亿比特）
北京市	11.22	4.49	1.02	0.82	0.021613199

从基础指标来看，拇指姑娘品牌的知名度为 11.22%，超过了知名度的第一个关键点 4.69%，说明消费者开始对同类产品表现出购买偏好，同时品牌对产品的销售开始发挥支撑作用，但是还比较微弱。该品牌的认知度与知名度之比为 40.01%，未达到理想值 50%，说明拇指姑娘的品牌传

播效果一般，而且消费者对品牌理念、产品类型、产地等信息的了解不太充分。

拇指姑娘品牌的美誉度为1.02%，说明该品牌出现了部分消费者的推荐性口碑，而且自我传播现象开始出现，但数量较少，影响力比较微弱。该品牌的忠诚度为0.82%，与美誉度差距不大，意味着部分口碑传播者成为品牌的忠实购买者，而且品牌偏好明显。

综合分析，拇指姑娘目前的基础指标不突出，但考虑到软枣猕猴桃在国内大量种植的时间并不长，属于近年来的新兴品种，因而出现上述结果属于正常现象。建议未来企业要投入大量宣传资金，并重视消费者体验，以刺激消费者的购买欲望。

三、品牌质量分析

拇指姑娘品牌的信息质量比值为−0.215102176（表5-49-2），这意味着该品牌的质量发展水平低于本次调研品牌的平均水平，品牌信息质的贡献率非常小，导致品牌影响力不足。

表5-49-2　拇指姑娘品牌质量比计算

品牌	品牌信息基本量的贡献率	品牌信息质的贡献率	品牌信息质量比值
拇指姑娘	127.4051182	−27.40511815	−0.215102176

四、品牌信息稳定性分析

拇指姑娘品牌的稳定性指数为0.709633743（表5-49-3），说明该品牌基本不具备稳定性，而且抗风险能力很弱。根据品牌质量比和稳定指数可以推测，拇指姑娘品牌目前处于导入期阶段，消费者对品牌的相关信息认知还比较缺乏，未来需要投入大量宣传成本。

表5-49-3　拇指姑娘品牌稳定性计算

品牌	N（E）函数值	品牌衰减系数	品牌信息的衰减速率	品牌稳定性指数
拇指姑娘	98.03921569	0.010201696	0.007096337	0.709633743

第五十节　灵之秀

一、品牌简介

“灵之秀”注册于2002年，是北京灵之秀文化发展有限公司的企业品牌。2020年，灵之秀京西黄芩茶传统制作技艺被列入北京市市级非物质文化遗产。20年来，企业采用“公司＋合作社＋农户”的形式，在北京市门头沟区雁翅镇大村建立了黄芩种植、加工、销售、旅游为一体的三产融合发展产业基地，建成了黄芩小镇旅游接待中心，打造出一批北方特色茶农，有效带动了深山区农民的增收就业和脱贫致富。灵之秀黄芩茶具有“色鲜润、香浓郁、味醇爽、形秀美”的四大品质特征，是老少皆宜的天然养生茶饮，被誉为“北方之嘉木”，而且灵之秀被评为北京市著名商标。自2005年起，灵之秀已在京西举办了13届“北方有嘉木”灵之秀京西山茶旅游文化节，吸引5万余人走进了黄芩小镇。

二、品牌的基础指标与分析

灵之秀品牌的信息总量为0.046766656亿比特（表5-50-1），说明在北京市范围内已经具备一定的影响力，而且品牌出现泛大众化趋势。

表5-50-1　灵之秀品牌基础数据

指标范围	知名度（%）	认知度（%）	美誉度（%）	忠诚度（%）	品牌信息量估值（亿比特）
北京市	17.24	13.75	4.90	3.06	0.046766656

灵之秀品牌的知名度为17.24%，超过了知名度的第二个关键点16.13%，说明该品牌此时出现了大范围的消费者认知，而且部分消费者对品牌产品的品类、价格、包装、logo等信息都有了较深入的认知。此外，灵之秀的认知度达到了知名度的79.76%，说明品牌获得了有效传播效果。

从表中的基础指标对比可以看出，消费者对灵之秀的品牌认知未能充分转化为对品牌的赞美，而且消费者偏好不显著。出现这种情况的原因可能是消费者对产品或服务的质量没有形成体验后的满意；也可能是黄芩茶市场已有如同仁堂、青源堂等知名品牌，对灵之秀的口碑传播造成了一定阻碍。此外，该品牌的忠诚度低于美誉度，意味着目前灵之秀品牌的自传播能力还无法充分地向重复购买率转移。

综上所述，灵之秀的品牌指标结构基本合理，但品牌的美誉度和忠诚度偏低，未来应该进一步提高品牌的知名度，以充分发挥品牌对销售的促进作用。

三、品牌质量分析

灵之秀品牌的信息质量比值为−0.168904244（表5-50-2），说明该品牌的信息质量不理想。不过，目前灵之秀品牌的知名度并不算太高，亲自体验过产品的消费者还是太少了，未来该品牌应加大品牌宣传力度，以提升品牌的总体影响力。

表5-50-2　灵之秀品牌质量比计算

品牌	品牌信息基本量的贡献率	品牌信息质的贡献率	品牌信息质量比值
灵之秀	120.3230787	−20.32307869	−0.168904244

四、品牌信息稳定性分析

灵之秀品牌的稳定性指数为3.465327447（表5-50-3），属于稳定性稍弱的品牌类型。结合上述分析，目前灵之秀品牌属于成长期早期阶段，而且该品牌拥有一定的消费者认知基础，但其美誉度和忠诚度稍差，未来应该注重提升产品品质，并打造差异化产品，以实现品牌的综合发展。

表5-50-3　灵之秀品牌稳定性计算

品牌	N（E）函数值	品牌衰减系数	品牌信息的衰减速率	品牌稳定性指数
灵之秀	20.40816327	0.049147383	0.034653274	3.465327447

第五十一节　绿富隆

一、品牌简介

北京绿富隆农业科技发展有限公司成立于2002年，为北京市延庆区属国有全资农业企业，以“专注有机农业，引领绿色生活”为宗旨，大力发展有机农业，主要业务涵盖生产服务、营销流通、科技创新、金融保障四大板块。目前，公司产品已全部通过有机、无公害等各项认证。

二、品牌基础指标与分析

绿富隆品牌的信息总量为0.054336018亿比特（表5-51-1），说明该品牌拥有一定的影响力，而且在北京市已具有一定的消费者认知基础。

表5-51-1　绿富隆品牌基础数据

指标范围	知名度（%）	认知度（%）	美誉度（%）	忠诚度（%）	品牌信息量估值（亿比特）
北京市	18.52	16.36	5.49	5.28	0.054336018

绿富隆在北京市的品牌知名度为18.52%，超过了第二个关键点16.13%，说明该品牌已逐渐被大量消费者熟知，而且品牌对营销的促进作用较为明显。该品牌的认知度为16.36%，与知名度的比值为88.33%，意味着信息传播效果很高，而且品牌具有有效传播途径，传播内容能被消费者所熟知。

绿富隆的美誉度为5.49%，说明其产品获得了部分消费者的喜爱和赞美，但该品牌的美誉度与认知度相比显然比较偏低，而且消费者认知向口碑的转化并不充分，这有可能是产品品质未达到消费者的期望。绿富隆品牌的忠诚度为5.28%，与美誉度比较接近，说明消费者偏好比较明显，而且口碑向重复购买的转化充分。

综上所述，绿富隆品牌在北京市具有一定的消费者认知基础，但品牌美誉度稍低，建议未来要多开展农产品采摘活动，以吸引消费者体验，并提升品牌美誉度。

三、品牌质量分析

绿富隆品牌的信息质量比值为－0.087721997（表5-51-2），未达到本次调研品牌的平均发展水平。结合基础指标可以看出，其主要原因是品牌美誉度与认知度不太匹配，在前期的品牌推广中可能存在重名轻誉的问题。因此未来应该通过增加公共关系类活动来提升信息的质，以使品牌质量比达到最优。

表5-51-2　绿富隆品牌质量比计算

品牌	品牌信息基本量的贡献率	品牌信息质的贡献率	品牌信息质量比值
绿富隆	109.6157089	−9.61570891	－0.087721997

四、品牌信息稳定性分析

绿富隆品牌的稳定性指数为 3.898098185（表 5-51-3），属于稳定性稍弱的品牌。结合基础指标和质量比推测，绿富隆品牌目前处于品牌成长期早期阶段。因此未来在开展宣传活动时，还要注重消费者口碑的形成和忠实客户的培养。

表 5-51-3 绿富隆品牌稳定性计算

品牌	N（E）函数值	品牌衰减系数	品牌信息的衰减速率	品牌稳定性指数
绿富隆	18.23154057	0.055169246	0.038980982	3.898098185

第五十二节 北菜园

一、品牌简介

北京北菜园农业科技发展有限公司创建于 2007 年，于 2011 年正式注册“北菜园”品牌商标，专注于有机蔬菜生产、加工包装和产品销售业务，主要产品包括黄瓜、茄子、西红柿等。北菜园现有 470 亩有机蔬菜种植基地，年产有机蔬菜 1500 多吨，47 个蔬菜品种全部通过有机认证，并先后荣获“2016 生态中国优选推荐品牌”“2017 年北京农业好品牌”“国家高新技术企业”等荣誉称号。

二、品牌基础指标与分析

北菜园的品牌信息总量为 0.048378489 亿比特（表 5-52-1），说明其在北京市范围内具备一定的影响力，而且其品牌出现泛大众化趋势。

表 5-52-1 北菜园品牌基础数据

指标范围	知名度（%）	认知度（%）	美誉度（%）	忠诚度（%）	品牌信息量估值（亿比特）
北京市	17.72	15.82	3.88	5.27	0.048378489

北菜园的知名度为 17.72%，超过了第二个关键点 16.13%，表现为半数消费者面对异质异价，甚至风格不同的同类产品都有明显的购买意愿。该品牌的认知度为 15.82%，与知名度的比值为 89.30%，说明消费者对品牌的认知十分有效，传播效果很好。

北菜园品牌的美誉度为 3.88%，但是美誉度和认知度差距较大，意味着消费者对品牌的认知向品牌赞美转化并不充分。从表格数据可以看出，该品牌的消费者重复消费频率较高，且品牌忠诚度大于品牌美誉度，这有可能是因为部分消费者虽然没有对品牌形成很高的认可，但是考虑到购买的便捷性、价格等原因而产生了对北菜园蔬菜的重复购买行为。

从北菜园的品牌指标结构关系来看，其美誉度指标明显偏低，而且口碑效应不显著，无法为品牌营销构成良好的支撑作用。因此未来北菜园应在产品品质、服务质量等方面提高重视程度，以获得广大消费者的青睐。

三、品牌质量分析

北菜园品牌的信息质量比值为－0.132846943（表 5-52-2），品牌信息质量不太理想，而且低于本次调研的平均水平，说明品牌信息的质和品牌美誉度对品牌质量比值的贡献率偏小，因此未来企业还应在品牌建设上多做努力，适当增加公共关系类活动，以提升品牌的影响力。

表 5-52-2　北菜园品牌质量比计算

品牌	品牌信息基本量的贡献率	品牌信息质的贡献率	品牌信息质量比值
北菜园	115.3198956	−15.31989562	－0.132846943

四、品牌信息稳定性分析

北菜园品牌的稳定性指数为 2.735119671（表 5-52-3），属于稳定性较弱的品牌。结合品牌的基础数据、质量比可以推测，目前该品牌处于成长期早期阶段，该阶段是品牌推广的关键时期，建议北菜园未来要注重产品品质，并提高消费者美誉度，以充分发挥口碑传播效应。

表 5-52-3　北菜园品牌稳定性计算

品牌	N（E）函数值	品牌衰减系数	品牌信息的衰减速率	品牌稳定性指数
北菜园	25.77319588	0.038929447	0.027351197	2.735119671

第五十三节　五福兴农

一、品牌简介

北京五福兴农种植农民专业合作社联合社成立于 2012 年 6 月，占地面积 3000 余亩，由镇域内 6 家种植专业合作社组成，有个人成员 440 人，主要经营果品、蔬菜、花卉、五谷杂粮、蛋类、中草药、苗木等。2015 年注册了"五福兴农""妫川苹果""妫川皇桃"等商标。

二、品牌基础指标与分析

五福兴农的品牌信息总量为 0.050397532 亿比特（表 5-53-1），在北京市有一定的认知基础，而且品牌的区域特性不显著，已逐渐成为泛大众化品牌。

表 5-53-1　五福兴农品牌基础数据

指标范围	知名度（%）	认知度（%）	美誉度（%）	忠诚度（%）	品牌信息量估值（亿比特）
北京市	18.53	13.18	5.10	4.08	0.050397532

五福兴农品牌的知名度为 18.53%，超过了知名度的第二个关键点 16.13%，意味着半数消费者对其有较深的认知，表现出对同类产品的购买意愿，逐渐形成品牌偏好。该品牌的认知度和知名度的比值为 71.13%，大于理想值 50%，说明五福兴农当前的信息传播效果很好，而且消费者对

品牌的基本信息有一定了解。

但是对比品牌的认知度和美誉度，可以发现五福兴农品牌的消费者认知并没有实现向美誉度的充分转化。其原因：首先，该产品可能在产品品质上还存在提升的空间，部分消费者在体验了该产品之后未感到满意；其次，由于农产品行业特点以及市场上已存在的品牌可能也是阻碍消费者口碑传播的重要因素。此外，该品牌的忠诚度与美誉度差距不大，说明认可品牌的消费者重复购买率很高，而且品牌偏好十分明显。

综合分析，相对于品牌认知度，五福兴农品牌的美誉度稍低，而且消费者对品牌的知晓和认知没有充分转化为对品牌的赞美。未来合作社还应多注重产品品质，并增加消费者体验，以充分发挥口碑传播作用。

三、品牌质量分析

五福兴农品牌的信息质量比值为－0.098453476（表 5-53-2），说明该品牌的信息质量不太理想，而且品牌信息质的贡献率偏低，主要原因在于品牌美誉度不高，自传播现象比较微弱，品牌质的积累不足，未来需要注重增加公共关系类活动，以实现质与量的均衡发展，并使品牌质量比向最优区间移动。

表 5-53-2　五福兴农品牌质量比计算

品牌	品牌信息基本量的贡献率	品牌信息质的贡献率	品牌信息质量比值
五福兴农	110.9205098	−10.92050978	−0.098453476

四、品牌信息稳定性分析

五福兴农品牌的稳定性指数为 3.613582004（表 5-53-3），属于稳定性稍弱的品牌。结合品牌的基础指标等数据判断，五福兴农目前处于品牌成长期早期阶段，各项指标还不太突出，尤其需要注重引导消费者偏好，以提高品牌被推荐和传播的效率。

表 5-53-3　五福兴农品牌稳定性计算

品牌	N（E）函数值	品牌衰减系数	品牌信息的衰减速率	品牌稳定性指数
五福兴农	19.60784314	0.051213129	0.03613582	3.613582004

第五十四节　妫川源

一、品牌简介

北京王木营蔬菜种植专业合作社始建于 2009 年，2010 年注册“妫川源”商标，2014 年被评为国家级示范合作社。合作社地处妫水河上游，傍妫川之源，占上水之利；靠施有机肥、生物防治病虫害生产的蔬菜获绿色认证，食之增强免疫力，实为健康之源；兼营多肉鲜花和绿化美化苗木，为公共场所、家居住宅进行装饰点缀，亦为美好之源。

二、品牌基础指标与分析

妫川源品牌的信息总量为0.037626815亿比特（表5-54-1），说明该品牌在行业内具有一定的影响力，而且被部分消费者认知。

妫川源品牌的知名度为14.00%，表明品牌为获得知名度付出了一定努力，而且品牌开始对营销发挥作用。该品牌的认知度为10.82%，为知名度的77.24%，说明该品牌信息传播效果良好，而且大部分知晓品牌信息的消费者对品牌产品类型、原产地等信息有较深入的认知。

表5-54-1　妫川源品牌基础数据

指标范围	知名度（%）	认知度（%）	美誉度（%）	忠诚度（%）	品牌信息量估值（亿比特）
北京市	14.00	10.82	6.03	4.62	0.037626815

该品牌的美誉度为6.03%，说明消费者的口碑作用有所凸显，但相比于品牌知名度，品牌的美誉度略低，意味着消费者认知没有充分转化为对品牌的认可和赞美，口碑效应没有完全发挥出来。该品牌的忠诚度为4.62%，说明部分口碑传播者产生了多次连续购买行为，品牌偏好明显。

综合分析，妫川源品牌的指标结构比较理想，尤其是前三项指标能够促进产品的销售。因此，妫川源是一个发展状态良好的品牌，但口碑传播效应稍弱，未来应注意提高品牌的美誉度。

三、品牌质量分析

妫川源的品牌信息质量比值为－0.072781908（表5-54-2），说明该品牌发展质量不理想，而且来自品牌质的发展不足，因而需要适当通过增加公共关系类活动来提高品牌信息质的贡献率，以使品牌信息质和量均衡发展。

表5-54-2　妫川源品牌质量比计算

品牌	品牌信息基本量的贡献率	品牌信息质的贡献率	品牌信息质量比值
妫川源	107.8494918	−7.849491766	－0.072781908

四、品牌信息稳定性分析

妫川源品牌的稳定性指数为4.289021653（表5-54-3），属于稳定性稍弱的品牌。结合品牌的基础数据、质量比可以推测，目前该品牌处于成长期早期阶段，而且该阶段是品牌推广的关键时期，需要进行有效的品牌管理，以早日推动品牌迈进发展成熟期。

表5-54-3　妫川源品牌稳定性计算

品牌	N（E）函数值	品牌衰减系数	品牌信息的衰减速率	品牌稳定性指数
妫川源	16.59751037	0.060587296	0.042890217	4.289021653

第五十五节　茂源广发

一、品牌简介

北京茂源广发农业发展有限公司成立于2009年10月，位于北京市延庆区延庆镇广积屯村。公司运用自然生态农业与现代循环经济相结合的发展理念，蔬菜的生产全部采用统防统治、绿色生态的种植方式。基地自建蔬菜育苗场，年繁育蔬菜种苗500多万株，同时拓展盆栽蔬菜，年培育并销售盆栽蔬菜1万多盆。公司还引进北京传统黑猪，以绿色蔬菜配以杂粮喂养，让广大消费者在享用健康蔬菜的同时也能回味20世纪六七十年代猪肉的味道。此外，通过利用沼气站把养殖黑猪产生的排泄物和田园垃圾混合发酵成沼渣、沼液进行蔬菜种植。在现代科学、规范的管理思想指导下，公司将蔬菜种植、生猪养殖、沼气发酵和菜田涵养结合起来形成“四位一体”的生态能源循环系统，做到种植养殖并举、产气积肥同步、能流物流齐飞的良性循环，在生产全程中实现了“零污染”“零排放”节水节电的循环发展模式。

二、品牌基础指标与分析

茂源广发品牌的信息总量为0.039695971亿比特（表5-55-1），说明在北京市该品牌具有一定的影响力。

表5-55-1　茂源广发品牌基础数据

指标范围	知名度（%）	认知度（%）	美誉度（%）	忠诚度（%）	品牌信息量估值（亿比特）
北京市	15.05	10.22	5.87	3.65	0.039695971

茂源广发品牌的知名度为15.05%，接近知名度的第二个关键点16.13%，意味着该品牌为获得知名度付出了很大努力，而且知名度为营销起到明显的促进作用，同时超过半数的消费者有进一步认知的意愿，也表现出对同类产品购买的偏好。该品牌的认知度为10.22%，与知名度的比值为67.92%，说明消费者对该品牌的认知有效，而且情况品牌信息传播效率较高，为美誉度形成了一定支撑作用。

茂源广发品牌的美誉度达到了5.87%，说明消费者的口碑已经开始发挥作用，而且消费者偏好也逐渐显著。茂源广发品牌的忠诚度为3.65%，说明品牌在北京拥有一定数量的忠实消费者，而且品牌自传播者或口碑传播者有重复购买行为。

综上所述，茂源广发拥有一定的消费者认知基础，品牌质量基本健康。只是品牌目前处于发展初期，其各项指标还不太突出，因此未来的提升空间很大。

三、品牌质量分析

茂源广发的品牌信息质量比值为－0.077056361（表5-55-2），低于本次调研品牌的平均水平，但品牌的整体指标结构基本合理，且有较大上升空间。未来可以通过增加公共关系类活动来维系与消费者的良好关系，并增加品牌信息质的贡献率，以使其向最优区间转移。

表 5-55-2 茂源广发品牌质量比计算

品牌	品牌信息基本量的贡献率	品牌信息质的贡献率	品牌信息质量比值
茂源广发	108.3489779	−8.348977937	−0.077056361

四、品牌信息稳定性分析

茂源广发品牌的稳定性指数为 4.170896486（表 5-55-3），说明其稳定性稍弱。综合分析，茂源广发品牌当前处于品牌成长期早期阶段，未来应加大品牌投入，以提高整体影响力。

表 5-55-3 茂源广发品牌稳定性计算

品牌	N（E）函数值	品牌衰减系数	品牌信息的衰减速率	品牌稳定性指数
茂源广发	17.03577513	0.05895227	0.041708965	4.170896486

第五十六节 中农春雨

一、品牌简介

"中农春雨"品牌为中农春雨高科技股份有限公司所有。公司于 2000 年投资创建中农春雨休闲农业园区，至今已连续经营 20 余年。园区位于北京市朝阳区金盏乡皮村东的温榆河西畔，总占地面积 1200 余亩。目前，园区内永久性基本农田 814.2 亩，包括设施农业面积 9 亩，有机水果种植面积 200 余亩，有机蔬菜种植面积 600 余亩，园区建有有机蔬菜种植园和有机水果采摘园、冬暖式日光温室、阳台菜园、鱼菜共生、轮胎创意乐园等设施，以供教育科普、观光采摘，而且可以做到一年 365 天天天都有有机水果吃。另外，园区还有近百种有机果蔬，以供常年开展有机宅配。

二、品牌基础指标与分析

中农春雨品牌在北京市的信息总量为 0.033017052 亿比特（表 5-56-1），说明该品牌已具有一定的影响力。

表 5-56-1 中农春雨品牌基础数据

指标范围	知名度（%）	认知度（%）	美誉度（%）	忠诚度（%）	品牌信息量估值（亿比特）
北京市	13.90	7.58	4.62	2.10	0.033017052

中农春雨品牌的知名度为 13.90%，超过了知名度的第一个关键点 4.69%，其对营销起到了明显的促进作用，而且超过半数的消费者有进一步认知的意愿，也表现出对同类产品购买的偏好，但这一偏好还比较微弱。该品牌的认知度为 7.58%，与知名度的比值为 54.55%，意味着品牌的宣传途径或内容能够有效触达消费者，而且品牌传播效果良好。

中农春雨品牌的美誉度达到了4.62%，在北京市收获了部分消费者对品质的满意，在体验过产品后愿意向他人推荐。但消费者口碑向实际购买行为的转化并不充分，只有约半数的口碑传播者产生了多次连续购买的行为。这可能是因为产品价格较高，部分消费者虽然对产品品质感到满意但不具备相应的购买力；或者是因为目前北京市有很多同类型休闲农场品牌如分享收获、老兵农场等，市场竞争激烈，中农春雨暂时还不具备显著的竞争优势。

综上所述，中农春雨品牌处于发展初期，各项指标还不太突出，品牌的美誉度和忠诚度还有待提高。

三、品牌质量分析

中农春雨品牌的信息质量比为－0.111918923（表5-56-2），在本次调研中低于平均发展水平。结合基础指标分析，品牌的美誉度、忠诚度偏低，导致信息质的贡献率很小。如果将来能够实现品牌知名度与美誉度的协调增长，则品牌发展质量将能够向最优区间移动。

表5-56-2　中农春雨品牌质量比计算

品牌	品牌信息基本量的贡献率	品牌信息质的贡献率	品牌信息质量比值
中农春雨	112.6023317	−12.60233165	−0.111918923

四、品牌信息稳定性分析

中农春雨品牌的稳定性指数为3.260595326（表5-56-3），说明该品牌的稳定性较弱，而且指标结构也不稳定。结合品牌的基础指标、质量比及稳定性可以大致推测，中农春雨目前处于品牌成长期早期阶段，是一个具有成长性的品牌。

表5-56-3　中农春雨品牌稳定性计算

品牌	N（E）函数值	品牌衰减系数	品牌信息的衰减速率	品牌稳定性指数
中农春雨	21.64502165	0.046289821	0.032605953	3.260595326

第五十七节　北寨

一、品牌简介

北寨村三面环山、火山土壤，而且四季分明，早晚温差大，造就了自己独特的果树品种——北寨红杏。“北寨红杏”为本村第一产业，现种植面积10000亩，年产量550吨。“北寨”坚持通过科学种植来提高产品品质，将平谷区的好产品推荐给更多的消费者。

二、品牌基础指标与分析

北寨品牌的信息总量为0.195213280亿比特（表5-57-1），而且在北京市范围内，该品牌在消费者认知中不再具有区域特征，已逐渐成为一个泛大众的品牌。

表 5-57-1　北寨品牌基础数据

指标范围	知名度（%）	认知度（%）	美誉度（%）	忠诚度（%）	品牌信息量估值（亿比特）
北京市	38.28	30.16	13.92	8.47	0.195213280

从基础数据表来看，北寨品牌的知名度为 38.28%，超过了知名度第三个关键点 37.5%，表现为半数以上消费者对该品牌非常熟悉，不仅对品牌认知程度较深，还能对品牌包装风格、宣传内容等较为了解，从而产生了明显的消费者区隔。该品牌的认知度与知名度之比为 78.80%，意味着品牌传播效果充分，有效的消费者认知为品牌联想打下了基础，使品牌延伸成为可能。

北寨品牌的美誉度为 13.92%，表明消费者的口碑作用开始逐渐凸显出来，形成了一定的消费者偏好，但美誉度与认知度之间的比值略低，说明消费者对品牌的认知向购买行为的转化并不充分，可能是由于品牌差异化程度不高，未能充分吸引消费者的购买兴趣所致。此外，该品牌的忠诚度与美誉度之间的比率合理，而且对品牌持良好口碑的消费者大多数都产生了重复购买行为。

三、品牌质量分析

北寨品牌的信息质量比为 0.27168715（表 5-57-2），表明品牌质量比属于较好水平，而且质与量之间的比值基本合理。此外，品牌现有影响力较多来自品牌知名度和认知度的影响，因而未来该品牌应注重美誉度的提升，并采取有针对性的营销策略，以吸引消费者注意，进而促进消费者认知向口碑的转化。

表 5-57-2　北寨品牌质量比计算

品牌	品牌信息基本量的贡献率	品牌信息质的贡献率	品牌信息质量比值
北寨	78.63569277	21.36430723	0.27168715

四、品牌信息稳定性分析

北寨品牌的稳定性指数为 5.066151181（表 5-57-3），说明其稳定性一般，而且抗风险能力一般。但北寨品牌的信息衰减速率较低，品牌信息有效期间隔时间长，品牌维护成本较低。综合分析，该品牌处于成长中后期，在北京市内具有一定影响力且成长性较好。

表 5-57-3　北寨品牌稳定性计算

品牌	N（E）函数值	品牌衰减系数	品牌信息的衰减速率	品牌稳定性指数
北寨	25.01260322	0.070553809	0.050661512	5.066151181

第五十八节　屈海全

一、品牌简介

"屈海全"品牌属于北京夏各庄田丰果品产销专业合作社所有。合作社自成立以来，不断加强规范化建设，同时不定期地邀请农业技术专家为成员授课，提高了成员的理论水平和生产技能水平。在屈海全的带领下，“桃王”称号越来越响，合作社的品牌价值也越来越高。以“屈海全”为商标的大桃产品，要求在种植过程中全部以无公害为起点，统一使用农药、化肥，统一技术规程，统一质量管理，统一使用商标，统一包装销售，产品全部通过了无公害认证。

二、品牌基础指标与分析

屈海全品牌的信息总量为 0.159295551 亿比特（表 5-58-1），在北京市内具有良好的消费者基础，意味着该品牌在同行业同类型产品中具有较好的影响力。

表 5-58-1　屈海全品牌基础数据

指标范围	知名度（%）	认知度（%）	美誉度（%）	忠诚度（%）	品牌信息量估值（亿比特）
北京市	31.77	27.89	14.37	11.02	0.159295551

从基础数据表来看，屈海全品牌的知名度为 31.77%，接近知名度第三个关键点 37.5%，表现为半数以上消费者对该品牌形成了较深的认知，甚至在无提示情境下，面对异质异价的同类产品会对该品牌产生明显的品牌偏好。该品牌的认知度与知名度之比为 87.79%，意味着该品牌传播效果充分，消费者形成的认知是有效的。此外，该品牌具有了良好的消费者联想基础，有助于品牌进行延伸。

屈海全品牌的美誉度为 14.37%，突破了美誉度第一个关键点 1.62%，意味着消费者对该品牌逐渐产生了消费偏好，消费者的口碑作用也逐渐凸显出来。同时，屈海全品牌在该行业的一些活动上取得的佳绩也意味着产品获得了消费者的认可和赞赏。该品牌的忠诚度为 11.02%，与美誉度之间的比值也比较合理，说明消费者对品牌的良好口碑较为充分地转化为重复购买行为，而且品牌的自传播能力较好。

三、品牌质量分析

屈海全品牌的信息质量比为 0.134799826（表 5-58-2），在本次调研品牌中属于一般水平，而且品牌影响力相对而言受知名度和认知度影响较大，品牌虽然获得了较好的口碑，但美誉度积累仍然偏低。未来该品牌需要注重美誉度的提升，应采取有针对性的措施如改进包装、创新产品等来吸引消费者购买，同时也要注重消费者反馈，不断改进产品和服务，从而满足消费者的需求。

表 5-58-2　屈海全品牌质量比计算

品牌	品牌信息基本量的贡献率	品牌信息质的贡献率	品牌信息质量比值
屈海全	88.12126833	11.87873167	0.134799826

四、品牌信息稳定性分析

屈海全品牌的稳定性指数为 10.83415108（表 5-58-3），显示该品牌具有稳定性较高的特点，并且抗风险能力较强。此外，该品牌的信息衰减速率较低，意味着消费者对屈海全品牌的认知和记忆能够长时间保持，这有助于品牌形成稳定的市场地位和竞争优势，品牌信息维护成本较低。综合分析，该品牌处于成长后期，具有较好的品牌延伸基础。

表 5-58-3　屈海全品牌稳定性计算

品牌	N（E）函数值	品牌衰减系数	品牌信息的衰减速率	品牌稳定性指数
屈海全	6.95890411	0.148402484	0.108341511	10.83415108

第五十九节　茅山后佛见喜梨

一、品牌简介

作为平谷区乃至北京市独有的果树品种，"佛见喜梨"相传拥有近 200 年的种植历史。经过多年种植，金海湖镇茅山后村的佛见喜梨单株梨树年产果 60 千克左右，当地果农年人均收入达 5 万多元。

二、品牌基础指标与分析

茅山后佛见喜梨品牌的信息量估值为 0.091219877 亿比特（表 5-59-1），在北京市具有较大的影响力，品牌宣传效果很好，品牌在同行业市场中具有一定的竞争优势。

表 5-59-1　茅山后佛见喜梨品牌基础数据

指标范围	知名度（%）	认知度（%）	美誉度（%）	忠诚度（%）	品牌信息量估值（亿比特）
北京市	25.56	21.53	8.20	5.33	0.091219877

从基础数据来看，茅山后佛见喜梨品牌的知名度为 25.56%，超过了知名度的第二个关键节点 16.13%，表现为接近半数的消费者对该品牌非常熟悉，能够辨识品牌 logo，并对产品品种也比较了解。该品牌的认知度与知名度之比为 84.22%，处于优良水平，意味着该品牌传播效果很好，宣传内容能有效触达目标消费者。

茅山后佛见喜梨品牌的美誉度为 8.20%，超过了美誉度第一个关键点 1.62%，表明消费者的口碑作用开始凸显出来，并逐渐形成较为明显的消费者偏好。该品牌的忠诚度低于美誉度，说明该品牌的产品质量合格，而且部分对品牌持良好口碑的消费者已出现重复购买行为。但美誉度和忠诚度相对知名度和认知度而言仍然偏低，说明消费者对品牌的认知未能充分地转化为对品牌的口碑。建议企业查清原因，防止出现"重名轻誉"的现象。

三、品牌质量分析

茅山后佛见喜梨品牌的质量比为 −0.014267362（表 5-59-2），低于本次调研的平均水平。可能是品牌处于发展初期，进行了高密度的品牌推广宣传等活动，使得知名度和认知度在短期内快速增长，而消费者对品牌的体验较少，造成品牌质与量之间的失衡。未来该品牌仍需加大宣传力度，并注重公共关系类活动的开展，而且还要关注品牌形象的长期建设和维护。

表 5-59-2　茅山后佛见喜梨品牌质量比计算

品牌	品牌信息基本量的贡献率	品牌信息质的贡献率	品牌信息质量比值
茅山后佛见喜梨	101.4473866	−1.447386608	−0.014267362

四、品牌信息稳定性分析

茅山后佛见喜梨品牌的稳定性指数为 5.897770323（表 5-59-3），说明该品牌具有一定的稳定性，而且具有一定的抗风险能力。综合分析，该品牌处于成长期中期，具有较好的成长性。因此，未来该品牌应注重让更多的消费者深入了解并体验品牌的产品，以激发消费者的购买兴趣。

表 5-59-3　茅山后佛见喜梨品牌稳定性计算

品牌	N（E）函数值	品牌衰减系数	品牌信息的衰减速率	品牌稳定性指数
茅山后佛见喜梨	12.20256254	0.082672214	0.058977703	5.897770323

第六十节　蜜多邦

一、品牌简介

“蜜多邦”是北京互联农业发展有限责任公司于 2017 年创建的平谷鲜桃品牌。该品牌的创建，紧紧围绕大桃主导产业的转型升级和高质量发展，以打造高品质“六选桃”，塑造高品质、有品位、有口碑的平谷桃产业“金字招牌”。

二、品牌基础指标与分析

蜜多邦品牌的信息总量为 0.043788149 亿比特（表 5-60-1），在北京市范围内具有一定的消费者基础，而且该品牌已逐渐成为一个泛大众化的品牌，品牌的区域特征逐渐褪去。

表 5-60-1　蜜多邦品牌基础数据

指标范围	知名度（%）	认知度（%）	美誉度（%）	忠诚度（%）	品牌信息量估值（亿比特）
北京市	16.33	13.00	4.82	3.22	0.043788149

从基础指标来看，该品牌的知名度为 16.33%，超过了知名度的第二个关键点 16.13%，意味着在北京市有半数消费者对该品牌已经有较深入的认知，在面对异质异价的同类产品时会对该品牌表现出明显的购买意愿。该品牌的认知度占知名度的 79.61%，说明该品牌传播效果充分，而且推广渠道选择恰当，能够使产品宣传内容有效传达至目标消费者。

该品牌的美誉度突破了第一个关键点 1.62%，说明消费者对“蜜多邦”六选桃的口碑作用开始凸显出来，但较高的认知度却并未充分转化为美誉度，可能是由于产品质量或服务存在问题，或是差异化不足未能吸引消费者。该品牌的忠诚度与美誉度之间的比率较为合理，但仍略显不足。

综上所述，该品牌需继续加强宣传，尤其应注重公共关系类活动，以增强消费者体验，进而促进良好口碑的转化。

三、品牌质量分析

蜜多邦品牌的质量比为－0.106297187（表5-60-2），低于本次调研的平均水平，意味着品牌现阶段的影响力大都来自量的支撑，即良好的消费者基础，但产品质量、服务或价格并没有满足目标消费者的需求，或者是由于市场竞争激烈，该品牌并未有足够的创新点能够激发消费者的购买兴趣。未来该品牌仍需加强品牌建设，特别是应明确品牌的核心价值和差异化特点，并将其有效传达给目标消费者。此外，应通过有针对性的市场营销活动来传播品牌的独特价值，以吸引并与消费者建立关联。

表5-60-2　蜜多邦品牌质量比计算

品牌	品牌信息基本量的贡献率	品牌信息质的贡献率	品牌信息质量比值
蜜多邦	111.8940195	−11.89401952	－0.106297187

四、品牌信息稳定性分析

蜜多邦品牌的稳定性指数为3.408146716（表5-60-3），说明该品牌的稳定性较为一般，而且抗风险能力不足。此外，该品牌的消费者对品牌信息的有效认知周期较短，因而品牌信息维护成本较高。若要使品牌发挥较高水平的营销作用，该品牌需要较高的投入。综合分析，该品牌处于成长中期，品质一般，具有较好的上升空间。

表5-60-3　蜜多邦品牌稳定性计算

品牌	N（E）函数值	品牌衰减系数	品牌信息的衰减速率	品牌稳定性指数
蜜多邦	20.74688797	0.048349849	0.034081467	3.408146716

第六十一节　潮河果品

一、品牌简介

“潮河果品”取名自北京庄头峪潮河果品专业合作社所在的地理位置——潮河东岸。合作社始建于2004年，占地1000亩，拥有完善的组织体系、有机体系和监测体系，管理技术统一先进。合作社已初步总结出一套适合密云区红香酥梨有机生产技术，成功解决了红香酥梨在本地栽植的降低农药残留、提升果实品质等问题，带动了果业增效和果农增收。

二、品牌基础指标与分析

潮河果品品牌的信息总量为0.074323215亿比特（表5-61-1），在北京市范围内具有一定的影响力，而且品牌传播范围逐渐覆盖全市，产生了良好的消费者认知基础。

表 5-61-1　潮河果品品牌基础数据

指标范围	知名度（%）	认知度（%）	美誉度（%）	忠诚度（%）	品牌信息量估值（亿比特）
北京市	22.44	17.98	7.87	4.44	0.074323215

从基础指标来看，该品牌知名度为22.44%，超过了知名度第二个关键点16.13%，表现为半数消费者对该品牌有较深的了解，具有良好的认知基础。此外，该品牌的认知度与知名度之比为80.12%，说明品牌传播效果充分，营销策略实施有效。

相对而言，该品牌的美誉度、忠诚度仍然偏低，使消费者对该品牌的高认知度未能充分转为美誉度和忠诚度，这可能是因为产品质量参差不齐，没有使消费者感到满意，也可能是行业内已有的知名品牌对潮河果品的口碑传播造成了阻碍。建议企业应注重产品品质，并采取差异化措施来激发消费者兴趣，进而提高品牌美誉度和忠诚度，以促使消费者主动发起口碑传播行为。

三、品牌质量分析

潮河果品的信息质量比为－0.022993285（表5-61-2），低于本次调研的平均水平，这表明潮河果品质的贡献率不足。潮河果品拥有较高的知名度和认知度，反映了企业在品牌运营方面具有卓越的经验和能力。未来合作社要不断提升产品质量，积极倾听消费者的反馈和意见，不断改进产品和服务。同时，应及时回应消费者的问题和需求，展现品牌关注和关怀，以提升消费者的满意度和忠诚度。

表 5-61-2　潮河果品品牌质量比计算

品牌	品牌信息基本量的贡献率	品牌信息质的贡献率	品牌信息质量比值
潮河果品	102.3534419	−2.353441906	－0.022993285

四、品牌信息稳定性分析

潮河果品品牌的稳定性指数为5.643392561（表5-61-3），说明该品牌的稳定性一般，而且具有一定的抗风险能力。此外，该品牌的信息衰减速度较慢，维护成本较低。综合分析，该品牌处于成长中后期，具有极好的成长性。

表 5-61-3　潮河果品品牌稳定性计算

品牌	N（E）函数值	品牌衰减系数	品牌信息的衰减速率	品牌稳定性指数
潮河果品	12.71455817	0.079202537	0.056433926	5.643392561

第六十二节　密之蓝天

一、品牌简介

北京潼玉华硕农产品产销专业合作社位于密云区巨各庄镇后焦家坞蔬菜园区，是2016年成立的新型电商型合作社，其占地500亩，拥有设施大棚206栋。“密之蓝天”寓意让密云的天更蓝、环境更好，农产品更安全、更健康。

二、品牌基础指标与分析

密之蓝天品牌的信息总量为0.096551489亿比特（表5-62-1），在北京市范围内有较大的品牌影响力。该品牌拥有良好的消费者基础，品牌区域特征已逐渐褪去，正在朝大众化品牌方向发展。

表5-62-1　密之蓝天品牌基础数据

指标范围	知名度（%）	认知度（%）	美誉度（%）	忠诚度（%）	品牌信息量估值（亿比特）
北京市	27.38	18.80	9.11	7.33	0.096551489

从基础数据来看，密之蓝天品牌的知名度为27.38%，超过了知名度第二个关键点16.13%，说明该品牌开始出现大范围的消费者认知，有相当部分的消费者开始对产品、企业以及品牌内涵等信息有了较好的理解和认知，品牌具有良好的消费者认知基础。该品牌的认知度与知名度之比为68.66%，意味着品牌传播效果充分，品牌传播内容易于被消费者认知。

密之蓝天品牌的美誉度为9.11%，超过了美誉度第一个关键点1.62%，说明消费者开始出现明显的消费偏好，消费者口碑作用逐渐开始凸显出来。该品牌的忠诚度与美誉度之间的比值基本合理，意味着消费者对品牌的口碑能够较为充分地转化为重复购买行为。整体看来，该品牌指标结构基本合理。

三、品牌质量分析

密之蓝天品牌的信息质量比为0.009597733（表5-62-2），低于本次调研的平均水平，而且品牌质的贡献率不足。该品牌较高的忠诚度意味着品牌质量可以较好地满足消费者需求，但积累量不足。未来品牌应重视公共关系类活动，有针对性地开展市场营销活动，以传播品牌的独特价值，或是通过提供额外的价值或优惠，来吸引消费者并与之建立良好关系。

表5-62-2　密之蓝天品牌质量比计算

品牌	品牌信息基本量的贡献率	品牌信息质的贡献率	品牌信息质量比值
密之蓝天	99.04935081	0.950649186	0.009597733

四、品牌信息稳定性分析

密之蓝天品牌的稳定性指数为6.610173396（表5-62-3），说明稳定性一般，而且抗风险能力一般。此外，该品牌的信息衰减速率较快，说明消费者对品牌认知的有效周期较短，品牌在信息维护上投入的成本较高。综合分析，该品牌处于成长后期，是一个品质一般但成长性较好的品牌。

表5-62-3　密之蓝天品牌稳定性计算

品牌	N（E）函数值	品牌衰减系数	品牌信息的衰减速率	品牌稳定性指数
密之蓝天	10.97560976	0.092345115	0.066101734	6.610173396

第六十三节　檀州

一、品牌简介

北京密鑫农业发展有限公司成立于 2014 年 6 月，从事新鲜蔬菜、新鲜水果生产以及生鲜类、粮油类等农副产品销售，拥有“檀州”商标。公司通过利用互联网技术，实现了对旗下各个超市的 24 小时监控与信息上传，以及超市与总部间的网上产品预订与网上结算，并配备生鲜专用配送车 12 台。

二、品牌基础指标与分析

檀州品牌的信息总量为 0.013314054 亿比特（表 5-63-1），在北京市影响较小，但具有较强的地域性。

表 5-63-1　檀州品牌基础数据

指标范围	知名度（%）	认知度（%）	美誉度（%）	忠诚度（%）	品牌信息量估值（亿比特）
北京市	6.42	3.11	3.82	3.01	0.013314054

从基础数据来看，该品牌的知名度为 6.42%，突破了知名度第一个关键点 4.69%，应该是企业为获得知名度做过专门的努力，商标已经进入了成为名牌的过程。该品牌的认知度与知名度的比值不足 0.5，说明该品牌的认知度一般，传播效果也较为一般。未来企业对品牌传播内容或传播策略应进行调整，以提高传播的有效率。

该品牌的美誉度略高于认知度，出现这种情况可能是由于自媒体传播的影响，使消费者未接触到品牌产品就出现了自传播现象。该品牌的忠诚度与美誉度接近，说明消费者对该品牌的良好口碑充分地转化为重复购买行为。整体来看，品牌在营销中发挥的作用较小，未来企业仍需加强品牌建设，以提升品牌影响力。

三、品牌质量分析

檀州品牌的信息质量比为 −0.134694139（表 5-63-2），低于本次调研的平均水平，品牌质的贡献率较低。由于品牌处在建设初期，品牌各指标积累量不足，导致品牌总体影响力也比较有限。建议企业应优先关注产品或服务的质量，确保能够满足消费者的期望与需求，同时应加大对品牌的宣传力度，注重并提升品牌与消费者之间的互动体验。

表 5-63-2　檀州品牌质量比计算

品牌	品牌信息基本量的贡献率	品牌信息质的贡献率	品牌信息质量比值
檀州	115.5660727	−15.56607271	−0.134694139

四、品牌信息稳定性分析

檀州品牌的稳定性指数为 2.685880221（表 5-63-3），说明该品牌的稳定性较弱，而且抗风险能力不足，这可能是由于品牌目前正处于成长期的早期阶段，或者品牌发展战略正处于调整状态，从而各项指标还不太稳定。综合分析，檀州品牌是一个处于成长早期、成长性较好的品牌。

表 5-63-3　檀州品牌稳定性计算

品牌	N（E）函数值	品牌衰减系数	品牌信息的衰减速率	品牌稳定性指数
檀州	26.21231979	0.038237818	0.026858802	2.685880221

第六十四节　奥仪青源

一、品牌简介

北京奥仪凯源种植专业合作社成立于 2009 年 5 月，是集果蔬采摘、科普实践、土地认领、农耕体验、餐饮娱乐于一体的现代农业观光科普采摘园。合作社的商标“奥仪青源”，代表回归自然、感受绿色、精益求精，其“奥”指奥妙，代表采摘园是儿童与青少年的探索之地；“青”即为绿色，代表采摘园的产品绿色、健康、有机；“源”指源泉，代表采摘园毗邻密云水库，灌溉用水纯净。

二、品牌基础指标与分析

奥仪青源品牌的信息总量为 0.127262375 亿比特（表 5-64-1），在北京市范围内有较大的影响力，说明该品牌在北京市的信息量分布比较均匀，消费者对品牌的认知较为充分。

表 5-64-1　奥仪青源品牌基础数据

指标范围	知名度（%）	认知度（%）	美誉度（%）	忠诚度（%）	品牌信息量估值（亿比特）
北京市	32.38	22.37	10.34	7.06	0.127262375

从基础数据来看，该品牌的知名度为 32.38%，接近知名度第三个关键点 37.5%，表现为半数消费者对其表示非常熟悉，产生了明显的消费者区隔。该品牌的认知度与知名度之比为 69.10%，意味着品牌传播效果充分，消费者对品牌的认知是有效的，从而使得消费者对该品牌具有一定程度的联想度，使品牌延伸成为可能。

该品牌美誉度与认知度的比值合理，意味着消费者对品牌的认知能够较充分地转化为对品牌的良好口碑，而且消费者的口碑作用逐渐凸显出来，消费者偏好开始越来越明显，自传播率也逐渐增加。该品牌的忠诚度与美誉度之间的比值良好，说明消费者对该品牌的口碑可以较充分地转化为对该品牌的重复购买行为。整体看来，该品牌的基础指标结构较为合理，品牌具有对消费者选择偏好的影响力，在品牌竞争中作用明显。未来该品牌需要继续重视扩大消费群体，主动寻求消费者反馈，并坚持创新和改进，提供优质的产品和服务，以维持与消费者之间的良好互动关系。

三、品牌质量分析

奥仪青源品牌的信息质量比为0.082281397（表5-64-2），说明该品牌质量处于一般水平。此外，该品牌的知名度和认知度相较而言处于较高水平，这反映出合作社具有良好的品牌运营能力，使品牌在市场竞争中具有较好优势。未来品牌还需要加大宣传力度，通过有针对性的市场营销活动来吸引消费者，且注重并提升品牌与消费者之间的互动体验，以提高消费者满意度。

表5-64-2　奥仪青源品牌质量比计算

品牌	品牌信息基本量的贡献率	品牌信息质的贡献率	品牌信息质量比值
奥仪青源	92.39741187	7.602588126	0.082281397

四、品牌信息稳定性分析

奥仪青源品牌的稳定性指数为3.741220009（表5-64-3），说明该品牌的稳定性一般，但达到了大多数具有一定影响力的品牌应该能够达到的稳定性水平。此外，该品牌的抗风险能力一般，而且品牌信息的衰减速率较快，意味着品牌维护成本较高。综合分析，该品牌处于成熟早期阶段，因而该品牌应注重宣传，并加深消费者对品牌的感知印象，以此建立品牌与消费者之间的信任感，进而扩大品牌的影响力。

表5-64-3　奥仪青源品牌稳定性计算

品牌	N（E）函数值	品牌衰减系数	品牌信息的衰减速率	品牌稳定性指数
奥仪青源	63.27704485	0.052327294	0.0374122	3.741220009

第六十五节　墨粟

一、品牌简介

“墨粟”创立于2012年，源自北京密云知名的黑色杂粮，是北京健农特色农产品种植专业合作打造的品牌。目前，该合作社已发展成为一家集种植、生产、销售于一体的杂粮企业。多年来，合作社充分利用电视台、网络等各类媒体，以新闻报道、专题片、走进社区等形式宣传合作社品牌，每年带着墨粟品牌系列杂粮产品走进社区。此外，合作社本着“诚信赢得用户”原则，为产品品牌开创出一条发展之路，从而吸引更多农户加入合作社，为密云区的农业科技创新、农业新品种引进做出贡献。

二、品牌基础指标与分析

墨粟品牌的信息总量为0.051693133亿比特（表5-65-1），在北京市属于中等规模的品牌，而且该品牌的区域特征已不显著。

表 5-65-1　墨粟品牌基础数据

指标范围	知名度（%）	认知度（%）	美誉度（%）	忠诚度（%）	品牌信息量估值（亿比特）
北京市	18.43	13.65	5.66	3.23	0.051693133

从基础数据来看，该品牌的知名度为 18.43%，超过知名度的第二个关键点 16.13%，说明半数消费者对该品牌已有较深的认知，在面对异质异价的同类产品时，会表现出对该品牌的明显购买意愿，而且逐渐形成品牌偏好。该品牌的认知度与知名度之比为 74.06%，说明该品牌传播效果很充分，品牌在宣传上的投入卓有成效。

该品牌的美誉度为 5.66%，突破了美誉度的第一个关键点 1.62%，意味着消费者的口碑作用开始凸显出来，而且消费者之间的自传播效应也越来越多。该品牌的忠诚度与美誉度之间的比率较为合理，说明消费者对品牌的良好口碑较为充分地转化为了重复购买行为。整体来看，该品牌的指标结构较为合理，但美誉度和忠诚度偏低，意味着消费者对品牌的认知未能充分转化为对品牌的认可。

三、品牌质量分析

墨粟品牌的信息质量比为 −0.054854169（表 5-65-2），低于本次调研的平均水平。可能由于品牌处于成长期，企业较为注重品牌的宣传，使得知名度和认知度在短期内大幅上升，造成了品牌质与量之间的失衡。未来该品牌应该采取措施提高品牌的口碑，如在包装设计、营销风格上进行调整，以满足消费者的个性化需求，进而增强品牌影响力。

表 5-65-2　墨粟品牌质量比计算

品牌	品牌信息基本量的贡献率	品牌信息质的贡献率	品牌信息质量比值
墨粟	105.8037784	−5.80377837	−0.054854169

四、品牌信息稳定性分析

墨粟品牌的稳定性指数为 1.99232576（表 5-65-3），说明该品牌的稳定性较弱，而且信息有效期间隔较短，品牌的抗风险能力较弱。综合分析，该品牌处于成长中期，是一个品质良好、成长性较强的品牌。未来该品牌还需在宣传上加大投入，以维护消费者对品牌的有效认知。

表 5-65-3　墨粟品牌稳定性计算

品牌	N（E）函数值	品牌衰减系数	品牌信息的衰减速率	品牌稳定性指数
墨粟	59.78748652	0.028346532	0.019923258	1.99232576

第六十六节　绿手

一、品牌简介

北京三山蔬菜产销专业合作社位于北京市怀柔区庙城镇王史山村东 800 米，紧邻京承高速 13

号（北台路）出口。合作社所处之地属暖温带半湿润性气候，夏季湿润，冬季寒冷少雪，全年日照时数约2800小时，地处怀柔水库下游，水源充足，水质优良。合作社成立于2008年，占地面积300余亩，以种植高品质有机蔬果为主，其中日光温室100栋，连栋温室4000平方米，加工车间4000平方米，苹果基地120亩，可一年四季种植新鲜蔬果。合作社采取“合作社+基地+农户”和“合作社+公司+社员”的经营模式，是一个集蔬菜生产、初加工、销售并具有休闲娱乐、旅游观光、采摘体验、农机科普教育等于一体的现代农业园区。

二、品牌基础指标与分析

绿手品牌的信息总量为0.011454020亿比特（表5-66-1），在北京市影响力较小，而且传播范围有限，消费者认知基础相对较低。

表5-66-1　绿手品牌基础数据

指标范围	知名度（%）	认知度（%）	美誉度（%）	忠诚度（%）	品牌信息量估值（亿比特）
北京市	5.82	4.77	1.42	1.42	0.011454020

从基础数据来看，该品牌的知名度为5.82%，突破了知名度第一个关键点4.69%，说明合作社可能为获得知名度进行过专门的努力，但指标偏低，品牌的营销作用不太明显。该品牌的认知度与知名度之比为81.98%，意味着品牌传播策略得当，传播效果充分。

该品牌的美誉度接近第一个关键点1.62%，说明消费者的口碑还未凸显出来，尚未形成消费者品牌偏好。但美誉度与认知度之间的比率较不合理，美誉度偏低，说明消费者对该品牌的认知度未能充分转化为美誉度。该品牌的美誉度与忠诚度相等，说明该品牌自传播能力有溢出，而且品牌在营销中能够充分发挥作用，但因目标消费者基数较小，品牌影响力作用不显著。

三、品牌质量分析

绿手品牌的信息质量比为−0.203654694（表5-66-2），低于本次调研的平均水平，而且品牌信息质的贡献不足，使得品牌影响力受到限制。因此，合作社应该持续加强品牌建设，确保产品或服务的质量达到或超过消费者的期望。同时，还应找准品牌市场定位，明确品牌的核心价值和差异优势，并打造品牌故事，以吸引消费者的注意和兴趣。

表5-66-2　绿手品牌质量比计算

品牌	品牌信息基本量的贡献率	品牌信息质的贡献率	品牌信息质量比值
绿手	125.5736666	−25.57366665	−0.203654694

四、品牌信息稳定性分析

绿手品牌的稳定性指数为0.986025688（表5-66-3），稳定性弱，而且抗风险能力也较弱。可能是由于品牌正处于从导入期到成长期过渡的时期，或者是品牌战略发生调整，还未形成稳定的品牌结构。综合分析，该品牌处于成长早期，因而未来在品牌建设上还需继续加大投入。

表 5-66-3　绿手品牌稳定性计算

品牌	N（E）函数值	品牌衰减系数	品牌信息的衰减速率	品牌稳定性指数
绿手	70.67137809	0.014155669	0.009860257	0.986025688

第六十七节　栗山翁

一、品牌简介

"栗山翁"创立于2014年，是北京张泽林板栗购销专业合作社旗下的多元化品牌。北京张泽林板栗购销专业合作社地处慕田峪长城脚下，是国家级农民合作社示范社，专门从事板栗购销已有30余年，每年收购、仓储、加工及销售怀柔板栗6000余吨，拥有5000吨级德国技术的现代化专业冷库及大型分拣、加工、灌装设备及厂房。"栗山翁"的业务范围从专业板栗购销，拓展到栗树种管、休闲旅游、免费采摘、康养服务、林间安葬等诸多服务内容。

二、品牌基础指标与分析

栗山翁品牌的信息总量为0.118328413亿比特（表5-67-1），在北京市拥有较强的影响力，而且消费者对该品牌形成了良好的认知基础。

表 5-67-1　栗山翁品牌基础数据

指标范围	知名度（%）	认知度（%）	美誉度（%）	忠诚度（%）	品牌信息量估值（亿比特）
北京市	29.27	22.43	11.04	8.23	0.118328413

从基础数据来看，栗山翁品牌的知名度为29.27%，超过了知名度第二个关键点16.13%，表现为品牌开始出现了大范围的消费者认知，有相当部分的消费者对品牌产品和包装风格等信息开始有了较深入的了解，具有相当良好的消费者知晓基础。该品牌的认知度与知名度之比为76.62%，意味着品牌传播效果充分，传播内容易于被消费者熟知，并形成有效认知。

栗山翁品牌的美誉度为11.04%，超过了美誉度第一个关键点1.62%，说明消费者的口碑作用开始凸显出来，而且消费者偏好开始越来越明显。该品牌的忠诚度与美誉度之间的比值较为合理，意味着消费者对品牌的良好口碑能够较为充分地转化为重复购买行为，并吸引更多的潜在消费者关注和选择该品牌。因此，该品牌需要不断投入精力和资源，建立并维护良好的口碑，以获得更多的忠诚消费者和持续增长的市场份额。

三、品牌质量分析

栗山翁品牌的信息质量比为0.057948605（表5-67-2），在本次调研中处于一般水平，而且品牌质与量之间的贡献较为合理。整体来看，品牌指标结构较为合理。因此，未来该品牌还需要注重公共关系类活动，通过向消费者传达品牌价值观、品牌理念等加深消费者对品牌的认知，同时应注重与消费者之间的互动，并与消费者建立良好关系，进而维护其对品牌的信任感与美誉度。

表 5-67-2　栗山翁品牌质量比计算

品牌	品牌信息基本量的贡献率	品牌信息质的贡献率	品牌信息质量比值
栗山翁	94.52255008	5.477449923	0.057948605

四、品牌信息稳定性分析

栗山翁品牌的稳定性指数为 8.104852835（表 5-67-3），说明该品牌的稳定性较强，而且具有较强的抗风险能力。同时，该品牌的信息衰减速率较低，而且消费者对品牌认知有效间隔期较长，意味着品牌维护费用较低。综合分析，该品牌处于成长后期，是一个品质良好、具有较好成长性的品牌。

表 5-67-3　栗山翁品牌稳定性计算

品牌	N（E）函数值	品牌衰减系数	品牌信息的衰减速率	品牌稳定性指数
栗山翁	9.058823529	0.112431287	0.081048528	8.104852835

第六十八节　汤河甜薯

一、品牌简介

“汤河甜薯”是由北京汤河惠农农机专业合作社打造的汤河“小特精”农业金字招牌，由汤河口镇优质的沙土地孕育而生，种植基地土层深厚，含有丰富的有机质，地域阳光充足，沙土地土壤疏松，并引入密云水库上游水质优越的汤白河水灌溉，全面施用绿色有机肥料，生产的红薯圆实饱满、肉质细嫩，食用口感面甜粉糯、可口无丝，而且营养丰富，好吃又健康。“汤河甜薯”通过“镇校企”合作，深入挖掘“满韵”文化、红色历史、民宿文化等，开展“休闲体验”“自然科普”“劳动教育”等特色主题活动，并结合非遗技艺和传统工艺，制作品牌葫芦、“红薯面”等衍生产品，逐步推动农文旅融合，并带动 14 个经济薄弱村增收致富，实现了多方增效。

二、品牌基础指标与分析

汤河甜薯品牌的信息量为 0.040999744 亿比特（表 5-68-1），在北京市有较好的消费者认知基础。

表 5-68-1　汤河甜薯品牌基础数据

指标范围	知名度（%）	认知度（%）	美誉度（%）	忠诚度（%）	品牌信息量估值（亿比特）
北京市	16.69	12.48	2.83	3.42	0.040999744

从基础数据来看，该品牌的知名度为 16.69%，超过知名度的第二个关键点 16.13%，表示消费者对该品牌有较深入的认知，不仅了解品牌产品，还能辨识品牌的 logo 和宣传内容等信息，同时也形成了一定的购买偏好。该品牌的认知度与知名度之比为 74.77%，意味着该品牌传播效果充分，宣传内容能有效触达消费者且被消费者认知。

该品牌的美誉度偏低，与认知度的比率也不合理，这意味着消费者对该品牌的认知并未充分转化为对品牌的良好口碑。该品牌的忠诚度略高于美誉度，低美誉度下的高忠诚度并不完全是受品牌因素影响，还有可能是受到促销、价格及渠道等因素影响，使得消费者产生了重复购买行为。总之，由于品牌处于发展初期，品牌并未形成稳定的指标结构，使得品牌在销售中的支撑作用并不明显。

三、品牌质量分析

汤河甜薯品牌的信息质量比为 −0.16298187（表 5-68-2），低于本次调研的平均水平，而且品牌现有的影响力大部分来自知名度的宣传，消费者口碑还未起到明显的作用。未来该品牌应加强公共关系类活动，并提高品牌的内在发展潜力，严格把控产品质量，提升品牌的美誉度，避免出现重名轻誉的现象。

表 5-68-2　汤河甜薯品牌质量比计算

品牌	品牌信息基本量的贡献率	品牌信息质的贡献率	品牌信息质量比值
汤河甜薯	119.4717252	−19.47172515	−0.16298187

四、品牌信息稳定性分析

汤河甜薯品牌的稳定性指数为 1.980172196（表 5-68-3），说明该品牌的稳定性弱，而且各项指标还不太稳定，品牌的抗风险能力较弱。综合分析，该品牌处于成长期中期阶段，品质较为一般，未来还需在品牌建设上持续投入，以维持消费者对品牌的有效认知。

表 5-68-3　汤河甜薯品牌稳定性计算

品牌	N（E）函数值	品牌衰减系数	品牌信息的衰减速率	品牌稳定性指数
汤河甜薯	35.39823009	0.028288679	0.019801722	1.980172196

第六十九节　后元化

一、品牌简介

后元化生态园于 2015 年在通州区漷县镇后元化村建园，园区占地面积约 160 亩，包含 6 万平方米采摘大棚和近 2000 平方米的休闲活动场地。园区种植果蔬数十种，包括多种南方和特色果品。2019 年，公司注册了商标“后元化”，设计理念是想告诉大家，农产品产自通州区漷县镇后元化村的后元化生态园。虽然园区地处京津冀三地交界，不依山不傍水，而且村子最大的特点就是小，也没有得天独厚的旅游条件，但是通州水系发达、土壤肥沃，发展农业是最佳也是必然的选择。多年来，园区通过对本地水土进行研究，秉承“民以食为天，食以安为源”的服务使命，以“精挑细选、健康安全，以人为本、不忘初心”为理念，坚持古法农耕有机标准种植，园区各种作物长势良好，年总产量近千吨，可实现月月都是采摘季，全年可提供优质农产品及农耕体验活动的目标。

二、品牌基础指标与分析

后元化品牌的信息总量为0.036475054亿比特（表5-69-1），在北京市拥有一定的消费者基数，在消费者认知中，该品牌已逐渐向大众化方向发展。

表5-69-1　后元化品牌基础数据

指标范围	知名度（%）	认知度（%）	美誉度（%）	忠诚度（%）	品牌信息量估值（亿比特）
北京市	15.80	9.80	2.63	2.23	0.036475054

从基础数据来看，该品牌的知名度为15.80%，接近知名度的第二个关键点16.13%，说明园区为获取知名度进行过专门的努力，使商标进入了成为名牌的阶段，而且超过半数的消费者有进一步认知的意愿。该品牌的认知度与知名度之比为62.03%，意味着该品牌认知度有效，传播效果较为充分，拥有良好的消费者认知基础。

该品牌的美誉度为2.63%，超过了美誉度的第一个关键点1.62%，说明消费者的口碑作用开始凸显出来，而且在面对异质异价的同类产品时，消费者会产生一定的消费偏好。但该品牌的美誉度与认知度比率较不合理，说明消费者对品牌的认知未能充分转化为良好口碑，其忠诚度也偏低，其原因是该品牌可能存在差异化不足或者质量问题，未能充分吸引消费者注意而形成消费者偏好。建议园区查清原因，重视美誉度提升的问题。

三、品牌质量分析

后元化品牌的信息质量比为－0.168583782（表5-69-2），低于本次调研的平均水平，而且品牌的影响力大部分来源于知名度和认知度。未来该品牌需要建立可持续的品牌发展计划，包括市场扩展、产品创新以及客户关系管理等。同时还应注重公共关系类活动，积极向消费者传达品牌信息，树立良好的品牌形象，以吸引和保持消费者的兴趣和忠诚。

表5-69-2　后元化品牌质量比计算

品牌	品牌信息基本量的贡献率	品牌信息质的贡献率	品牌信息质量比值
后元化	120.2767012	−20.27670124	−0.168583782

四、品牌信息稳定性分析

后元化品牌的稳定性指数为1.841870085（表5-69-3），说明该品牌的稳定性较弱，而且此时品牌极有可能处在发展阶段的过渡时期，品牌信息衰减速率较快，意味着园区仍需在品牌推广上持续投入。综合分析，该品牌目前处于成长早期阶段，有逐渐向成长中期过渡的趋势，其具有良好发展空间。

表5-69-3　后元化品牌稳定性计算

品牌	N（E）函数值	品牌衰减系数	品牌信息的衰减速率	品牌稳定性指数
后元化	38.02281369	0.026330816	0.018418701	1.841870085

第七十节　蜓好

一、品牌简介

北京蜓好农业科技有限公司成立于2017年，位于房山区大石窝镇西南，公司在传统种植的基础上，注重向精品化、高端化、品牌化发展，特别是在水果西红柿种植上，选用高端品种，倡导施用有机肥，并实行全程绿色防控，减少化学肥料和化学农药的投入，保障农产品安全，达到西红柿高品质、好口感。

二、品牌基础指标与分析

蜓好品牌的信息总量为0.027893144亿比特（表5-70-1），在北京市影响较小，而且品牌仍具有一定的区域特征。

从基础数据来看，该品牌的知名度为13.36%，接近知名度的第二个关键点16.13%，说明其知名度一般不是自然获得的，大多是企业为获得知名度而进行过专门的努力，如高密度投放广告等。该品牌的认知度与知名度之比为65.50%，意味着该品牌传播策略有效，传播内容与传播渠道的选择符合目标消费群体偏好。

表5-70-1　蜓好品牌基础数据

指标范围	知名度（%）	认知度（%）	美誉度（%）	忠诚度（%）	品牌信息量估值（亿比特）
北京市	13.36	8.75	0.60	0.40	0.027893144

该品牌的美誉度为0.60%，还未突破美誉度的第一个关键点1.62%，说明品牌的口碑作用极小，而且消费者对品牌的认知并未充分地转化为品牌的美誉度和忠诚度。由于处于发展初期，从而该品牌的各项基础指标偏低，品牌影响力偏低，在营销活动中的支撑作用也并不明显。

三、品牌质量分析

蜓好品牌的信息质量比为−0.227289024（表5-70-2），低于本次调研的平均水平，存在质量不足的问题，其原因也可能是品牌发展初期未注重美誉度的提升，使得品牌现有影响力极大部分来源于知名度和认知度。未来该品牌仍需持续加强品牌建设，在进行品牌宣传的同时也要关注品牌口碑，并提高产品质量监控力度，以提升品牌的美誉度。

表5-70-2　蜓好品牌质量比计算

品牌	品牌信息基本量的贡献率	品牌信息质的贡献率	品牌信息质量比值
蜓好	129.4144941	−29.41449409	−0.227289024

四、品牌信息稳定性分析

蜓好品牌的稳定性指数为0.416774371（表5-70-3），说明该品牌的稳定性极弱，而且抗风险能力极低，其原因可能是处于过渡期出现了失稳状况。由于品牌成立时间较短，其各项基础指标偏低，但指标结构合理。综合分析，该品牌处于成长早期，刚刚完成从导入期的过渡，品牌发展还不稳定，未形成合理的品牌结构，因而该品牌具有较好的成长空间。

表 5-70-3　蜓好品牌稳定性计算

品牌	N（E）函数值	品牌衰减系数	品牌信息的衰减速率	品牌稳定性指数
蜓好	166.6666667	0.006000288	0.004167744	0.416774371

第七十一节　品品鲜

一、品牌简介

北京永长福生物科技有限公司占地 75 余亩，吸纳当地劳动力 150 余人实现了就业。公司总投资 5000 万元，是一家集食用菌工厂化种植、菌棒制作和食用菌菌种研发为一体的高科技食用菌生态产业园，目前年产杏鲍菇、鹿茸菇约 8000 吨。目前，公司的“品品鲜”牌食用菌在北京约占 30% 的市场份额。

二、品牌基础指标与分析

品品鲜品牌的信息总量为 0.066779464 亿比特（表 5-71-1），在北京市具有较强的影响力。

表 5-71-1　品品鲜品牌基础数据

指标范围	知名度（%）	认知度（%）	美誉度（%）	忠诚度（%）	品牌信息量估值（亿比特）
北京市	22.60	18.16	4.81	4.61	0.066779464

从基础数据来看，该品牌的知名度为 22.60%，超过了知名度的第二个关键点 16.13%，说明半数消费者对该品牌已有较深的认知，而且面对不同品牌的同类产品时会对该品牌有明显的购买意愿，并逐渐形成了消费者偏好。该品牌的认知度与知名度之比为 80.33%，说明该品牌选择的传播渠道和传播策略是有效的，能够充分地传达至消费者，形成有效认知。

该品牌的美誉度为 4.81%，超过了美誉度第一个关键点 1.62%，说明消费者的口碑作用开始凸显出来，而且消费者偏好开始越来越明显。但其美誉度与认知度之间的比率较不合理，意味着消费者对该品牌的认知未能充分转化为良好口碑，可能是品牌差异化不足，未能引起消费者的购买兴趣。该品牌的忠诚度与美誉度接近，说明品牌自传播能力极好，已经有部分消费者产生了重复购买行为。建议企业未来在注重产品品质的同时，采取措施提高品牌的差异化优势，以激发消费者的兴趣。

三、品牌质量分析

品品鲜品牌的信息质量比为 −0.05348593（表 5-71-2），低于本次调研的平均水平，但品牌知名度和认知度较高，反映了企业对品牌良好的运营能力。未来该品牌应调整宣传策略，注重公共关系类宣传，有针对性地开展营销活动，以提升品牌的影响力。

表 5-71-2　品品鲜品牌质量比计算

品牌	品牌信息基本量的贡献率	品牌信息质的贡献率	品牌信息质量比值
品品鲜	105.650833	−5.650833012	−0.05348593

四、品牌信息稳定性分析

品品鲜品牌的稳定性指数为 1.687870704（表 5-71-3），说明该品牌的稳定性较低，而且抗风险能力较弱，仍需投入较大的成本维护品牌信息。综合分析，该品牌是一个处于成长中后期、具有较好成长性的品牌，未来应注重美誉度和忠诚度的提升，防止出现“重名轻誉”的现象。

表 5-71-3　品品鲜品牌稳定性计算

品牌	N（E）函数值	品牌衰减系数	品牌信息的衰减速率	品牌稳定性指数
品品鲜	50.25385528	0.024112546	0.016878707	1.687870704

第七十二节　沿特

一、品牌简介

北京顺沿特种蔬菜基地始建于 1985 年，占地面积约 200 亩，位于顺义区李桥镇西树行村北，是一家集试验、休闲观光、采摘等内容为一体的综合性种植园区，主要以生产优质特种蔬菜、西甜瓜为主。目前，基地拥有一座 3000 平方米的连栋温室，一栋 1000 平方米育苗温室，34 栋日光温室，32 栋塑料大棚，冷库 300 平方米，蔬菜加工车间 200 平方米，有多年的种植经验。

“沿特”品牌始创于 2007 年，依托于北京顺沿特种蔬菜基地，于 2016 年获得绿色食品认证，2019 年获得有机食品认证；并依托品牌大力开发农业的多功能，充分挖掘其乡村文化、生态休闲、旅游观光和科普教育等价值，发展都市休闲观光农业。

二、品牌基础指标与分析

沿特品牌的信息总量为 0.010702672 亿比特（表 5-72-1），在北京市范围内影响力较小，而且仍具有较强的区域品牌特征。

表 5-72-1　沿特品牌基础数据

指标范围	知名度（%）	认知度（%）	美誉度（%）	忠诚度（%）	品牌信息量估值（亿比特）
北京市	5.31	4.80	2.04	1.43	0.010702672

从基础数据来看，该品牌的知名度为 5.31%，突破了知名度的第一个关键点 4.69%，说明商标的知名度是企业经过专门努力获取的，而且商标已经进入成为名牌的阶段。该品牌的认知度与

知名度之比为 90.39%，意味着该品牌传播效果充分，消费者对该品牌的认知是有效的。

沿特品牌的美誉度为 2.04%，突破了美誉度的第一个关键点 1.62%，意味着消费者的口碑作用开始逐渐显现出来。此外，该品牌的忠诚度与美誉度的比值合理，消费者对该品牌的口碑能够较为充分地转化为重复购买行为。整体来看，该品牌指标偏低，还未形成稳定的品牌结构。

三、品牌质量分析

沿特品牌的信息质量比为 −0.1164065（表 5-72-2），低于本次调研的平均水平。此外，该品牌的美誉度对品牌影响力的贡献较小，使得品牌影响力受到限制。未来该基地应继续加强品牌建设，在发展初期严格把控好品牌的产品质量，并积极与消费者互动和重视消费者反馈，以提升品牌在消费者心中的良好印象。

表 5-72-2　沿特品牌质量比计算

品牌	品牌信息基本量的贡献率	品牌信息质的贡献率	品牌信息质量比值
沿特	113.1742141	−13.17421415	−0.1164065

四、品牌信息稳定性分析

沿特品牌的稳定性指数为 1.4249（表 5-72-3），说明该品牌的稳定性较弱，而且抗风险能力较弱，可能是由于品牌处于发展过渡期出现了失稳现象。综合分析，该品牌是处于品牌导入期，品牌效应并不明显，未来应加大投入，注重品牌建设。

表 5-72-3　沿特品牌稳定性计算

品牌	N（E）函数值	品牌衰减系数	品牌信息的衰减速率	品牌稳定性指数
沿特	49.01960784	0.020411909	0.01424902	1.424902039

第七十三节　顺丽鑫

一、品牌简介

北京顺丽鑫生态观光农业园有限责任公司隶属于北京顺鑫控股集团有限公司，是以生态观光旅游以及名优果品生产、加工、销售等为主的高科技观光农业企业，严格秉承“技术创新、区域带动”的企业发展理念，樱桃观光采摘园自 1989 年建园，经过 34 年的技术改良创新，目前已发展到总占地面积 700 亩，分别建有鑫园、丽园、顺园及温室四个特色区域，引种栽植有红灯、红蜜、佐藤锦、布鲁克斯、美早、黑金、蜜露、蜜泉等早、中、晚熟优新品种 30 余个，并成功举办了 20 届樱桃观光采摘节，年均接待游客 5 万余人，结合园区内的大樱桃科普文化长廊，为将顺丽鑫生态观光农业园区打造成集科普、休闲、娱乐为一体的现代观光农业小镇奠定了基础。

二、品牌基础指标与分析

顺丽鑫品牌的信息总量为 0.049498150 亿比特（表 5-73-1），在北京市范围内该品牌已逐渐成为一个泛大众化的品牌，拥有较好的消费者基础。

表 5-73-1 顺丽鑫品牌基础数据

指标范围	知名度（%）	认知度（%）	美誉度（%）	忠诚度（%）	品牌信息量估值（亿比特）
北京市	18.16	14.08	4.70	3.47	0.049498150

从基础数据来看，顺丽鑫品牌的知名度为 18.16%，超过了知名度第二个关键点 16.13%，意味着半数消费者对该品牌有较深的认知，并对品牌的种植基地、品牌产品、价格等较为了解，逐渐形成了品牌偏好。该品牌的认知度与知名度之比为 77.53%，意味着品牌传播效果充分，而且消费者对品牌的认知是有效的。

该品牌的美誉度为 4.70%，突破了美誉度第一个关键点 1.62%，说明消费者的口碑作用开始凸显出来。但该品牌的美誉度与认知度之间的比率较低，说明消费者对品牌的认知未能充分转化为对品牌的美誉度，这可能是由于其市场差异化程度较低且竞争激烈、品牌在营销上未能有创新点吸引消费者所致。但该品牌的忠诚度与美誉度之间的比值较为合理，说明对品牌有良好口碑的消费者大多会发生重复购买行为。

三、品牌质量分析

顺丽鑫品牌的信息质量比为－0.109808955（表 5-73-2），低于本次调研的平均水平，而且该品牌的美誉度对品牌影响力的贡献较小。为了进一步提升品牌口碑，未来品牌应抓住时机，制定相应的营销推广策略，通过有针对性的营销活动和广告宣传，进一步加强与消费者的联系和注重消费者反馈，持续改进产品和服务质量。

表 5-73-2 顺丽鑫品牌质量比计算

品牌	品牌信息基本量的贡献率	品牌信息质的贡献率	品牌信息质量比值
顺丽鑫	112.335437	−12.33543698	－0.109808955

四、品牌信息稳定性分析

顺丽鑫品牌的稳定性指数为 3.318849146（表 5-73-3），意味着该品牌的稳定性较为一般，而且抗风险能力较弱，品牌维护费用较高。综合分析，顺丽鑫品牌处于成长中后期，仍需通过较高频率的宣传来维护品牌信息的有效性。

表 5-73-3 顺丽鑫品牌稳定性计算

品牌	N（E）函数值	品牌衰减系数	品牌信息的衰减速率	品牌稳定性指数
顺丽鑫	21.29925453	0.047103479	0.033188491	3.318849146

第七十四节　硕丰磊

一、品牌简介

北京硕丰磊白山药产销专业合作社位于顺义区北小营镇西府村，自主经营 3000 亩粮田，主要生产加工小麦、玉米、黑花生、白山药、高粱、杂粮等农产品，而且每年提供农机服务近 3 万亩，并获得了国家级示范合作社的称号。以土地种植为基础、以高新科技为支撑、以园区建设为重点、以社员致富为目标。合作社为打造农业产品高端品牌，致力于发展绿色农业、高科技农业，以实现社会效益与经济效益的双丰收。合作社的宗旨为：打造现代农业园区，提高土地规模经营效益，促进农业生产要素优化组合和资源的有效利用，走出一条现代化农业发展的路子，服务于社会，创利于农户，带动农民实现相关产业融合，以切实让农民增加收入。

二、品牌基础指标与分析

硕丰磊品牌的信息总量为 0.015483827 亿比特（表 5-74-1），该品牌在北京市的影响力较小，而且具有较强的区域性特征，在北京市仅有一部分特定人群对该品牌知晓。

表 5-74-1　硕丰磊品牌基础数据

指标范围	知名度（%）	认知度（%）	美誉度（%）	忠诚度（%）	品牌信息量估值（亿比特）
北京市	7.55	4.49	2.66	2.04	0.015483827

从基础指标来看，硕丰磊品牌的知名度超过了知名度的第一个关键点 4.69%，意味着北京市有过半数的消费者对该品牌有进一步认知的意愿，并表现出对同类产品购买的偏好，但这一偏好仍比较微弱。该品牌的认知度与知名度之比为 59.47%，说明品牌传播效果较好，消费者能够对品牌产生更多了解。此外，该品牌的美誉度为 2.66 %，突破了第一个关键点 1.62%，说明消费者的正向口碑传播作用开始凸显，有产生自传播效应的可能性。硕丰磊品牌的美誉度稍低于认知度，意味着消费者认知向口碑的转化不充分，可能有部分消费者对品牌的产品未感到十分满意。该品牌的忠诚度为 2.04%，与美誉度比较接近，说明消费者对硕丰磊品牌的良好口碑在很大程度上实现了向购买行为的转化，而且多数口碑自传播者成为品牌的忠实消费者，品牌偏好明显。

三、品牌质量分析

硕丰磊品牌的信息质量比值为 −0.073607846（表 5-74-2），说明该品牌质的贡献率很小，意味着此时品牌影响力基本来源于广告宣传获得的消费者对品牌的知晓和认知，品牌的质量发展水平低于本次调研品牌的平均水平，影响力受到了质量不足的影响，没有达到应有的水平。

表 5-74-2　硕丰磊品牌质量比计算

品牌	品牌信息基本量的贡献率	品牌信息质的贡献率	品牌信息质量比值
硕丰磊	107.9456465	−7.945646489	−0.073607846

四、品牌信息稳定性分析

硕丰磊品牌的稳定性指数为 1.859376488（表 5-74-3），说明该品牌的稳定性较弱，而且抗风险能力也较弱。根据品牌质量比和稳定指数可以推测，硕丰磊品牌处于成长期早期阶段，品牌在行业有一定的知名度，并且前期的使用者已经有一部分成为连续性消费者。因此，未来该品牌需要更加关注产品创新和品质把控，并加强品牌公共关系活动。

表 5-74-3　硕丰磊品牌稳定性计算

品牌	N（E）函数值	品牌衰减系数	品牌信息的衰减速率	品牌稳定性指数
硕丰磊	37.66478343	0.026578791	0.018593765	1.859376488

第七十五节　水云天

一、品牌简介

“水云天”创立于 2009 年，取自“生态天然”的寓意，若将“水云天”三个字单独拆开来看，便是农业生产所必需的三大要素：“水”指作物的生命源泉，“云”指晴空和阳光，“天”指干净和天然。“水云天”是北京绿富农果蔬产销专业合作社倾力打造的农产品品牌，一直秉持“生于自然，食于自然”的理念，坚持有机种植、绿色种植，努力提升果蔬品质，让人们吃上安心菜、放心菜。目前，合作社自主经营面积 1200 亩，年产果蔬 4000 吨，主要销售渠道为直营店、鑫海韵通超市、企事业单位及线上销售，以“高品质、安全、新鲜”为特征，树立良好的形象与口碑，优质优价，服务居民，打造特色农产品品牌，保障“舌尖上的安全”。

二、品牌基础指标与分析

水云天品牌的信息总量为 0.008206461 亿比特（表 5-75-1），在北京市范围内品牌的影响力很小，仅有很少一部分消费者对该品牌知晓，品牌传播范围较窄。

表 5-75-1　水云天品牌基础数据

指标范围	知名度（%）	认知度（%）	美誉度（%）	忠诚度（%）	品牌信息量估值（亿比特）
北京市	4.49	2.04	1.23	0.82	0.008206461

从基础指标来看，水云天品牌的知名度为 4.49%，即将超过知名度的第一个关键点 4.69%，说明该品牌的知名度几乎没有影响力，对消费者产生的影响也较微弱。该品牌的认知度与知名度之比为 45.43%，品牌传播效果一般。

水云天品牌的美誉度为 1.23%，尚未突破美誉度的第一个关键点 1.62%，说明该品牌出现了部分消费者的推荐性口碑，但数量很少，不具有明显的影响力。水云天品牌的美誉度低于认知度，意味着目前品牌结构尚未形成，而且品牌没有对销售形成有效的促进作用。此外，该品牌的忠诚度为 0.82%，说明消费者对水云天品牌的口碑未能完全转化为对产品的重复购买。

三、质量分析

水云天品牌的信息质量比值为 -0.17009245（表 5-75-2），这意味着水云天品牌的质量发展水平低于本次调研品牌的平均发展水平，品牌信息质的贡献非常小，导致品牌效应不突出。未来需要加强公共关系活动，以增强品牌的内在发展质量。

表 5-75-2　水云天品牌质量比计算

品牌	品牌信息基本量的贡献率	品牌信息质的贡献率	品牌信息质量比值
水云天	120.4953491	-20.49534913	-0.17009245

四、品牌信息稳定性分析

水云天品牌的稳定性指数为 0.852891445（表 5-75-3），说明该品牌的稳定性很弱，而且抗风险能力也较弱。根据品牌质量比和稳定指数可以推测，水云天品牌处于导入期阶段，意味着消费者对品牌缺乏认知，在进行购买决策时非常谨慎，而只有小部分消费者敢于尝试。未来品牌方需要根据所处的农产品市场、产品的行业特点制订一套有针对性的推广方案，以打响品牌在目标消费者中的知名度。

表 5-75-3　水云天品牌稳定性计算

品牌	N（E）函数值	品牌衰减系数	品牌信息的衰减速率	品牌稳定性指数
水云天	81.63265306	0.012252447	0.008528914	0.852891445

第七十六节　绿奥

一、品牌简介

北京绿奥蔬菜合作社成立于 2003 年 10 月，2004 年注册了“绿奥”商标，标识是由绿奥的首字母“LA”变形而成，“绿”代表着蔬菜的颜色，代表着生机盎然，代表着自然、生态、环保、安全；“奥”来源于奥林匹克精神的内容“相互理解、友谊长久、团结一致、公平竞争”，也是合作社内部团结和与农户长期合作的法宝。合作社种植面积 1000 多亩，机动面积 360 亩，有日光温室 76 栋、大棚 39 栋，农资物流库 600 平方米，两栋集蔬菜加工、保鲜、检测、配送为一体的车间 4100 平方米，并拥有蔬菜配送车 6 辆。

二、品牌基础指标与分析

绿奥品牌的信息总量为 0.024669566 亿比特（表 5-76-1），在北京市仅有一部分特定人群知晓，大多数消费者对品牌还不太了解，品牌影响力较小。

绿奥品牌在北京市的知名度为 11.70%，超过了第一个关键点 4.69%，说明该品牌的知名度开始生效，超过半数的消费者开始表现出对同类产品的偏好以及对该品牌有进一步认知的意愿。绿奥品牌的认知度为 7.07%，与知名度的比值为 60.45%，意味着该品牌的传播效果较好，而且现有

表 5-76-1　绿奥品牌基础数据

指标范围	知名度（%）	认知度（%）	美誉度（%）	忠诚度（%）	品牌信息量估值（亿比特）
北京市	11.70	7.07	1.84	1.43	0.024669566

的传播内容能够有效触达目标消费者。

绿奥品牌的美誉度为 1.84%，超过美誉度的第一个关键点 1.62%，说明消费者口碑作用开始凸显，而且消费者偏好也更加明显。但与认知度相比还有一定差距，说明北京市的消费者对该品牌的认知未能充分地转化为对品牌的称赞和认可，未来品牌方需要注意把控产品品质，以提高品牌的美誉度。此外，该品牌的忠诚度为 1.43%，与美誉度比较接近，说明有相当部分的消费者产生了重复购买行为，而且品牌能够在营销中发挥一定的作用。

三、质量分析

绿奥品牌的信息质量比值为 −0.191503528（表 5-76-2），低于本次调研品牌的平均水平。这可能是由于在进行品牌营销时采用广告等方式获得了消费者认知，而忽略了对品牌公共关系活动的关注，未来可以增加一些消费者体验的机会，以强化品牌认知基础。

表 5-76-2　绿奥品牌质量比计算

品牌	品牌信息基本量的贡献率	品牌信息质的贡献率	品牌信息质量比值
绿奥	123.6863777	−23.68637768	−0.191503528

四、品牌信息稳定性分析

绿奥品牌的稳定性指数为 1.280724869（表 5-76-3），说明该品牌的稳定性较弱，而且抗风险能力也较弱。根据品牌质量比和稳定指数可以推测，绿奥品牌目前应当处于成长期早期阶段，意味着该品牌的市场占有率处于快速上升期，因此需要加大品牌建设投入，以实现品牌的良性发展。

表 5-76-3　绿奥品牌稳定性计算

品牌	N（E）函数值	品牌衰减系数	品牌信息的衰减速率	品牌稳定性指数
绿奥	54.49591281	0.018359635	0.012807249	1.280724869

第七十七节　益婷

一、品牌简介

北京神农天地农业科技有限公司位于北京市顺义区杨镇焦各庄村，占地 330 亩，成立于 2009 年，是一家集蔬菜与草莓种植、冷储加工、科技推广、科普教育等功能于一身的民营企业。公司研发出的低成本、可调节式高架栽培槽，实现草莓蔬菜立体套种，单产在全国名列前茅；公司设计的新型悬挂式栽培，做到草莓管理不再"猫腰"，育苗效率提高 3 倍。此外，公司开创的以"公司＋基地＋农户”生产模式，带动周边近千名村民种植草莓，开启了“莓”好人生，走上了共同发展的致富道路。

二、品牌基础指标与分析

益婷品牌的信息总量为 0.024184197 亿比特（表 5-77-1），说明目前在北京市内仅有小部分消费者对益婷品牌有一定的了解，品牌影响力还比较小。

表 5-77-1　益婷品牌基础数据

指标范围	知名度（%）	认知度（%）	美誉度（%）	忠诚度（%）	品牌信息量估值（亿比特）
北京市	12.79	3.75	1.01	0.81	0.024184197

益婷品牌在北京市的知名度为 12.79%，超过了品牌知名度的第一个关键点 4.69%，这意味着开始有超过半数的消费者表现出对同类产品的偏好，而且对益婷有进一步认知的意愿。益婷品牌的认知度与知名度之比为 29.33%，低于理想值 50%，说明品牌传播效果一般，消费者可能仅对品牌名字有印象，但对品牌理念、品牌 logo、产品类型等信息的了解并不深入。

益婷品牌的美誉度为 1.01%，属于美誉度较低的水平，虽然此时也出现了部分消费者的推荐性口碑，但数量低，作用效果不明显。该品牌忠诚度为 0.81%，说明在北京市还是有部分消费者成为益婷的忠实用户，产生了重复购买行为。与认知度相比，品牌的美誉度、忠诚度略低，这意味着北京市的消费者对该品牌的认知度未能充分地转化为对品牌的称赞以及重复购买行为。

三、质量分析

益婷品牌的信息质量比值为－0.215392185（表 5-77-2），说明该品牌信息质的贡献率过小，品牌发展质量一般。此时，品牌影响力基本来源于广告宣传，未来品牌方应该考虑通过举办公益活动、展示新产品等方式，以提高品牌信息的发展质量。

表 5-77-2　益婷品牌质量比计算

品牌	品牌信息基本量的贡献率	品牌信息质的贡献率	品牌信息质量比值
益婷	127.45221	−27.45220999	−0.215392185

四、品牌信息稳定性分析

益婷品牌的稳定性指数为 0.70264959（表 5-77-3），说明该品牌的稳定性很弱，而且抗风险能力也很弱。根据品牌质量比和稳定指数可以推测，益婷品牌目前处于成长期早期阶段，多数消费者对品牌的认知有限，未来还需要加大品牌宣传力度，以提高品牌的知名度，并占领消费者心智。

表 5-77-3　益婷品牌稳定性计算

品牌	N（E）函数值	品牌衰减系数	品牌信息的衰减速率	品牌稳定性指数
益婷	99.00990099	0.010101643	0.007026496	0.70264959

第七十八节　草帽公社

一、品牌简介

2013 年，陈峰和三位 IT 行业界的朋友承包下了北京顺义杨镇某农场的 8 个闲置大棚，逐渐将工作重心由 IT 转向农业种植，从此转变身份化身"新农人"，走上了兴农之路。2018 年，陈峰将自己的北京草帽人家农业科技有限公司搬到了杨镇辛庄户村，如今公司占地面积 140 亩，2022 年又增加了一个 60 亩的苹果园。

二、品牌基础指标与分析

草帽公社品牌的信息总量为 0.059193602 亿比特（表 5-78-1），说明该品牌在北京市范围内已经具有一定的影响力，而且品牌的区域特性不显著，并表现出泛大众化的特征。

表 5-78-1　草帽公社品牌基础数据

指标范围	知名度（%）	认知度（%）	美誉度（%）	忠诚度（%）	品牌信息量估值（亿比特）
北京市	18.97	16.19	7.17	3.82	0.059193602

草帽公社的知名度为 18.97%，超过了品牌知名度的第二个关键点 16.13%，意味着商标开始出现大范围的消费者认知，对产品和企业以及品牌内涵等信息开始有相当部分的消费者有了较深的理解和认知，而且品牌有了相当良好的消费者知晓基础。草帽公社品牌的认知度与知名度之比为 85.33%，远超过理想值 50%，说明该品牌的传播效率较高，而且宣传信息能够有效触达目标消费者。

草帽公社品牌的美誉度为 7.17%，说明该品牌在北京市被一部分消费者认可并且愿意将品牌产品推荐给其他消费者。但与认知度相比，品牌的美誉度偏低，意味着消费者认知未能向品牌口碑充分转移，这可能是因为草帽公社的产品品质尚未达到给消费者留下深刻印象的水平，也有可能是因为农产品行业内不同品牌的同类型产品同质性严重，使消费者难以准确分辨。草帽公社的忠诚度达到了 3.82%，在北京市收获了部分消费者的购买偏好，但通过对比美誉度与忠诚度可以发现，消费者口碑并未完全向产品销售进行转移，未来需要注重对产品品质的把控，以充分发挥品牌在营销中的作用。

综上所述，草帽公社品牌的指标结构不尽合理，说明消费者认知未能实现向口碑自传播、重复购买行为的充分转化，品牌在营销中的作用尚未完全发挥出来。

三、质量分析

草帽公社品牌的信息质量比值为 0.145913839（表 5-78-2），说明该品牌的发展质量处于一般水平，仅仅略高于本次调研品牌的平均水平。此外，草帽公社可能还处于品牌发展初期，虽然出现了一些自传播现象，但还比较微弱，对销售的促进作用比较有限。未来需要注重公共关系类活动，以增加与消费者的情感联系，并提高消费者口碑及重复购买率。

表 5-78-2　草帽公社品牌质量比计算

品牌	品牌信息基本量的贡献率	品牌信息质的贡献率	品牌信息质量比值
草帽公社	87.26659598	12.73340402	0.145913839

四、品牌信息稳定性分析

草帽公社品牌的稳定性指数为 2.533995346（表 5-78-3），说明该品牌的稳定性较弱，而且指标结构可能还会发生变化。结合基础指标可以大致推测，该品牌目前处于成长期中期阶段，品牌产品的销售量和市场占有率会进入快速上升期，需要进行有效的品牌管理，以使美誉度和忠诚度同步提升。

表 5-78-3　草帽公社品牌稳定性计算

品牌	N（E）函数值	品牌衰减系数	品牌信息的衰减速率	品牌稳定性指数
草帽公社	37.72509225	0.035984466	0.025339953	2.533995346

第七十九节　老兵农场

一、品牌简介

北京市杰海农业科技发展有限公司于 2016 年 1 月在北京市顺义区正式注册，注册资金 1000 万元，基地位于顺义区北务镇林上村。公司于 2014 年开始建设，2016 年正式投产，占地面积 110 亩，其中搭建有温室大棚 33 座。

该公司创始人是一名退伍老兵，之前在空军服役 20 多年，2013 年因公负伤，被评为国家六级伤残军人，并在部队办理了退休手续，所以给农场起名“老兵农场”，商标图案的设计融合了部队的特色，以怀念曾经的部队生活。目前，公司以服务北京蔬菜供应为核心，突出退伍军人创业特色，着力建设以生产功能为主、融合二产三产功能为一体的新型现代农业产业园区。

二、品牌基础指标与分析

老兵农场品牌的信息总量为 0.066062112 亿比特（表 5-79-1），说明该品牌在行业内拥有一定的影响力，而且品牌的专业化特征逐渐褪去，表现出泛大众化的趋势。

表 5-79-1　老兵农场品牌基础数据

指标范围	知名度（%）	认知度（%）	美誉度（%）	忠诚度（%）	品牌信息量估值（亿比特）
北京市	22.28	14.55	6.66	4.24	0.066062112

老兵农场品牌的知名度为 22.28%，已超过知名度的第二个关键点 16.13%，说明品牌开始对产品的销售起到一定的支撑作用，而且品牌开始成为有效的营销工具。

该品牌的认知度为 14.55%，与知名度的比值为 65.29%，超过两者比例理想值 50%，这说明消费者对品牌的了解非常充分，品牌传播效果很好。

该品牌的美誉度达到了6.66%，这意味着品牌获得了部分消费者的认可和口碑，并且从忠诚度不难看出目前已有部分消费者对老兵农场产生了强烈的品牌偏好，发生了多次连续购买的行为。从品牌指标的比例关系来看，老兵农场的美誉度和忠诚度相对于认知度稍低了一些，意味着消费者认知并未充分转化为品牌口碑，且口碑效应向连续购买的转化也还有提升的空间。

总体来看，老兵农场品牌的指标结构比较合理，品牌信息传播效果很好，但其美誉度和忠诚度略低，说明品牌对销售的促进作用没有完全发挥出来。未来企业应注重品牌口碑传播效应，通过提高产品品质、服务质量等方式让消费者主动进行推荐和传播，以充分发挥品牌在营销中的作用，并获取行业内竞争的优势。

三、质量分析

老兵农场品牌的信息质量比值为－0.05553021（表5-79-2），略低于本次调研的平均水平，说明品牌现有的知名度基本上来自广告等传播工具的影响，因此未来需要加强公共关系活动，以提高品牌的发展质量。

表5-79-2　老兵农场品牌质量比计算

品牌	品牌信息基本量的贡献率	品牌信息质的贡献率	品牌信息质量比值
老兵农场	105.8795115	−5.879511539	－0.05553021

四、品牌信息稳定性分析

老兵农场品牌的稳定性指数为4.74833082（表5-79-3），说明该品牌的稳定性一般，而且抗风险能力较弱。根据品牌质量比和稳定指数可以推测，老兵农场品牌处于成长期中期阶段，品牌已经拥有了一定的口碑以及忠实消费者。未来品牌可以通过短视频平台、社交媒体平台等渠道进行大量的推广宣传，并吸引更多潜在消费者去农场体验采摘活动，以提高品牌的知名度和影响力。同时，要多筹划公共关系类活动，以维系与公众的良好关系，并提高品牌发展的质量。

表5-79-3　老兵农场品牌稳定性计算

品牌	N（E）函数值	品牌衰减系数	品牌信息的衰减速率	品牌稳定性指数
老兵农场	15.02629602	0.066927255	0.047483308	4.74833082

第八十节　前鲁

一、品牌简介

顺义种植水稻历史悠久，可上溯到东汉。《顺义县志》记载："汉张堪为渔阳太守，开顺义狐奴山地为田，至今人食旧德，称说不衰。"渔阳太守张堪引进新的农作物品种，传授新的生产技术，这应当是北京地区历史上最早的一次大规模农业开发，在北京的农业发展史上写下了浓墨重彩的一页，开创了中国北方种植水稻的历史先河，前鲁各庄村号称“北方水稻第一村”。

“前鲁大米”是顺义区箭杆河流域盛产的稻谷搓出的米，其雪白、光亮、油性大，煮饭时不乱汤，做出的大米饭香甜可口，第一顿吃不完，剩余的米饭还可下锅再次蒸煮，延至三次，后两次膨胀伸展的米粒基本如初，当地人称其为“三伸腰大米”，搓成此米的稻谷，也称“三伸腰清水稻”，远近闻名。

二、品牌基础指标与分析

前鲁品牌的信息总量为 0.050716496 亿比特（表 5-80-1），在北京市范围内有一定的影响力，而且品牌的目标消费者特性不明显，意味着品牌的专业化特征逐渐褪去，表现出泛大众化的趋势。

表 5-80-1　前鲁品牌基础数据

指标范围	知名度（%）	认知度（%）	美誉度（%）	忠诚度（%）	品牌信息量估值（亿比特）
北京市	16.96	11.81	8.28	5.85	0.050716496

前鲁品牌的知名度为 16.96%，已超过知名度的第二个关键点 16.13%，说明该商标具有相当良好的消费者知晓基础，开始出现深度认知，而且有相当部分的消费者对产品和品牌内涵等信息具有较深的理解和认知。前鲁的认知度与知名度之比为 69.60%，说明该品牌传播效果较好，而且品牌宣传的内容能够有效触达消费者。

前鲁品牌的美誉度达到了 8.28%，意味着消费者认知向品牌口碑的转化比较充分，而且产品品质得到了消费者的认可和赞扬。尽管市面上的大米品牌众多，如知名度很高的金龙鱼、黑龙江五常大米等品牌，但前鲁品牌依靠其悠久的历史和较高的产品品质赢得了消费者喜爱。该品牌的忠诚度为 5.85%，说明部分消费者品牌偏好明显，产生了多次购买行为。也可能是由于产品价格较高等原因，导致口碑并没有完全转化为重复购买行为。

综上所述，前鲁品牌的基础指标结构良好，知名度、认知度、美誉度为产品销售构成了良好的支撑，而且品牌的成长状态良好，发展潜力很大。

三、质量分析

前鲁品牌的品牌信息质量比为 0.320115775（表 5-80-2），在本次调研活动中属于良好水平，而且做到了质与量的均衡发展，未来如果能进一步提升品牌美誉度，品牌质量将会向最优区间移动。

表 5-80-2　前鲁品牌质量比计算

品牌	品牌信息基本量的贡献率	品牌信息质的贡献率	品牌信息质量比值
前鲁	75.75093175	24.24906825	0.320115775

四、品牌信息稳定性分析

前鲁品牌的稳定性指数是 2.958062044（表 5-80-3），属于稳定性较弱的水平，而且指标结构不太稳定，有发生变动的趋势。据推测，该品牌目前应当处于品牌成长期早期向中期过渡的阶段，需要在开展宣传活动的同时注重口碑传播效应，以使品牌指标协调增长。

表 5-80-3 前鲁品牌稳定性计算

品牌	N(E)函数值	品牌衰减系数	品牌信息的衰减速率	品牌稳定性指数
前鲁	55.88705234	0.041712754	0.02958062	2.958062044

第八十一节　福来芽

一、品牌简介

"福来芽"品牌创立于2015年，为北京中禾清雅芽菜生产有限公司（以下简称"中禾清雅"）的自有品牌。品牌logo以明快的绿色为底色形成渐变效果，突出生机盎然之感，让人联想到大自然的勃勃生机，给人以生命力；"G"形的环绕，有"Green""GEO"之意，代表企业在走绿色发展之路，也代表企业是北京吉奥农业（集团）有限公司的子公司。中禾清雅位于北京市顺义区赵全营镇，成立于2012年，总投资8000万元，建筑面积20000平方米，是集芽苗菜技术开发、生产、销售于一体的高科技现代化芽苗菜生产企业，致力于生产绿色安全无污染的芽苗菜，并以研发芽苗菜的营养价值使之惠及全国百姓为宗旨，以让全国乃至全世界人民食用安全放心的蔬菜为长远目标。

二、品牌基础指标与分析

福来芽品牌的信息总量为0.047093431亿比特（表5-81-1），说明该品牌在行业内拥有一定的影响力，而且在市场上已经有一批稳定的消费者。

表 5-81-1 福来芽品牌基础数据

指标范围	知名度（%）	认知度（%）	美誉度（%）	忠诚度（%）	品牌信息量估值（亿比特）
北京市	16.77	14.54	5.24	4.84	0.047093431

福来芽品牌在北京市的知名度为16.77%，刚刚超过品牌知名度的第二个关键点16.13%，这意味着有半数消费者开始表现出对该品牌产品的购买意愿，而且对福来芽品牌逐渐产生偏好。福来芽品牌的认知度与知名度之比为86.70%，远远高于理想值50%，说明品牌传播效果很好，而且消费者对品牌理念、品牌logo等信息有比较深入的了解。

福来芽品牌的美誉度为5.24%，意味着其在市场上拥有一定口碑效应，而且部分消费者在产生购买行为后对产品品质、服务质量等表示满意，并且愿意向他人推荐。但与认知度相比，美誉度稍低，意味着消费者对品牌的认知并未完全向品牌口碑转化，可能是由于产品品质未能给消费者留下深刻印象，也可能是因为其他同类品牌对福来芽的自传播效应造成了阻碍。根据忠诚度指标可以发现，对福来芽持认可态度的消费者充分转化为品牌产品的重复购买者，而且表现出强烈的品牌偏好。

从指标结构来看，福来芽品牌的各项指标基本合理，尤其是知名度向认知度的转换非常充分。而略显不足的是品牌的美誉度相对于高认知基础而言略显偏低。未来品牌方需要注重发挥品牌口碑作用，以促进目标消费者形成重复购买的集体偏好，并进一步扩大品牌影响力。

三、质量分析

福来芽品牌的信息质量比值为－0.094543761（表 5-81-2），说明该品牌的发展质量不太理想，低于本次调研品牌的平均水平。这可能是由于受品牌信息质的不足的影响，因此未来企业应多采取公共关系类活动，以增加消费者体验，并提高品牌的发展质量。

表 5-81-2　福来芽品牌质量比计算

品牌	品牌信息基本量的贡献率	品牌信息质的贡献率	品牌信息质量比值
福来芽	110.4415605	−10.44156048	−0.094543761

四、品牌信息稳定性分析

福来芽品牌的稳定性指数为 3.718061296（表 5-81-3），说明该品牌的稳定性较弱，而且品牌的有效信息间隔期较短，若要品牌发挥重要作用则需要较大品牌建设投资。根据品牌质量比和稳定性指数可以推测，福来芽品牌目前应当处于成长期早期阶段，未来需要注重对产品质量的严格把控，以增强消费者对品牌的口碑传播。

表 5-81-3　福来芽品牌稳定性计算

品牌	N（E）函数值	品牌衰减系数	品牌信息的衰减速率	品牌稳定性指数
福来芽	19.08396947	0.052667145	0.037180613	3.718061296

第八十二节　龙湾巧嫂

一、品牌简介

“龙湾巧嫂”品牌于 2008 年 5 月创立，一直以来坚守初心，只为优质果品。品牌标志设计以北京龙湾巧嫂果品产销专业合作社理事长张亚利为原型，体现合作社全体社员都是女性的独特之处，代表着妇女“巾帼不让须眉”的优秀品质；妇女的眼神向远上方看去，体现了龙湾巧嫂淳朴善良、勤劳向上的形象；绿色的“龙湾巧嫂”文字，铿锵有力，传达出“龙湾巧嫂”品牌绿色、健康的理念。

合作社现有果林 3000 余亩，其中 333 亩通过绿色认证，并种植蔬菜 850 亩。果品有苹果、梨、桃、杏、李子、核桃等十多类 100 余种，另有蔬菜、礼品瓜、草莓、柴鸡蛋、杂粮等产品。经过十几年的发展，合作社已成为集生产、包装、销售服务于一体的跨镇域经营的全国农民合作社示范社。

二、品牌基础指标与分析

龙湾巧嫂品牌的信息总量为 0.053069361 亿比特（表 5-82-1），说明该品牌已在北京市范围内具有一定的影响力，而且市场上有相当一部分消费者对龙湾巧嫂品牌有基本的认知。

表 5-82-1　龙湾巧嫂品牌基础数据

指标范围	知名度（%）	认知度（%）	美誉度（%）	忠诚度（%）	品牌信息量估值（亿比特）
北京市	19.77	9.99	6.45	5.45	0.053069361

龙湾巧嫂的品牌知名度为 19.77%，超过了第二个关键点 16.13%，说明已有大量消费者对品牌产生了初步认知，品牌开始对产品的销售起到一定的支撑作用。龙湾巧嫂品牌的认知度与知名度之比为 50.53%，接近两者比例理想值 50%，说明该品牌传播效果比较充分，而且现有宣传方式和内容取得了不错的品牌推广效果。该品牌的美誉度达到了 6.45%，这意味着品牌获得了相当一部分消费者的认可，并且这些消费者多数都产生了连续性购买行为，成为品牌的忠实客户，品牌偏好十分显著。

总体来看，龙湾巧嫂的品牌结构良好，各项指标间的比例也较合理，说明品牌能够对销售产生促进作用。稍显不足的是消费者认知向口碑转化还存在提升空间，因此未来合作社应注重品牌口碑传播效应，通过提高产品品质、服务质量等让消费者主动进行推荐和传播，以充分发挥品牌在营销中的作用，进而获得行业内的竞争优势。

三、质量分析

龙湾巧嫂品牌的信息质量比为 −0.061121816（表 5-82-2），说明该品牌的发展质量不理想，略低于本次调研的平均水平。此外，该品牌信息质的贡献率较小，自传播效应较弱。未来该品牌应该增加公共关系类活动，通过对外打造品牌形象、与消费者互动等方式来提升消费者对品牌的好感，进而增强品牌的发展质量。

表 5-82-2　龙湾巧嫂品牌质量比计算

品牌	品牌信息基本量的贡献率	品牌信息质的贡献率	品牌信息质量比值
龙湾巧嫂	106.5100901	−6.510090134	−0.061121816

四、品牌信息稳定性分析

龙湾巧嫂的稳定性指数为 4.605322189（表 5-82-3），说明该品牌的稳定性一般，属于多数有影响力的品牌都能达到该水平。结合基础指标和质量比可大致判断，龙湾巧嫂品牌目前处于成长期早期或中期阶段，未来应关注消费者认知度的提升，为品牌获得美誉度和忠诚度打下坚实基础。

表 5-82-3　龙湾巧嫂品牌稳定性计算

品牌	N（E）函数值	品牌衰减系数	品牌信息的衰减速率	品牌稳定性指数
龙湾巧嫂	15.50387597	0.064956256	0.046053222	4.605322189

第八十三节　泗家水

一、品牌简介

北京泗家水香椿种植专业合作社成立于 2007 年，位于北京市门头沟区雁翅镇泗家水村，是以红头香椿的培育种植、采摘加工、仓储物流于一体的综合性农业合作社。目前，合作社现有成员 103 户，红头香椿标准化种植基地 1300 亩。泗家水红头香椿至今已有 600 多年的栽培历史，明清时期为“宫中贡品”。2002 年开始，泗家水红头香椿进入中南海，恢复明清时期“宫中贡品”的称号，名声远扬。2006 年，泗家水村在“植物、新鲜蔬菜”上向国家工商行政管理总局商标局申请注册了“泗家水 SIJIASHUI”商标。泗家水红头香椿品牌的创建，解决了当地产品的收购和销售以及进入市场过程中一家一户无法解决的难题，促进了大农业的规模化生产，实现销售收入 60 多万元，带动社员户均增收 5800 多元，取得了显著的经济效益和社会效益。

二、品牌基础指标与分析

泗家水品牌的信息总量为 0.050645652 亿比特（表 5-83-1），说明市场上有相当一部分消费者对该品牌具有基本认知，而且品牌在行业内具有一定的影响力。

表 5-83-1　泗家水品牌基础数据

指标范围	知名度（%）	认知度（%）	美誉度（%）	忠诚度（%）	品牌信息量估值（亿比特）
北京市	16.58	14.46	7.48	3.65	0.050645652

泗家水品牌的知名度为 16.58%，超过了知名度的第二个关键点 16.13%，说明该品牌开始对产品的销售起到一定的支撑作用，只是此时的作用还比较有限。此外，泗家水品牌在北京市的品牌认知度为 14.46%，与知名度的比值为 87.21%，这说明消费者对品牌的了解非常充分，而且品牌传播效果很好，为品牌获得美誉度奠定了非常好的认知基础。

泗家水品牌的美誉度为 7.48%，与品牌认知度的比值大于 50%，这意味着消费者对品牌的认知较为充分地转化为对品牌的认可和称赞，可以推测消费者在体验过产品后感到满意，并愿意向身边人进行推荐，自传播效应明显。但泗家水品牌的忠诚度相对于认知度来说略低，说明口碑向实际的重复购买转化并不充分，这有可能是因为香椿的价格比较高，多数消费者的经济水平不足以支撑其连续购买行为；其次，香椿的强时令性、上市时期短可能也是导致忠诚度不太突出的原因之一。

总体来看，泗家水品牌的指标结构合理，品牌信息传播效果很好，但品牌的忠诚度略低，而产品特点、市场行情可能是这一现象背后的重要原因。

三、品牌质量分析

泗家水品牌的信息质量比值为 0.002003436（表 5-83-2），未达到本次调研的平均水平。因为品牌的知名度并不算太高，而亲自体验过的消费者偏少，因此未来合作社应加大品牌宣传力度，以吸引更多消费者前来体验。

表 5-83-2　泗家水品牌质量比计算

品牌	品牌信息基本量的贡献率	品牌信息质的贡献率	品牌信息质量比值
泗家水	99.80005695	0.199943055	0.002003436

四、品牌信息稳定性分析

泗家水品牌的稳定性指数为 2.655924282（表 5-83-3），属于稳定性较弱的品牌。根据品牌指标结构、质量比、稳定性可以推断，目前泗家水处于品牌成长期早期阶段，是一个发展潜力很大的品牌。

表 5-83-3　泗家水品牌稳定性计算

品牌	N（E）函数值	品牌衰减系数	品牌信息的衰减速率	品牌稳定性指数
泗家水	57.71604938	0.037553781	0.026559243	2.655924282

第八十四节　太子慕

一、品牌简介

太子墓村位于北京市门头沟区雁翅镇中部，面积 7.44 平方千米，距离北京市中心 70 千米。村名的由来在当地有一个美丽的传说，据传在明代永乐年间，有太子巡幸西山，沿京西古道翻山越岭，至此小住时，吃到当地产的沙果，奇香无比，可惜果实太小，遂命人将沙果与苹果嫁接，从而所得果实香味如沙、果大如苹。于是当地人为感谢太子关心农事，遂将所嫁接之树称为太子木。而太子也仰慕当地民风淳朴，知恩有报，文人则雅称其为太子慕。太子死后，又葬于此地，人们便称此地为太子墓，久之成为村名。

太子墓村地处生态涵养区山麓阶地之上，苹果树林环村而生，永定河水绕村而流，整村犹如一幅绚丽的图画，镶嵌在永定河百里画廊中间。目前，全村共有果园 498 亩，因盛产苹果成为"京西苹果第一村"。2007 年，"太子慕" 苹果获得了国家有机食品认证，2021 年入选 "北京优农" 目录。

二、品牌基础指标与分析

太子慕品牌的信息总量为 0.025060710 亿比特（表 5-84-1），在北京市影响力较小，仅有少部分消费者对该品牌有所认知。

表 5-84-1　太子慕品牌基础数据

指标范围	知名度（%）	认知度（%）	美誉度（%）	忠诚度（%）	品牌信息量估值（亿比特）
北京市	10.05	9.75	4.66	2.43	0.025060710

太子慕品牌的知名度为10.05%，说明该品牌开始被一部分消费者熟知，品牌开始为产品的销售起到支撑作用，但整体上看品牌的影响力还比较有限。该品牌的认知度为9.75%，与知名度的比值为96.96%，这说明品牌信息能够高效传达给目标消费者，传播效果很好。

太子慕品牌的美誉度达到了4.66%，意味着消费者的口碑作用开始逐渐凸显，而且消费者偏好也逐渐显著。此外，由于该品牌的美誉度和认知度存在明显差距，说明消费者对品牌的认知尚未有效转化为对品牌的赞美。而且该品牌的忠诚度约为美誉度的二分之一，说明品牌美誉度转化不十分充分，消费者重复购买该品牌产品的频率不是很高。

总体来看，太子慕的品牌指标结构基本合理，只是品牌认知向口碑以及口碑向重复购买的转化都存在一定障碍，没有充分发挥出品牌对产品销售的促进作用，未来需要对此类问题多加关注。

三、品牌质量分析

太子慕的信息质量比值为－0.110934003（表5-84-2），说明该品牌的信息质量结构不太理想，低于本次调研的平均水平。结合基础指标数据，建议未来品牌应适当增加公共关系类活动，让更多消费者了解该品牌的基础信息并激发购买欲望，进而提高品牌影响力。

表5-84-2　太子慕品牌质量比计算

品牌	品牌信息基本量的贡献率	品牌信息质的贡献率	品牌信息质量比值
太子慕	112.4775892	−12.47758921	－0.110934003

四、品牌信息稳定性分析

太子慕品牌的稳定性指数为3.286775655（表5-84-3），属于稳定性稍弱的品牌，而且其各项指标还不是十分稳定。综合来看，该品牌目前应当处于成长期早期阶段，品牌的基础指标还不太突出，未来需要投入大量成本以促进品牌的良性发展。

表5-84-3　太子慕品牌稳定性计算

品牌	N（E）函数值	品牌衰减系数	品牌信息的衰减速率	品牌稳定性指数
太子慕	21.48227712	0.04665555	0.032867757	3.286775655

第八十五节　妙峰山玫瑰

一、品牌简介

“妙峰山玫瑰”拥有几百年的历史，产地妙峰山镇被誉为“中国的玫瑰之乡”，主产区涧沟村和禅房村，又被称为“玫瑰谷”。“妙峰山玫瑰”栽植在海拔800米以上的高山地区，以其朵大、色艳、味浓、含油量高、品质优异、经济价值高而驰名中外，居华夏之首。

二、品牌基础指标与分析

妙峰山玫瑰的品牌信息总量为0.085311712亿比特（表5-85-1），受地理位置影响，消费者对该品牌形成了较好的认知基础，而且该品牌已逐渐成为一个泛大众化品牌。

表 5-85-1 妙峰山玫瑰品牌基础数据

指标范围	知名度（%）	认知度（%）	美誉度（%）	忠诚度（%）	品牌信息量估值（亿比特）
北京市	25.66	16.40	9.21	3.39	0.085311712

妙峰山玫瑰品牌的知名度为25.66%，超过了知名度的第二个关键点16.13%，说明其具有良好的品牌认知基础，而且知名度对营销起到了明显的促进作用。妙峰山玫瑰的认知度为16.40%，与知名度之比为63.91%，说明品牌信息的传播效果较好。

从基础数据来看，妙峰山玫瑰的美誉度与认知度有一定差距，可能是由于产品的品质尚未达到给消费者留下深刻印象的水平。该品牌的忠诚度为3.39%，说明部分消费者虽然对妙峰山玫瑰的产品感到满意却并没有产生连续性购买的行为。这可能是因为玫瑰花这种产品的同质性较强，不同品牌产品差异并不明显，导致消费者在产生购买行为时并没有将品牌看作成重要影响因素。

综上所述，妙峰山玫瑰获得了一定的消费者认知基础，但在口碑向购买行为转化的过程中存在一些问题，导致品牌忠诚度与美誉度不匹配。建议未来妙峰山玫瑰要注重打造产品的差异化，并优化消费者的深度体验感受，以增加消费者的重复购买率。

三、品牌质量分析

妙峰山玫瑰的信息质量比值为0.011164581（表5-85-2），说明该品牌信息的质量不太理想，略低于本次调研品牌的平均水平。此外，该品牌目前具有一定影响力但消费者偏好不显著，因此未来需要加强公共关系类活动，以提高品牌发展质量。

表 5-85-2 妙峰山玫瑰品牌质量比计算

品牌	品牌信息基本量的贡献率	品牌信息质的贡献率	品牌信息质量比值
妙峰山玫瑰	98.89586906	1.104130943	0.011164581

四、品牌信息稳定性分析

妙峰山玫瑰品牌的稳定性指数为3.247427798（表5-85-3），属于稳定性稍弱的品牌。综合分析，妙峰山玫瑰品牌目前处于成长期中期阶段，而且是品牌发展的重要时期，需要进行有效的品牌管理以使品牌的指标实现稳步协调增长。

表 5-85-3 妙峰山玫瑰品牌稳定性计算

品牌	N（E）函数值	品牌衰减系数	品牌信息的衰减速率	品牌稳定性指数
妙峰山玫瑰	21.73585746	0.046105416	0.032474278	3.247427798

第八十六节　京农绿惠

一、品牌简介

“种好菜，过好生活”，是北京绿惠种植专业合作社一直以来践行的宗旨。合作社以生态循环农业发展为目标，发挥规模生产优势，以提高经济效益为依托，不断引进先进、绿色、安全生产技术和提高产品产量和品质，并进一步促进品牌价值提升，逐步形成了“技、产、销”一体化的良性循环发展模式。

二、品牌基础指标与分析

京农绿惠的品牌信息总量为 0.061844429 亿比特（表 5-86-1），说明该品牌拥有良好的消费者认知基础，而且在行业内具有较好的影响力。

表 5-86-1　京农绿惠品牌基础数据

指标范围	知名度（%）	认知度（%）	美誉度（%）	忠诚度（%）	品牌信息量估值（亿比特）
北京市	20.95	14.38	6.63	4.82	0.061844429

京农绿惠品牌的知名度为 20.95%，超过第二个关键点 16.13%，说明该品牌开始出现大范围的消费者认知，而且对产品和企业以及品牌内涵等信息开始有相当部分的消费者具有了较深的理解和认知。该品牌的认知度是知名度的 68.85%，说明消费者对品牌的产品价格、类型、logo 等信息了解比较充分，传播效率很高。

该品牌的美誉度为 6.63%，说明该品牌的消费者口碑开始凸显出来，而且口碑传播越来越多，但消费者认知向品牌口碑的转换效率一般，与品牌的认知基础相比品牌的美誉度稍低。此外，根据基础数据可以发现，对京农绿惠品牌表示认可的消费者大多数都转化成为品牌的忠实消费者，并产生了多次连续购买行为，而且品牌偏好明显。

综合分析，京农绿惠品牌的基础指标结构基本合理，只是品牌的美誉度稍低，与认知度不太匹配。未来需要注重把控产品品质，引导消费者对品牌的认可，以产生集体购买偏好。

三、品牌质量分析

京农绿惠品牌的信息质量比值为 −0.056347131（表 5-86-2），说明该品牌信息的质量不理想，低于本次调研品牌的平均水平。此外，目前京农绿惠品牌的消费人群还比较有限，总体影响力一般，而且品牌质的发展不足，因而未来需要增大信息质的贡献率，以使品牌信息质量向最优区间转移。

表 5-86-2　京农绿惠品牌质量比计算

品牌	品牌信息基本量的贡献率	品牌信息质的贡献率	品牌信息质量比值
京农绿惠	105.9711715	−5.97117147	−0.056347131

四、品牌信息稳定性分析

京农绿惠品牌的稳定性指数为4.730077126（表5-86-3），属于稳定性稍弱的品牌。结合上述分析，京农绿惠品牌当前应该处于成长期中期，是一个发展健康、前景良好的品牌。该阶段是品牌发展的关键时期，各项指标都可能在这一阶段实现大幅提升，因而企业应注重品牌运营能力的提升，以把握品牌成长的黄金时期。

表5-86-3　京农绿惠品牌稳定性计算

品牌	N（E）函数值	品牌衰减系数	品牌信息的衰减速率	品牌稳定性指数
京农绿惠	15.09433962	0.066675825	0.047300771	4.730077126

第八十七节　金粟丰润

一、品牌简介

北京金粟种植专业合作社成立于2009年，占地354亩，现有日光温室68栋，智能温室1栋，栽植鲜食葡萄品种60余种。

合作社于2014年注册了“金粟丰润”商标，2016年获得了有机认证证书。经过多年的摸索研究，合作社现已研发并掌握了独特的设施葡萄一年两熟技术，并筛选出适宜一年两熟的葡萄新品种12个，已申请技术发明专利6项。合作社一直致力于推广标准化种植技术，通过标准化走上了品牌化发展道路。

二、品牌基础指标与分析

金粟丰润品牌的信息总量为0.067427367亿比特（表5-87-1），在北京市范围内属于中等规模品牌，而且品牌在行业内初具影响力。金粟丰润品牌的知名度为20.65%，超过了知名度的第二个关键点16.13%，说明消费者开始对品牌逐渐形成偏好，而且有相当部分的消费者对产品和品牌内涵等信息开始具有较深入的理解和认识，形成了良好的消费者知晓基础。此外，该品牌的认知度为15.20%，与知名度之比为73.60%，表明品牌传播效果很好，而且消费者能够对品牌进行更多了解。

表5-87-1　金粟丰润品牌基础数据

指标范围	知名度（%）	认知度（%）	美誉度（%）	忠诚度（%）	品牌信息量估值（亿比特）
北京市	20.65	15.20	8.84	7.43	0.067427367

金粟丰润品牌的美誉度为8.84%，突破了美誉度的第一个关键点1.62%，说明消费者口碑作用开始凸显，而且消费者之间的传播也越来越多。此外，该品牌的美誉度大于认知度的二分之一，说明消费者对品牌的知晓和认知比较充分地转化为对品牌的赞美。但该品牌的忠诚度与美誉度相差不大，说明品牌的重复购买率高，对品牌表示认可的消费者大多产生了强烈的品牌偏好。

从表中数据可以看出，金粟丰润品牌的指标结构良好，是一个成长性较好、消费者认知基础良好的区域品牌。

三、品牌质量分析

金粟丰润品牌的信息质量比值为 0.002462021（表 5-87-2），低于本次调研品牌的平均水平。目前该品牌的影响力较多的来自品牌量的支撑，而且品牌的美誉度在营销活动中发挥的作用较小，未来该品牌应更加注重公共关系类活动，同时要强化产品质量把控，并形成良好的消费体验，以使品牌信息质量比向最优区间转移。

表 5-87-2　金粟丰润品牌质量比计算

品牌	品牌信息基本量的贡献率	品牌信息质的贡献率	品牌信息质量比值
金粟丰润	99.7544026	0.2455974	0.002462021

四、品牌信息稳定性分析

金粟丰润品牌的稳定性指数为 6.402006826（表 5-87-3），属于稳定性一般的品牌。结合前面的分析，说明金粟丰润品牌目前处于成长期中期阶段，品牌的各项指标和谐，发展状况优良。未来还需要加大宣传力度，以提高品牌整体的影响力，并促进其口碑效应传播。

表 5-87-3　金粟丰润品牌稳定性计算

品牌	N（E）函数值	品牌衰减系数	品牌信息的衰减速率	品牌稳定性指数
金粟丰润	11.31861913	0.089525361	0.064020068	6.402006826

第八十八节　前龙

一、品牌简介

“前龙”名称始创于 2003 年 6 月，预示着延庆区张山营镇前庙村的葡萄产业能像巨龙一样飞黄腾达、蒸蒸日上，并创造出一个质量有保障、品质上乘的品牌。自从品牌创立后，多次获得国家、北京市及有关部门的奖励。北京市前庙村葡萄专业合作社在生产经营管理中，严格按照国家标准进行生产管理，产品质量过关、市场信誉良好，得到了消费者的认可。

二、品牌基础指标与分析

前龙品牌的品牌信息量为 0.010138933 亿比特（表 5-88-1），该品牌在北京市范围内的影响力还比较小，而且具有较强的区域特征，消费者基础较为薄弱。

表 5-88-1　前龙品牌基础数据

指标范围	知名度（%）	认知度（%）	美誉度（%）	忠诚度（%）	品牌信息量估值（亿比特）
北京市	5.35	2.88	1.60	1.20	0.010138933

前龙品牌的知名度为5.35%，刚刚超过了知名度的第一个关键点4.69%，说明该品牌的知名度开始对营销起到促进作用，而且超过半数的消费者对品牌有了进一步认知的意愿，表现出同类产品购买的偏好。该品牌的认知度为2.88%，占知名度的53.74%，超过了二者之比的理想值50%，说明该品牌信息传播效果较好，而且宣传内容能够有效触达消费者。

该品牌的美誉度为1.60%，说明其收获了一部分消费者的认可，而且消费者在体验后对产品品质等感到比较满意并主动向他人推荐购买该品牌的产品。此外，该品牌的忠诚度和美誉度接近，意味着大部分品牌的口碑传播者都产生了多次的重复购买行为，但由于品牌的认知基础一般，而且体验过产品的消费者人数较少，从而消费者口碑效应及重复购买率还比较微弱。

综合分析，前龙品牌目前处于品牌导入期，整体指标不突出，未来需要加大品牌建设投入，以进一步提高品牌影响力。

三、品牌质量分析

前龙的信息质量比值为−0.198299391（表5-88-2），低于本次调研品牌的平均水平。这可能是由于品牌目前的知名度、认知度较低，美誉度提升的基础一般所致，因而未来需要在进行品牌推广的同时注重消费者口碑传播，以使品牌信息的质和量均衡发展。

表5-88-2　前龙品牌质量比计算

品牌	品牌信息基本量的贡献率	品牌信息质的贡献率	品牌信息质量比值
前龙	124.7348436	−24.73484355	−0.198299391

四、品牌信息稳定性分析

前龙品牌的稳定性指数为1.11563887（表5-88-3），属于弱稳定性品牌。结合基础指标、质量比及稳定性指数推测，前龙品牌目前处于品牌导入期阶段，而且该品牌的发展还存在较大提升空间。

表5-88-3　前龙品牌稳定性计算

品牌	N（E）函数值	品牌衰减系数	品牌信息的衰减速率	品牌稳定性指数
前龙	62.5	0.016006146	0.011156389	1.11563887

第八十九节　妫河谷

一、品牌简介

“妫河谷”是北京绿野地葡萄种植专业合作社（以下简称“绿野地”）于2015年注册的商标，其名称是缘于绿野地位于妫水河北岸，东西延绵于延庆与怀来（河北省）两地，绿野地作为延庆区张山营镇千亩有机葡萄示范基地的核心区，承载着市、区、镇、村各级领导对葡萄产业发展的期望，肩负着带动张山营镇葡萄产业发展的责任，也是克服疫情、资金、市场等诸多困难，实现绿野地人奋发有为的理想抱负的实干场。

二、品牌基础指标与分析

妫河谷的品牌信息总量为 0.015452411 亿比特（表 5-89-1），该品牌在北京市范围内的影响力较小，而且仅有很少一部分消费者对妫河谷品牌有认知基础。

表 5-89-1　妫河谷品牌基础数据

指标范围	知名度（%）	认知度（%）	美誉度（%）	忠诚度（%）	品牌信息量估值（亿比特）
北京市	7.20	5.20	3.40	3.20	0.015452411

妫河谷品牌的知名度为 7.20%，超过了知名度的第一个关键点 4.69%，说明该品牌的知名度已经开始对营销起到促进作用，而且超过半数的消费者有进一步认知的意愿，也表现出对同类产品购买的偏好，但这一偏好表现得比较微弱。该品牌的认知度为 5.20%，占知名度的 72.22%，意味着品牌信息传播效果较好，而且消费者对妫河谷的产品有比较深入的了解。

该品牌的美誉度为 3.40%，而且收获了一部分消费者的认可，说明消费者在体验后对产品品质等感到比较满意并主动向他人推荐购买该品牌的产品。该品牌的忠诚度和美誉度接近，意味着大部分品牌的口碑传播者都产生了多次的重复购买行为，品牌偏好十分明显。

综合分析，妫河谷品牌目前处于发展初期，品牌指标结构良好，能够为产品销售起到支撑作用。该品牌的但整体指标不太突出，未来需要加大品牌建设的成本投入，以提高品牌影响力。

三、品牌质量分析

妫河谷的信息质量比值为 −0.018976274（表 5-89-2），低于本次调研品牌的平均水平。这可能是由于品牌目前还处于发展初期，而且品牌的认知基础一般，品牌自传播效应微弱，消费者偏好不明显。因此未来需要加大宣传，使品牌信息质和量均衡发展。

表 5-89-2　妫河谷品牌质量比计算

品牌	品牌信息基本量的贡献率	品牌信息质的贡献率	品牌信息质量比值
妫河谷	101.9343339	−1.934333868	−0.018976274

四、品牌信息稳定性分析

妫河谷品牌的稳定性指数为 2.389952099（表 5-89-3），属于稳定性较弱的品牌。结合前面的分析，说明妫河谷品牌目前处于导入期阶段，品牌指标的未来提升空间很大，建议品牌方加大宣传力度，以提高品牌整体的影响力，并促进口碑效应的进一步传播。

表 5-89-3　妫河谷品牌稳定性计算

品牌	N（E）函数值	品牌衰减系数	品牌信息的衰减速率	品牌稳定性指数
妫河谷	29.41176471	0.034074145	0.023899521	2.389952099

第九十节　龙海源

一、品牌简介

延庆龙海源草莓采摘园以种植草莓为主，品种有香野、圣诞红、红颜、章姬，2019年注册了"龙海源"商标，商标图案的外形是颗草莓，寓意龙海源草莓带给您"莓"好的一天，让生活更"莓"好，同时以"莓"为媒，带动发展，助力乡村振兴。采摘园的所在位置延庆，位于北纬40°，这一纬度是国际公认的草莓最佳生产带，很好地满足了草莓生长的各项气候指标。

二、品牌基础指标与分析

龙海源品牌的信息总量为0.034084946亿比特（表5-90-1），该品牌在北京市已经被部分消费者所了解，而且品牌的区域特征已逐渐褪去，正在成为泛大众化品牌。

表5-90-1　龙海源品牌基础数据

指标范围	知名度（%）	认知度（%）	美誉度（%）	忠诚度（%）	品牌信息量估值（亿比特）
北京市	14.10	7.62	5.06	2.43	0.034084946

从基础指标来看，龙海源品牌的知名度为14.10%，超过了知名度的第一个关键点4.69%，说明龙海源为获取知名度付出过专门的努力，而且逐渐开始对销售发挥促进作用，只不过这一作用还比较微弱。该品牌的认知度与知名度之比为54.07%，说明品牌传播效果较好，消费者能够通过现有传播内容对品牌产生更多了解。

龙海源品牌的美誉度为5.06%，突破了美誉度的第一个关键点1.62%，说明该品牌获得了部分消费者的认可，正向口碑传播作用开始凸显，有产生自传播效应的可能性。此外，龙海源品牌的美誉度与认知度比较接近，说明消费者认知向自传播的转化比较充分。该品牌的忠诚度为2.43%，意味着对品牌持有认可态度的消费者并没有都产生连续性购买行为，而且品牌对销售的促进作用还没有完全发挥出来。

综合分析，龙海源品牌的指标结构比较合理，拥有一定的消费者认知基础。美中不足是消费者口碑没有完全转化为重复购买，而且品牌偏好不明显，较高的产品价格以及草莓品牌的同质化可能是出现该现象的重要原因。

三、品牌质量分析

龙海源的品牌信息质量比为−0.099572046（表5-90-2），未达到此次调研品牌的平均水平。主要原因在于品牌基础指标并不突出，口碑效应不显著，品牌发展质量受限。因此，未来需要提升品牌信息质的贡献率，应该通过加强公共关系类活动等方式以增强品牌发展质量。

表5-90-2　龙海源品牌质量比计算

品牌	品牌信息基本量的贡献率	品牌信息质的贡献率	品牌信息质量比值
龙海源	111.0583023	−11.05830234	−0.099572046

四、品牌信息稳定性分析

龙海源的品牌稳定性指数为 3.578512155（表 5-90-3），属于弱稳定性品牌。综合分析，龙海源目前应处于品牌成长期早期阶段，而且品牌指标不突出，为销售提供的支持与促进作用有限，因而未来应加大品牌建设投入，以在激烈的市场竞争中占据一席之地。

表 5-90-3 龙海源品牌稳定性计算

品牌	N（E）函数值	品牌衰减系数	品牌信息的衰减速率	品牌稳定性指数
龙海源	19.76284585	0.05072474	0.035785122	3.578512155

第九十一节 御前青玉

一、品牌简介

北京海淀的京西稻，在三国曹魏时期就开始建渠种稻，至今已有 1700 多年的历史，后康熙皇帝自种植御田，又由康熙皇帝亲自发现和选育出来，所以人们称之为“御稻米”。京西稻发展至乾隆朝后期，种植已达到一两万亩。历经康熙、雍正、乾隆三代 130 多年的稻作经营，也就完成了京西稻南稻北栽的全部发展过程，并由此形成了独特的皇家“御稻米”稻作文化，即“京西稻作文化”。

1954 年，毛泽东主席在读《红楼梦》时，看到写贾府的庄头乌进孝进贾府交租，常用米千余石，而专供贾母享用的“御田胭脂米”只有“二石”，这引起了他的关注。他让当时的农业部查了“御田胭脂米”的产地，并希望由粮食部门收购一些“御田胭脂米”，以供中央招待国际友人之用。由此，京西稻由国家统一收购，并上调到专门的仓库保管。

“御前青玉”正是北京大道农业有限公司基于具有数百年种植历史的皇家御稻——京西稻，而注册的商标。“御前青玉”大米因独特的地理环境所造就的独特品质，深受消费者的喜爱。

二、品牌的基础与指标

御前青玉品牌的信息总量为 0.106475760 亿比特（表 5-91-1），该品牌历史悠久，拥有较好的消费者基础，使得品牌在行业内具有较大的影响力。

表 5-91-1 御前青玉品牌基础数据

指标范围	知名度（%）	认知度（%）	美誉度（%）	忠诚度（%）	品牌信息量估值（亿比特）
北京市	28.19	19.76	10.46	8.91	0.106475760

御前青玉的品牌知名度为 28.19%，超过知名度第二个关键点 16.13%，意味着该品牌已有大量消费者对之产生了初步认知，而且其开始对产品的销售起到一定的支撑作用。御前青玉的品牌认知度为 19.76%，与知名度的比值为 70.10%，处于良好水平，说明品牌传播效果较好。

该品牌的美誉度达到了 10.46%，这意味着该品牌获得了相当一部分消费者的认可，并且这些消费者的品牌偏好显著，产生了多次连续购买行为。

总体来看，御前青玉品牌的指标结构合理，各项指标比例关系良好、品牌影响力较大，而稍显不足的是美誉度相对低了一些，未来企业应注重品牌口碑传播效应的发挥，以让消费者主动进行推荐和传播。

三、品牌质量分析

御前青玉的品牌信息质量比值为0.089517797（表5-91-2），在本次调研中属于一般水平。说明其在品牌建设中存在略微的重名轻誉倾向，导致品牌信息质的贡献率较低，未来需要企业通过重视公共关系类活动，并加强与消费者的情感连接，以提高品牌信息的质，并使品牌的质、量均衡发展。

表5-91-2　御前青玉品牌质量比计算

品牌	品牌信息基本量的贡献率	品牌信息质的贡献率	品牌信息质量比值
御前青玉	91.78372327	8.216276725	0.089517797

四、品牌信息稳定性分析

御前青玉的品牌稳定性指数为3.778241011（表5-91-3），属于稳定性稍弱的水平。结合上述分析，说明御前青玉品牌目前处于成长期后期阶段，是一个指标结构良好、发展健康的品牌。

表5-91-3　御前青玉品牌稳定性计算

品牌	N（E）函数值	品牌衰减系数	品牌信息的衰减速率	品牌稳定性指数
御前青玉	58.25486075	0.052850936	0.03778241	3.778241011

第九十二节　泰民同丰

一、品牌简介

“泰民同丰”寓意国泰民安，同享丰收。北京泰民同丰种植专业合作社以绿色、生态为发展理念，创新种植模式、技术模式、经营模式，从事新产品引进、试验示范、种植推广、商超配送和产品销售等业务。

二、品牌基础指标与分析

泰民同丰品牌的信息量为0.099960607亿比特（表5-92-1），在北京市范围内拥有一定的影响力。该品牌在北京市的信息量分布较为均匀，原产地的优势已经逐步褪去，品牌传播范围逐渐向全市覆盖。

表5-92-1　泰民同丰品牌基础数据

指标范围	知名度（%）	认知度（%）	美誉度（%）	忠诚度（%）	品牌信息量估值（亿比特）
北京市	21.42	14.67	8.13	4.88	0.099960607

该品牌的知名度为 21.42%，超过了知名度第二个关键点 16.13%，意味着半数消费者对该品牌有一定程度的了解，不仅熟悉品牌产品类型，而且对品牌的包装、种植基地也有了解，产生了一定的消费者区隔。该品牌的认知度与知名度之比为 68.47%，意味着该品牌传播效果较为充分，推广策略合理，能够使消费者对该品牌形成有效的认知。

该品牌的美誉度与认知度比率较为合理，虽有一部分消费者已经出现了重复购买行为，但相对而言忠诚度仍然偏低，可能存在产品或服务质量不稳定、市场上替代品较多或缺乏个性化营销策略等原因。建议合作社查清原因，采取相应措施以增加美誉度和忠诚度，进而促进消费者之间的自传播行为发生。

三、品牌质量分析

泰民同丰品牌的质量比为 −0.015980845（表 5-92-2），在本次调研中低于平均水平，说明品牌影响力较多来源于品牌知名度和认知度的贡献。因此，未来企业应该注重对产品质量的把控，以强化消费者对品牌的信任，并加强与消费者之间的有效互动，从而满足消费者的个性化需求。

表 5-92-2　泰民同丰品牌质量比计算

品牌	品牌信息基本量的贡献率	品牌信息质的贡献率	品牌信息质量比值
泰民同丰	101.624038	−1.624038025	−0.015980845

四、品牌信息稳定性分析

泰民同丰品牌的稳定性指数为 5.844790604（表 5-92-3），说明该品牌的稳定性一般，而且具备一定的抗风险能力。综合分析，该品牌处于成长中后期，品质良好，因而仍需注重品牌宣传，以加深消费者对品牌的印象。

表 5-92-3　泰民同丰品牌稳定性计算

品牌	N（E）函数值	品牌衰减系数	品牌信息的衰减速率	品牌稳定性指数
泰民同丰	12.300123	0.081950266	0.058447906	5.844790604

第六章 畜牧业品牌个案分析

第一节　北京鸭

一、品牌简介

北京三江宏利牧业有限公司成立于 2005 年 6 月，位于北京市房山区琉璃河镇常舍村，是集北京鸭鸭苗孵化、育成饲养、活鸭回收、屠宰加工、熟食加工、产品销售于一体的农业产业化龙头企业。公司年屠宰加工北京鸭 600 万只，是北京市重点龙头企业、全国民族特需商品定点生产企业、北京市定点屠宰企业，具有“北京鸭”农产品地理标识。

二、品牌基础指标与分析

北京鸭品牌的信息总量为 0.095552769 亿比特（表 6-1-1），各指标比例关系协调，比值均处于合理范围，是发展状况良好的品牌。该品牌的知名度达到了 28.63%，说明半数消费者对品牌信息已有一定的了解，具有良好的消费者认知基础，而且品牌对营销的促进作用开始凸显。该品牌的认知度与知名度之比较高，超过 50%，说明品牌认知充分，传播效果优良。此外，该品牌可能为获得知名度做过广告宣传或由于品牌品名原因提高了传播有效到达率，具有成为大众化品牌的可能性。

表 6-1-1　北京鸭品牌基础数据

指标范围	知名度（%）	认知度（%）	美誉度（%）	忠诚度（%）	品牌信息量估值（亿比特）
北京市	28.63	19.44	7.39	5.36	0.095552769

北京鸭品牌的美誉度为 7.39%，超过了第一个关键点 1.62%，说明消费者口碑已起到明显的正向传播作用，而且品牌在消费者之间的自传播现象可能已经发生，对品牌宣传起到良好辅助作用。从北京鸭品牌的忠诚度来看，消费者对品牌的正向传播向重复购买率转化较充分，而且该品牌拥有忠诚的消费者，并产生了对品牌质的积累。此外，该品牌的指标呈依次下降状态，说明该品牌的美誉度与认知度之间的比值合理但偏低，因而该品牌需要在公共关系活动中，即与消费者的互动关系上做出更多努力，以促进消费者的正向口碑传播，并提高品牌重复购买率。

三、品牌质量分析

北京鸭的品牌质量比为 0.001827809（表 6-1-2），结合品牌基础指标可以看出，该品牌已完成品牌基本量的积累，销售体量达到了一定规模，开始在品牌口碑上作出努力。此外，该品牌的口碑传播作用开始凸显，未来需要保持良好的品牌品质，并维护品牌忠诚消费者、发掘潜在消费者，以促进品牌满意度的提升。

表 6-1-2 北京鸭品牌质量比计算

品牌	品牌信息基本量的贡献率	品牌信息质的贡献率	品牌信息质量比值
北京鸭	99.81755258	0.182447418	0.001827809

四、品牌信息稳定性分析

北京鸭品牌的稳定性指数为 2.62235034（表 6-1-3），处于偏弱稳定性阶段，此阶段的品牌具有一定的知名度和认知度，可能处于品牌成长中期，正向成长后期过渡，而且品牌信息传播有效时间间隔期较长，抗风险能力一般，如要扩大品牌影响力，需增加品牌广告投放密度，以强化品牌认知。

表 6-1-3 北京鸭品牌稳定性计算

品牌	N（E）函数值	品牌衰减系数	品牌信息的衰减速率	品牌稳定性指数
北京鸭	53.93650794	0.03710646	0.026223503	2.62235034

第二节 千喜鹤

一、品牌简介

千喜鹤集团成立于 1993 年，已逐步形成强大的品牌终端网络，其冷鲜肉终端销售网点超过 2000 家，产品在各大商超系统及主流电商平台上均有销售，并与著名餐饮行业头部客户海底捞、小恒水饺等均有战略合作。

二、品牌基础指标与分析

千喜鹤品牌的信息总量为 0.148261504 亿比特（表 6-2-1），在北京市有多数消费者对品牌有基本的了解，品牌影响力很大。

表 6-2-1 千喜鹤品牌基础数据

指标范围	知名度（%）	认知度（%）	美誉度（%）	忠诚度（%）	品牌信息量估值（亿比特）
北京市	35.64	27.99	9.48	10.50	0.148261504

该品牌的知名度为 35.64%，超过了知名度的第二个关键点 16.13%，表现为半数以上消费者对品牌有进一步认知的意愿，并对产品和企业以及品牌内涵等信息开始有相当部分的消费者具有较深的理解和认知，品牌对营销的促进作用较为明显。千喜鹤品牌的认知度为 27.99%，占知名度的 78.55%，说明品牌信息传播效率很高，消费者能够对品牌有更进一步的了解。

千喜鹤品牌的美誉度为 9.48%，意味着口碑传播作用开始凸显。品牌的忠诚度略超过品牌美誉度，二者比例达到最优，说明对千喜鹤品牌表示满意的消费者在后续的实际购买中形成了显著的品牌偏好，消费习惯明显。

整体来说，千喜鹤品牌的指标结构良好，消费者购买习惯已经形成。只是相对于品牌的认知基础，美誉度略低，未来需要注重口碑传播，应激励消费者主动向他人推荐该品牌产品，以充分发挥自传播对产品销售的积极作用。

三、品牌质量分析

千喜鹤品牌的信息质量比为0.063929259（表6-2-2），属于一般水平。该品牌的指标结构良好但是美誉度稍差，可能是在前期的宣传中出现了“重名轻誉”的情况，未来需要增大品牌信息质的贡献率，使品牌信息质量达到最优。

表6-2-2　千喜鹤品牌质量比计算

品牌	品牌信息基本量的贡献率	品牌信息质的贡献率	品牌信息质量比值
千喜鹤	93.99121148	6.008788517	0.063929259

四、品牌信息稳定性分析

千喜鹤品牌的稳定性系数为3.419903393（表6-2-3），稳定性稍弱，是大多数具有一定影响力的品牌都能够达到的稳定性水平。结合上述分析，说明目前千喜鹤正处于品牌成熟期早期阶段，未来需要注重品牌的口碑传播。

表6-2-3　千喜鹤品牌稳定性计算

品牌	N（E）函数值	品牌衰减系数	品牌信息的衰减速率	品牌稳定性指数
千喜鹤	54.91016548	0.048018456	0.034199034	3.419903393

第三节　凯诚

一、品牌简介

北京诚凯成柴鸡养殖专业合作社成立于2004年8月，位于密云区北庄镇朱家湾村南庄北侧，共有成员102户，设施及生产用建筑面积10000平方米，可使用土地及山场面积200亩，注册资金121.36万元。合作社现有存栏柴蛋鸡和北京油鸡1万只，销售渠道以电商平台及中高端消费市场为主，2021年销售收入达1000余万元。2009年注册了“凯诚”商标，已通过国家商标局批准使用。

二、品牌基础指标与分析

凯诚品牌的信息总量为0.033039346亿比特（表6-3-1），说明在北京市其已被部分消费者所熟知，是一个泛大众化品牌。

凯诚的品牌知名度为14.47%，在北京市已有部分消费者对品牌、产品和企业的信息有较深入的了解，品牌具有不错的消费者知晓基础。该品牌的认知度为7.03%，与知名度之比为48.62%，

表 6-3-1　凯诚品牌基础数据

指标范围	知名度（%）	认知度（%）	美誉度（%）	忠诚度（%）	品牌信息量估值（亿比特）
北京市	14.47	7.03	3.92	2.01	0.033039346

说明品牌信息的有效传播到达率较高，消费者通过品牌的宣传方式了解到更多有用信息，或者品牌的传播内容和途径对消费者认知产生了有效促进。

从美誉度来看，品牌在市场上获得了一定的消费者口碑，且美誉度与忠诚度比较接近，二者的比例达到优秀水平，意味着产品品质较高，能够让消费者感到满意并愿意主动向他人进行推荐，品牌自传播效应显著。此外，该品牌的知名度、认知度、美誉度构成了良好的品牌结构，对销售产生了促进作用。

总体来看，凯诚品牌的指标结构良好，产品品质获得了部分消费者的认可。但该品牌的认知基础一般，无法为美誉度和忠诚度提供良好的支撑，未来还需要加大品牌宣传力度，以提升品牌的影响力。

三、品牌质量分析

凯诚品牌的信息质量比为 −0.112492902（表 6-3-2），在本次调研中低于平均水平，而且其产品品质得到了消费者认可，但由于品牌消费人群有限，该品牌的总体影响力一般，未来应该考虑加大宣传力度，并吸引更多的目标消费者体验产品，以提高品牌信息质量比值。

表 6-3-2　凯诚品牌质量比计算

品牌	品牌信息基本量的贡献率	品牌信息质的贡献率	品牌信息质量比值
凯诚	112.6751552	−12.67515515	−0.112492902

四、品牌信息稳定性分析

凯诚品牌的稳定性系数为 1.371497093（表 6-3-3），属于弱稳定性水平。综合分析，凯诚品牌目前处于品牌成长期早期阶段。因此，凯诚品牌应加大宣传力度，以吸引更多的目标消费者。此外，还要注重引导消费者的购买偏好，以提高品牌的忠诚度。

表 6-3-3　凯诚品牌稳定性计算

品牌	N（E）函数值	品牌衰减系数	品牌信息的衰减速率	品牌稳定性指数
凯诚	71.61129568	0.019613687	0.013714971	1.371497093

第四节　燕都中原

一、品牌简介

北京燕都食品有限公司成立于 2000 年 9 月，占地 134.5 亩，位于北京市房山区琉璃河镇平各庄村东，总投资1.2亿元，总建筑面积1.8万平方米。

公司周边交通便利，距高速路口仅200米，是京西南房山区唯一一家官方授权的生猪屠宰企业。公司是集生猪屠宰、肉类加工、物流仓储配送及销售等为一体的专业厂家，产品主要销往北京市各批发市场、机关团体食堂、商场超市等，深受市场和消费者的欢迎。

为了确保环境质量，公司还建有日处理能力为1500吨的大型污水处理厂，从而保证了所有污水及废弃物都能够经过无害化处理和达标排放，所有这些，都有力地保护了生态环境。

公司十分重视品牌建设，于2004年注册了"燕都中原"商标，并于2016年6月获得了"北京市著名商标"。

二、品牌基础指标与分析

燕都中原品牌的信息总量为0.045140514亿比特（表6-4-1），在北京市范围内已经具备一定的市场影响力。

表6-4-1 燕都中原品牌基础数据

指标范围	知名度（%）	认知度（%）	美誉度（%）	忠诚度（%）	品牌信息量估值（亿比特）
北京市	16.52	12.78	5.42	4.22	0.045140514

燕都中原的知名度为16.52%，超过了知名度第二个关键点16.13%，说明该品牌开始出现大范围的消费者认知，而且消费者对品牌内涵、产品类型等信息具有较深刻的理解，品牌对营销的促进作用较为明显。燕都中原品牌的认知度为12.78%，占知名度的77.35%，说明品牌的传播效率较高，而且消费者能够通过宣传内容了解更多品牌相关的信息。

该品牌的美誉度为5.42%，意味着仅有部分对品牌了解较深入的消费者表示对品牌产品认可，消费者认知向品牌口碑的转化还不太充分。造成品牌美誉度不高的原因可能有以下两条：首先，可能是因为品牌的产品品质还有待提升，消费者在体验后并没有对其感到满意；其次，市场上有很多其他同类型的猪肉品牌，行业其他品牌对燕都中原品牌的口碑传播造成了一定阻碍。此外，燕都中原品牌还是积累了一定的忠实用户，而且他们的消费习惯已经形成，产生了多次连续购买行为。

整体上看，燕都中原的品牌结构合理，而且品牌拥有一定影响力，稍显不足的是美誉度稍低，也可能是由于品牌在前期宣传中关注量而忽略了质，使得美誉度与知名度和认知度之间产生了一定的差异，未来应重视公共关系活动，以维护品牌形象，提升美誉度。

三、品牌质量分析

燕都中原品牌的信息质量比为−0.089529297（表6-4-2），低于本次调研品牌的平均水平。结合品牌的基础数据指标，可以推测品牌在前期进行了高强度的宣传，但公共关系活动较少，因而未来品牌应高度重视消费者体验，以增加品牌信息质的贡献率，并使品牌信息质量达到最优。

表6-4-2 燕都中原品牌质量比计算

品牌	品牌信息基本量的贡献率	品牌信息质的贡献率	品牌信息质量比值
燕都中原	109.833298	−9.833297992	−0.089529297

四、品牌信息稳定性分析

燕都中原品牌的稳定性系数为 3.846225519（表 6-4-3），属于稳定性稍弱的品牌。综合分析，该品牌目前可能处于成长期早期阶段，说明其在前期可能存在“重名轻誉”的问题，因此建议未来应注重品牌的口碑维护，以充分发挥自传播效应。

表 6-4-3　燕都中原品牌稳定性计算

品牌	N（E）函数值	品牌衰减系数	品牌信息的衰减速率	品牌稳定性指数
燕都中原	18.4501845	0.05444878	0.038462255	3.846225519

第五节　三江宏利

一、品牌简介

北京三江宏利牧业有限公司成立于 2005 年 6 月，位于北京市房山区琉璃河镇常舍村。是集北京鸭鸭苗孵化、育成饲养、活鸭回收、屠宰加工、熟食加工、产品销售于一体的农业产业化龙头企业。公司年屠宰加工北京鸭 600 万只，是北京市重点龙头企业、全国民族特需商品定点生产企业、北京市定点屠宰企业，具有“北京鸭”农产品地理标识。

二、品牌基础指标与分析

三江宏利品牌的信息总量为 0.076969674 亿比特（表 6-5-1），说明在北京市范围有部分消费者对品牌有一定认知。

表 6-5-1　三江宏利品牌基础数据

指标范围	知名度（%）	认知度（%）	美誉度（%）	忠诚度（%）	品牌信息量估值（亿比特）
北京市	24.49	15.95	7.47	5.87	0.076969674

三江宏利品牌的知名度为 24.49%，超过品牌知名度的第二个关键点 16.13%，意味着该品牌出现了大范围的消费者认知，消费者开始对该品牌内涵和企业信息等有较深的了解和认知。该品牌的认知度与知名度之比为 65.12%，超过二者比例理想值 50%，说明品牌的传播效果较好。

由表中数据可以发现，三江宏利品牌的美誉度为 7.47%，突破了其第一个关键点 1.62%，说明消费者对该品牌有较好的口碑并对该品牌产生了偏好，而且发生了多次连续购买行为，消费习惯逐渐形成。但与品牌的高认知基础相比，三江宏利品牌的美誉度稍低，意味着消费者对品牌的认知没有充分转化为对品牌的赞美和认可，可能是因为产品品质还有上升空间，也有可能是市场上的鸭肉产品同质性较高，三江宏利没有在消费者心目中占据重要位置。

总体上看，三江宏利品牌在北京市有良好的消费者认知基础，但品牌美誉度稍低，未来应该通过加强产品品质把控，并打造差异化优势，从而增强市场竞争力。

三、品牌质量分析

三江宏利品牌的信息质量比为 –0.003179307（表 6-5-2），低于本次调研品牌的平均水平，而且其品牌信息大多来自宣传和广告的传播，而较少的来自公共关系类活动的支撑，因而未来要开展多渠道的品牌营销活动，以提高品牌口碑为目标，增加品牌信息质的比重，以使品牌的质和量均衡发展。

表 6-5-2　三江宏利品牌质量比计算

品牌	品牌信息基本量的贡献率	品牌信息质的贡献率	品牌信息质量比值
三江宏利	100.3189448	–0.318944752	–0.003179307

四、品牌信息稳定性分析

三江宏利品牌的稳定性系数为 2.660297391（表 6-5-3），属于弱稳定性品牌。综合分析，三江宏利目前应当处于品牌成长期中期向后期过渡的阶段，因而未来应注重提升品牌的美誉度，以使其与知名度协调增长。

表 6-5-3　三江宏利品牌稳定性计算

品牌	N（E）函数值	品牌衰减系数	品牌信息的衰减速率	品牌稳定性指数
三江宏利	66.54716981	0.037584703	0.026602974	2.660297391

第六节　天蜂奇

一、品牌简介

北京天蜂奇科技开发有限公司成立于 2006 年，"天蜂奇"商标于 2014 年注册。公司一直把产品质量视为生命，不断加强产品质量检测体系建设，做好产品的规范化和标准化生产，靠产品实力征服市场。公司有 SC 生产许可证，近三年无违法生产及质量安全问题。公司旗下有北京天蜂奇养蜂专业合作社，不定期对蜂农开展养蜂专业知识培训及标准化生产指导，从而提高其产量与品质。此外，公司对蜂产品原料实行统一优质优价收购，可使蜂农直接受益。公司拥有 10000 平方米高科技现代化厂房和 10 万级净化车间，2022 年营业额 839 万元。

二、品牌基础指标与分析

天蜂奇品牌的信息总量为 0.059334615 亿比特（表 6-6-1），说明该品牌在北京市已有大部分消费人群知晓和认知，产品差异化优势明显。

表 6-6-1　天蜂奇品牌基础数据

指标范围	知名度（%）	认知度（%）	美誉度（%）	忠诚度（%）	品牌信息量估值（亿比特）
北京市	18.18	16.94	7.97	5.49	0.059334615

从基础指标来看，天蜂奇品牌的知名度为 18.18%，超过了知名度的第二个关键点 16.13%，意味着在北京市有部分消费者对该品牌有较深入的认知，开始形成品牌偏好。而且从认知度 16.94% 来看，品牌认知度与知名度的比值达到了 93.18%，说明消费者对包括品牌的主要产品、发源地及产品类型等品牌信息有了一定的了解，且对品牌的认知显著有效，品牌的广告宣传和口碑传播效果充分。

天蜂奇品牌的美誉度为 7.97%，突破了第一个关键点 1.62%，说明消费者的正向口碑传播作用已经凸显，而且消费者之间的传播也越来越多。该品牌的美誉度低于认知度，意味着消费者对品牌的认知较充分地转化为对品牌的正向口碑，美誉度的形成可能是因为品牌在网络、App 或线下广告宣传等活动的传播效果显著，部分消费者在体验过品牌产品后对该品牌产生良好印象。该品牌的忠诚度为 5.49%，与品牌美誉度接近，说明消费者对品牌的正向传播较充分地转化成为消费者的重复购买行为，品牌在营销中的作用有所发挥。

三、品牌质量分析

天蜂奇品牌的信息质量比值为 0.01944516（表 6-6-2），说明该品牌质的贡献率显著低于量的贡献率，而且该品牌已初步完成销售体量的积累，但质量还存在较大的提升空间，而品牌影响力主要来源于广告宣传获得的消费者对品牌的知晓和认知，从而反映出企业具有稳定有效的品牌运营策略。

表 6-6-2　天蜂奇品牌质量比计算

品牌	品牌信息基本量的贡献率	品牌信息质的贡献率	品牌信息质量比值
天蜂奇	98.09257423	1.907425775	0.01944516

四、品牌信息稳定性分析

天蜂奇品牌的稳定性指数为 2.842370701（表 6-6-3），从基础指标来看，该品牌的指标呈依次下降的状态，故该品牌稳定性不高，而且抗风险能力也偏弱。因而应采取公共关系措施来提高忠诚度与美誉度，以实现品牌对企业营销的作用。根据以上数据可以看出，该品牌应处于成长早期或向中期过渡阶段，品牌在北京地区具有一定的影响力。

表 6-6-3　天蜂奇品牌稳定性计算

品牌	N（E）函数值	品牌衰减系数	品牌信息的衰减速率	品牌稳定性指数
天蜂奇	54.23589001	0.04013329	0.028423707	2.842370701

第七节　卓宸

一、品牌简介

北京卓宸畜牧有限公司是集牛羊养殖、育肥屠宰、加工销售为一体的国家级农业产业化重点龙头企业、清真食品加工企业、全国民族商品定点生产企业、北京市高新技术企业，先后荣获北京农业好品牌和中国肉类食品行业最具价值品牌。公司通过了 ISO9001、ISO22000 以及 HACCP 体系认证，并且卓宸羊肉通过了绿色食品认证。公司申请发明和实用新型专利 30 项，成功成为"全国农产品全程质量控制技术体系（CAQS-GAP）试点"单位。在全国牛、羊畜牧行业排位中位列"三甲"。此外，"卓宸"排酸牛羊肉采用国际先进的排酸处理技术和现代的牛羊肉分割工艺，产品柔嫩多汁、营养、健康，在高、中端市场中受到广泛认可和喜爱。

二、品牌基础指标与分析

卓宸品牌的品牌信息总量为 0.035296039 亿比特（表 6-7-1），在北京市已具有认知基础，而且该品牌对消费者的购买意愿已开始产生影响。通过知名度和认知度的数值来看，该品牌并未做过大范围的广告宣传，但可能通过自媒体传播和新闻发布等方式宣传过品牌，而且对品牌的知晓基本全部来自对品牌产品和产地等基本信息的了解，并在北京生活的很多消费者对该品牌都具有认知基础，说明品牌传播方式有效，消费者对品牌信息接收充分，是一个认知程度较高的品牌。

表 6-7-1 卓宸品牌基础数据

指标范围	知名度（%）	认知度（%）	美誉度（%）	忠诚度（%）	品牌信息量估值（亿比特）
北京市	13.52	12.41	4.44	3.83	0.035296039

卓宸品牌的美誉度为 4.44%，超过了美誉度第一个关键点 1.62%，说明消费者对品牌产生了偏好，而且消费者口碑作用开始凸显，在同类产品中消费者会把该品牌作为购买的主要选择之一。该品牌的忠诚度与美誉度数值接近，说明品牌具有一定数量的忠诚消费者，而且品牌自传播现象随时可能发生或者已经发生，潜在消费者会受到对该品牌满意或已重复购买多次的消费者的正向影响，从而成为该品牌的新消费者，对品牌发展起到了正向推动作用。但从美誉度和认知度的比例来看，其美誉度还有很大的提升空间，需要通过增加公共关系活动，例如在超市中设置抽奖活动、在公园设置宣传点或参加购物节活动等，以提高消费者对品牌的购买意愿。

三、品牌质量分析

卓宸品牌的质量比为 −0.117132596（表 6-7-2），说明该品牌正处于成长发展阶段，而且具有一定的知名度和认知度水平，但品牌指标整体处于偏低状态。此外，该品牌应处于成长早期，发展状况较好，而且消费者口碑开始起到正向传播作用，有益于扩大品牌影响力，并促进品牌效益的提升。

表 6-7-2 卓宸品牌质量比计算

品牌	品牌信息基本量的贡献率	品牌信息质的贡献率	品牌信息质量比值
卓宸	113.267292	−13.26729196	−0.117132596

四、品牌信息稳定性分析

卓宸品牌的稳定性指数为 3.132653054（表 6-7-3），说明该品牌的稳定性一般，而且品牌信息传播有效时间间隔期较短，抗风险能力一般。由此可以看出，此时该品牌可能处于成长早期向中期过渡的阶段，已经具备了一定的认知基础，但需要增加广告宣传，以提高品牌信息的有效到达率，或者增加公共关系类活动，以促进消费者与品牌的互动。

表 6-7-3　卓宸品牌稳定性计算

品牌	N（E）函数值	品牌衰减系数	品牌信息的衰减速率	品牌稳定性指数
卓宸	22.54791432	0.04450118	0.031326531	3.132653054

第八节　赤萝秀

一、品牌简介

“赤萝秀”是北京金华林养蜂专业合作社打造的著名品牌。“赤萝秀”取自“生态天然”的寓意，“赤”指红色，代表作物生长繁茂，花朵盛开；“萝”指包罗万象，代表各种作物与蜜蜂息息相关；“秀”指清秀、聪明，表示自然无污染，品味天然。综合起来，也预示产品来源于原生态，而且品质步步高升。2014—2023 年合作社连续多年被评为国家级示范社；2018 年赤萝秀获得“好品牌”称号，同年蜂产品通过“无公害认证”，受到了农业部门、林业部门及中国蜂产品协会的表彰和鼓励。

目前，合作社发展蜂群总量达 3 万多群，年产蜂蜜 800 多吨、王浆 5 吨、花粉 2 吨。此外，合作社根据深山区蜜源植物丰富的特性，提升优质蜂生产的能力，保障生产出更多更优的蜂产品，同时提高合作社及成员的经济收入，实现合作社年销售额达 500 多万元，为农户成员年增收 5 万多元，辅助带动成员农户 200 多户，而且每年参与社会公益、慈善等活动，更是为蜜源植物授粉，控制植物害虫，在保护自然生态环境中发挥了重要作用。

二、品牌基础指标与分析

赤萝秀的品牌信息总量为 0.020392687 亿比特（表 6-8-1），品牌指标偏低，处于品牌基本量的积累阶段，对企业营销的支持有限。该品牌的知名度为 9.29%，超过了知名度的第一个关键点 4.69%，说明该品牌可能曾在广告宣传上付出努力，品牌开始对消费者的购买意愿产生影响。从品牌的知名度和认知度判断，该品牌没有依靠大成本广告作为主要宣传方式，而可能是通过自媒体、消费者体验和口碑传播等方式逐步扩大品牌知名度的，而且部分消费者对该品牌信息已经产生了充分的认知。此外，该品牌以低风险的传播方式为产品销售助力，也有利于品牌的可持续发展。

表 6-8-1　赤萝秀品牌基础数据

指标范围	知名度（%）	认知度（%）	美誉度（%）	忠诚度（%）	品牌信息量估值（亿比特）
北京市	9.29	7.19	2.81	1.81	0.020392687

赤萝秀品牌的美誉度为 2.81%，说明部分消费者产生了品牌偏好，而且消费者自传播现象可能发生。该品牌的忠诚度为 1.81%，说明存在消费者对该品牌产品表示满意，并形成消费习惯。

但因该品牌在消费者之间的认知程度不高，品牌传播者和忠诚购买者为少数，故品牌并未能对企业的利润获得产生作用。因此，该品牌的首要任务是继续扩大品牌影响力，应通过差异化竞争，以争取市场份额，并避免与其他同类产品雷同，以在产品形式和销售渠道等方面实现创新。

三、品牌质量分析

赤萝秀品牌的质量比为 −0.163412471（表 6-8-2），但这不说明该品牌品质欠佳，只说明该品牌在此阶段所做出的努力全部用于品牌基本量的积累，而且品牌正处于发展初期，还没有形成稳定的品牌发展结构。

表 6-8-2　赤萝秀品牌质量比计算

品牌	品牌信息基本量的贡献率	品牌信息质的贡献率	品牌信息质量比值
赤萝秀	119.5332187	−19.53321868	−0.163412471

四、品牌信息稳定性分析

赤萝秀品牌的稳定性指数为 1.968852595（表 6-8-3），属于弱稳定性，而且品牌信息传播有效时间间隔期拉长，抗风险能力较弱，也意味着该品牌具备了一定的知名度和认知度，可能正从品牌导入期向品牌成长前期过渡。如要完成过渡，还应及时采取措施加大广告宣传密度，以促进消费者品牌认知的巩固和加强，从而带动品牌质的积累，促使品牌状态回稳。

表 6-8-3　赤萝秀品牌稳定性计算

品牌	N（E）函数值	品牌衰减系数	品牌信息的衰减速率	品牌稳定性指数
赤萝秀	35.58718861	0.028128534	0.019688526	1.968852595

第九节　BBSC（种猪）

一、品牌简介

“BBSC”作为北京养猪育种中心的企业品牌，于 2000 年进行注册。中心每年向社会提供血统纯正、品种齐全、性能优秀、安全健康的种猪 3 万头，得到了广大养殖户的一致认可，为我国种猪推广和生猪生产及遗传改良做出了积极贡献。

二、品牌基础指标与分析

BBSC 品牌的信息总量为 0.010655277 亿比特（表 6-9-1），该品牌在北京市的影响力偏小，消费者对品牌购买意愿不强。该品牌的知名度为 6.69%，超过知名度的第一个关键点 4.69%，品牌认知度与知名度之比为 18.09%，未超过 33.33%，表现为部分消费者对品牌信息有所了解，且超过半数的消费者有进一步认知该品牌的意愿，但消费者认知存在明显不足，而且品牌信息宣传效果一般，企业可能并未对品牌传播做过努力。

表 6-9-1　BBSC 品牌基础数据

指标范围	知名度（%）	认知度（%）	美誉度（%）	忠诚度（%）	品牌信息量估值（亿比特）
北京市	6.69	1.21	1.81	1.01	0.010655277

BBSC 品牌的美誉度为 1.81%，略高于品牌认知度，仅略超过美誉度的第一个关键点 1.62%，品牌忠诚度为 1.01%，说明品牌有忠实消费者。从指标结构来看，该品牌可能处于导入期，但也存在一种可能是与该品牌的产品特性有关。该品牌属于种猪育种基地品牌，不在大多数消费者的购买范围内，仅限于养猪专业户、养猪场或猪肉加工等专业人员知晓，故导致品牌指标过低。该品牌如向大众化品牌发展，可能需开拓在消费者购买范围内的产业链，如作为专营性品牌，则可继续发展新合作对象。

三、品牌质量分析

BBSC 品牌的质量比为 −0.325338134（表 6-9-2），由品牌基础指标和品牌类别可知，该品牌可能并不直接面向消费者，故不能断定该品牌的质量问题，需要从更多品牌资料或通过对相关专业人员的调研中获得更多信息，进而得出对品牌质量的判断。

表 6-9-2　BBSC 品牌质量比计算

品牌	品牌信息基本量的贡献率	品牌信息质的贡献率	品牌信息质量比值
BBSC	148.2223985	−48.22239852	−0.325338134

四、品牌信息稳定性分析

BBSC 品牌的稳定性指数为 1.259449842（表 6-9-3），稳定性较弱，而且抗风险能力一般。但由于品牌的特殊性，故该结论可能需要以更多的信息进行佐证或纠偏。

表 6-9-3　BBSC 品牌稳定性计算

品牌	N（E）函数值	品牌衰减系数	品牌信息的衰减速率	品牌稳定性指数
BBSC	55.40166205	0.018056551	0.012594498	1.259449842

第十节　峪口禽业

一、品牌简介

“峪口禽业”是北京市华都峪口禽业有限责任公司的品牌，而且公司是首农食品集团旗下的家禽育种公司，已成为国家级农业产业化重点龙头企业、国家高新技术企业和全球最大的蛋鸡制种公司，其拥有原种 10 万只、祖代 55 万套、父母代 525 万套，年产商品代雏鸡 5.3 亿只，入选国家畜禽种业“强优势”阵型企业，为全力打造家禽行业的中国芯积累了经验。

二、品牌基础指标与分析

峪口禽业品牌信息总量为 0.059078575 亿比特（表 6-10-1），说明该品牌在北京市具有对消费者购买选择偏好的影响力，而且品牌指标之间的比值处于合理范围内，发展趋势较好。峪口禽业品牌的知名度为 15.98%，接近知名度的第二个关键点 16.13%，说明企业对该品牌进行过广告宣传活动，而且消费者对品牌具有一定的认知基础，对品牌基本信息有所了解。该品牌的认知度与知名度之比为 86.17%，超过了 50%，意味着品牌传播效果良好，而且部分消费者认知充分，也预示着企业为品牌传播所作出的努力与所取得的成效呈显著正相关。

表 6-10-1 峪口禽业品牌基础数据

指标范围	知名度（%）	认知度（%）	美誉度（%）	忠诚度（%）	品牌信息量估值（亿比特）
北京市	15.98	13.77	6.45	5.24	0.059078575

峪口禽业品牌的美誉度为 6.45%，超过了美誉度的第一个关键点 1.62%，说明消费者的口碑作用明显，表现为在同类产品中消费者对该品牌产生购买偏好。该品牌的忠诚度为 5.24%，与美誉度接近，说明消费者对品牌感到满意，并具有重复购买行为。此外，从该品牌指标的结构来看，品牌对企业利润的获得作用不大，需要提高消费者对品牌的认可度，并增加品牌与消费者之间的互动机会，还需为品牌增加差异化竞争优势，从而吸引潜在消费者，进而提高重复购买率。

三、品牌质量分析

峪口禽业品牌的质量比为 −0.146728168（表 6-10-2），但并不能说明存在品牌质量问题。从基础指标来看，该品牌还未能完成品牌基本量的积累，而且在品牌质的积累上略显不足，仍需为提高知名度而努力。故应先完成品牌销售体量的积累，使品牌对企业营销产生促进作用，进而助力企业利润的增长。

表 6-10-2 峪口禽业品牌质量比计算

品牌	品牌信息基本量的贡献率	品牌信息质的贡献率	品牌信息质量比值
峪口禽业	117.1959465	−17.19594648	−0.146728168

四、品牌信息稳定性分析

峪口禽业品牌的稳定性指数为 4.60406822（表 6-10-3），说明该品牌的稳定性一般，而且其具有一定的抗风险能力。从基础指标结构来看，该品牌需继续扩大品牌影响力，尤其应增加品牌公共关系类活动，以促进品牌在消费者之间的自传播，这样不仅能够降低品牌宣传的成本，而且还会使宣传效果更显著。

表 6-10-3 峪口禽业品牌稳定性计算

品牌	N（E）函数值	品牌衰减系数	品牌信息的衰减速率	品牌稳定性指数
峪口禽业	15.50387597	0.064938961	0.046040682	4.60406822

第十一节　顺民义

一、品牌简介

北京通顺康泰农业有限公司创建于 2008 年，坐落于北京市顺义区大孙各庄镇赵家峪村西养殖一街 1 号，企业占地面积 9.24 亩，设计规模 10 万羽，主要饲养北京油鸡。公司名下有“顺民义”品牌一个，并与淘宝、京东等平台合作建立官方旗舰店，直接为客户提供高品质禽产品。“顺民义”品牌的理念及释义为：本企业位于北京市顺义区的地理区域内，以农惠民、做利于“民义”的农产品。经营理念为：诚实为人，科学生产，严把质量关，生产出安全合格的鸡苗、商品蛋，以保证老百姓的食品安全，并为百姓菜篮子做出贡献。

二、品牌基础指标与分析

顺民义品牌的信息总量为 0.0240053 亿比特（表 6-11-1），说明该品牌在北京市影响力偏小，而且品牌指标之间的比例关系处于合理范围，但由于整体指标偏低，故应该以扩大品牌影响力为首要任务。该品牌的知名度为 11.68%，超过第一个关键点 4.69%，说明部分消费者知晓该品牌，并对品牌信息有认知，但未形成明显的消费者偏好，而且对消费者购买选择影响不大。从品牌认知度与知名度的比值来看，品牌传播效果一般，而且消费者对品牌认知不够充分。

表 6-11-1　顺民义品牌基础数据

指标范围	知名度（%）	认知度（%）	美誉度（%）	忠诚度（%）	品牌信息量估值（亿比特）
北京市	11.68	5.94	1.82	1.41	0.0240053

顺民义品牌的美誉度与忠诚度都较低，说明该品牌还未能成为有用的经营工具，未能显著促进企业效益的产生。分析形成这一指标结构的原因可能有以下两点：一是作为农产品，由于种类繁多复杂，品牌品名与产品相关程度不高，若无连续有效的信息传播，则消费者认知会极易弱化；二是品牌未主动进行规模化的广告宣传，在品牌发展过程中仅依靠消费者自传播推荐来推动品牌知名度的增长或依靠消费者口碑传播，虽然有可能效果良好，但传播范围小且分散。故应该利用自媒体手段来增加品牌的曝光度，并采用低成本方式来实现知名度的增长。

三、品牌质量分析

顺民义品牌的质量比为 −0.192081578（表 6-11-2），说明该品牌正在进行基本量的积累，以增加品牌产品销量来获取收益。此外，该品牌应该维持当前的发展速率，避免与其他品牌过早产生激烈竞争，以完成基本量的积累后加大广告投放的资金和密度，以使品牌获取更多的关注度。

表 6-11-2　顺民义品牌质量比计算

品牌	品牌信息基本量的贡献率	品牌信息质的贡献率	品牌信息质量比值
顺民义	123.7748729	−23.7748729	−0.192081578

四、品牌信息稳定性分析

顺民义品牌的稳定性指数为 1.266661427（表 6-11-3），处于弱稳定性阶段，而且其抗风险能力也较弱，品牌信息传播有效时间间隔期很短。结合基本指标、信息总量和质量比值初步判断，该品牌应当处于导入期向成长早期过渡的阶段，需要注意防范风险，以始终保证产品的高品质。

表 6-11-3　顺民义品牌稳定性计算

品牌	N（E）函数值	品牌衰减系数	品牌信息的衰减速率	品牌稳定性指数
顺民义	55.09641873	0.018159294	0.012666614	1.266661427

第十二节　硒全食美

一、品牌简介

“硒全食美”是北京优谛鸽业有限公司精心打造的品牌，“硒全食美”品牌标志的设计外形以“太阳”为基础，象征“硒全食美”是阳光下的健康产业；凤凰代表鸽子，因《本草纲目》中记载，鸽羽色众多唯白色入药，鸽故名白凤，表明“硒全食美”是以“富硒鸽”为主打的生态绿色鸽品牌，而且飞翔的凤凰体现的是“健康向上”的品牌理念，寓意“硒全食美”产品飞进亿万家庭，给广大人民带来健康和高质量的美好生活。综合起来，旋转并散发出光芒的“太阳”、闪耀的“星星”、祥瑞的“云彩”、飞翔的“凤凰”组合成的标志图案，迸发出一种激情四射的健康与欢乐的氛围，而且“灰色”象征权威、智慧、诚实；“绿色”表达产品自然、健康、绿色；“三颗星”表示“一生二、二生三、三生万物”的生态循环可持续发展的公司目标。

二、品牌基础指标与分析

硒全食美品牌的信息总量为 0.032814552 亿比特（表 6-12-1），在北京市具有一定的品牌影响力，而且在同类产品中消费者开始对该品牌产生消费偏好。该品牌的四个基础指标都在合理范围之内，意味着该品牌采取差异化竞争策略，从营养学角度出发，满足了消费者的需求。但总体水平不高，故还需继续提高品牌知名度，以扩大品牌影响力。从硒全食美品牌的认知度与知名度的比值来看，消费者认知充分，而且在目标消费人群中传播效果良好。

表 6-12-1　硒全食美品牌基础数据

指标范围	知名度（%）	认知度（%）	美誉度（%）	忠诚度（%）	品牌信息量估值（亿比特）
北京市	13.55	10.26	3.63	2.83	0.032814552

该品牌的美誉度为 3.63%，超过了第一个关键点 1.62%，说明消费者口碑作用有所凸显，而且品牌美誉度与认知度相差较大，说明部分消费者在体验过该品牌产品后并未感到满意，可能是性价比或销售渠道的问题导致品牌口碑一般。此外，品牌虽然可能未做大量广告宣传，但仍获得了知名度和认知度，说明品牌产品特性对消费者具有吸引力，且有部分消费者在体验后对品牌品

质感到满意，并连续多次重复购买。综合来看，该品牌未形成稳定有效的指标结构，对企业营销作用不大，应处于销售体量积累的阶段。

三、品牌质量分析

硒全食美品牌的质量比为－0.139958836（表 6-12-2），结合基础指标可以看出，该品牌尚未完成基本量的积累，但对此阶段的品牌来说属于正常现象，说明品牌发展状态较好。若要发展为大众化品牌，则需继续扩大品牌影响力，可通过公共关系类活动的开展，以提高消费者认知和购买意愿。

表 6-12-2　硒全食美品牌质量比计算

品牌	品牌信息基本量的贡献率	品牌信息质的贡献率	品牌信息质量比值
硒全食美	116.2735044	−16.27350438	－0.139958836

四、品牌信息稳定性分析

硒全食美品牌的稳定性指数为 2.553348787（表 6-12-3），处于弱稳定性阶段，而且抗风险能力较弱。从基本指标来看，该品牌可能发展时间较短，在广告宣传方式上仍处于尝试阶段。如若品牌要保持稳定发展趋势，此时品牌需要加大维护成本支出。因此，初步判断该品牌应处于导入期向成长期初期过渡的阶段。

表 6-12-3　硒全食美品牌稳定性计算

品牌	N（E）函数值	品牌衰减系数	品牌信息的衰减速率	品牌稳定性指数
硒全食美	27.54820937	0.036374602	0.025533488	2.553348787

第十三节　德青源

一、品牌简介

北京德青源农业科技股份有限公司是中关村自主创新示范区的国家高新技术企业、国家级农业产业化重点龙头企业。公司自 2000 年成立以来，先后承担奥运会、世锦赛、进博会、园博会、APEC 会议、G20 峰会、纪念抗战胜利阅兵式、中共十九大、新中国成立 70 周年阅兵式等国际国内重大活动的蛋品供应重任。为推动食品安全，公司创建了“鸡蛋身份证制度”，结束了中国鸡蛋无品牌、无生产日期、无农场追溯的“三无”历史，推动并参与制定了中国第一部包装鸡蛋标准，开创了我国鸡蛋品牌的先河，并注册了“德青源”商标。

二、品牌基础指标与分析

德青源品牌的信息总量为 0.422680438 亿比特（表 6-13-1），在北京市具有一定的品牌影响力，而且以其先进的科技保障食品安全理念赢得了消费者的青睐，已然成为具有强影响力和购买导向的优质品牌。德青源品牌的知名度为 53.92%，在本次调研的“北京优农”品牌中处于优良水平，且认知度与知名度之比达到了 81.29%，说明消费者不仅对该品牌具有良好的认知基础，而且对品牌的 logo、产品特征、产地和杀菌技术应用等信息都有一定了解，已经在消费者之间形成了购买选择偏好，并在同类产品当中具有相当突出的竞争优势，甚至有可能实现品牌延伸，有益于品牌在消费者之间的口碑传播。

表 6-13-1　德青源品牌基础数据

指标范围	知名度（%）	认知度（%）	美誉度（%）	忠诚度（%）	品牌信息量估值（亿比特）
北京市	53.92	43.83	20.32	27.49	0.422680438

从品牌的美誉度和忠诚度来看，该品牌的忠实消费者转化率高，即对该品牌表示满意的消费者的重复购买率保持在稳定且高水平状态，说明品牌的品质优良，值得消费者信赖。但认知度与美誉度有差距的原因，可能是品牌产品的价格略高，或消费者找到了可替代产品。从基础指标来看，该品牌具有较稳定的指标结构，但品牌美誉度与认知度相比偏低，需增加品牌与消费者之间的互动，以提高消费者体验频率，进而提升消费者口碑，并对重复购买率起到更稳固的支撑作用。此外，要特别注意避免因消费者负向传播可能带来的品牌危机，以降低风险管理成本。

三、品牌质量分析

德青源品牌的质量比为 0.87684423（表 6-13-2），在本次调研的品牌中处于优质水平，而且该品牌的发展状况健康。由基本指标可以看出，该品牌具有高知名度和高认知度，正向大众化品牌方向发展。所以该品牌需要在保持品质稳定或再提升的基础上，增加品牌公关活动，以维系忠实消费者，并挖掘潜在消费者。

表 6-13-2　德青源品牌质量比计算

品牌	品牌信息基本量的贡献率	品牌信息质的贡献率	品牌信息质量比值
德青源	53.28092679	46.71907321	0.87684423

四、品牌信息稳定性分析

德青源品牌的稳定性指数为 7.49737056（表 6-13-3），说明该品牌处于较强稳定状态。结合高知名度、高认知度以及高质量比可知，该品牌处于成熟期阶段，而且抗风险能力强，品牌信息传播有效间隔期长，不需要在广告宣传方面再增加投入，可以利用新媒体形式维持高认知水平。未来可以发展新产品线，以实现品牌的多元化发展。

表 6-13-3　德青源品牌稳定性计算

品牌	N（E）函数值	品牌衰减系数	品牌信息的衰减速率	品牌稳定性指数
德青源	9.934790201	0.10427416	0.074973706	7.49737056

第十四节 金海湖

一、品牌简介

“金海湖”品牌于1993年注册，是土生土长的平谷品牌；其为北京野馨科技发展有限公司精心打造。平谷区三面环山，森林覆盖率高，蜜源植物充足，非常适合养蜂，而且养蜂历史悠久，在册的养蜂户近300户，分布在平谷区16个乡镇，蜂蜜、花粉、蜂王浆等蜂产品年产总量可达100多吨。公司30年来坚持高品质策略，将平谷区的好产品带给了更多的消费者，从而也打响了“金海湖”这个蜂产品品牌。

二、品牌基础指标与分析

金海湖品牌的信息总量为0.091484922亿比特（表6-14-1），说明该品牌在行业内拥有一定的影响力，而且在北京市该品牌不具有区域性特征，已逐渐成为泛大众化品牌。

表6-14-1 金海湖品牌基础数据

指标范围	知名度（%）	认知度（%）	美誉度（%）	忠诚度（%）	品牌信息量估值（亿比特）
北京市	29.73	18.89	5.53	2.76	0.091484922

金海湖品牌的知名度为29.73%，超过了知名度的第二个关键点16.13%，意味着该品牌具有相当良好的消费者知晓基础，而且部分消费者对产品和企业以及品牌内涵等信息有了比较深刻的了解。该品牌的认知度与知名度之比为63.54%，超过了二者比例的理想值50%，说明品牌信息传播效率较高，而且相关信息能有效触达目标消费者。

金海湖品牌的美誉度为5.53%，说明品牌收获了一批消费者的认可，而且自传播效应开始发挥作用。但根据表中数据可以看出，金海湖品牌的美誉度相对于品牌认知度来说偏低了，认知基础没有很好地转化为消费者对品牌的认可和赞美。这可能是因为产品品质没有使消费者在体验后感到满意，也有可能是目前蜂蜜行业内已有其他的知名品牌，导致金海湖品牌的口碑传播范围有限。对比金海湖品牌的美誉度和忠诚度可以看出，该品牌的美誉度向实际购买行为的转换不充分，只有约50%对品牌表示认可的消费者发生了连续购买行为，口碑效应没有完全发挥其对产品销售的促进作用。

总的来看，金海湖品牌在北京市拥有一定的认知基础，只是消费者认知尚未充分转化为对品牌的赞誉，且口碑没有完全发挥出对销售的促进作用，未来企业应注重提高品牌的美誉度，从而增强品牌的市场竞争力。

三、品牌质量分析

金海湖品牌的信息质量比为−0.064011505（表6-14-2），低于本次调研的平均水平。根据基础指标可知，该品牌的美誉度略低，说明品牌建设中存在重名轻誉的问题，而且品牌信息大多来自广告宣传，口碑传播效应不显著，从而导致了品牌信息质和量的失衡。因此建议未来多关注提升品牌美誉度，并加强与消费者的友好联系，通过公共关系类活动来提高品牌信息质的贡献率。

表 6-14-2　金海湖品牌质量比计算

品牌	品牌信息基本量的贡献率	品牌信息质的贡献率	品牌信息质量比值
金海湖	106.8389201	-6.838920059	－0.064011505

四、品牌信息稳定性分析

金海湖品牌的稳定性系数为 1.949365852（表 6-14-3），属于稳定性较弱的品牌，而且指标结构还不太稳定。结合品牌的基础指标、质量比和稳定性系数推测，金海湖品牌目前处于成长期中期阶段，是一个发展前景较好的品牌。

表 6-14-3　金海湖品牌稳定性计算

品牌	N（E）函数值	品牌衰减系数	品牌信息的衰减速率	品牌稳定性指数
金海湖	72.58201058	0.027718926	0.019493659	1.949365852

第十五节　花彤

一、品牌简介

北京奥金达农业科技发展有限公司成立于 2003 年 9 月，地处北京市密云区高岭镇，注册资金 1855 万元，是一家具备蜂业养殖、生产、加工、销售、文旅为一体的绿色农业高新技术科技企业。公司系"国家高新技术企业""专新特精企业"、国家科技部"星创天地"基地、北京市创新型中小企业，被中国蜂产品协会评为"全国蜂产品行业龙头企业"。在经营管理中，确立了"合作社＋公司＋基地＋品牌＋蜂农"的新型农业产业化经营模式，有效衔接一产养殖及二、三产加工销售，实现了蜂蜜产品的产供销一体化运作。2007 年注册自有品牌"花彤"，倾力打造消费者信得过的农产品金字招牌。

二、品牌的基础指标分析

花彤品牌的信息总量为 0.030024998 亿比特（表 6-15-1），该品牌在北京市的区域性特征不显著，表现为一个泛大众化品牌。

表 6-15-1　花彤品牌基础数据

指标范围	知名度（%）	认知度（%）	美誉度（%）	忠诚度（%）	品牌信息量估值（亿比特）
北京市	12.52	10.28	3.36	1.98	0.030024998

花彤品牌的知名度为 12.52%，超过了知名度的第一个关键点 4.69%，说明该品牌已经成为有效的销售工具，超过半数的消费者有进一步认知品牌的意愿，也表现出同类产品购买的偏好，只

是这一偏好还不太强烈。该品牌的认知度为 10.28%，占品牌知名度的 82.12%，意味着品牌传播效率较高，能够把品牌理念和产品类型等信息准确传达给目标消费者。

该品牌在市场上收获了一定的消费者口碑和连续购买偏好，但这一现象还比较微弱，尤其是消费者认知向口碑的转化不太充分，这也有可能是因为市场上已有其他知名品牌的干扰，影响了花彤品牌的口碑传播。

综上所述，花彤品牌还处于发展初期，虽然拥有一定的消费者认知基础，但品牌美誉度较低，未来应加大宣传力度，并增加消费者体验，以充分发挥消费者口碑的自传播效用。

三、品牌质量分析

花彤品牌的信息质量比为 −0.147701053（表 6-15-2），处于偏低水平，说明花彤品牌的消费者人群还比较有限，未来需要加大宣传力度，以吸引更多目标消费者前来体验，并增强品牌的影响力。

表 6-15-2　花彤品牌质量比计算

品牌	品牌信息基本量的贡献率	品牌信息质的贡献率	品牌信息质量比值
花彤	117.3297238	−17.32972378	−0.147701053

四、品牌信息稳定性分析

花彤品牌的稳定性系数为 2.359475017（表 6-15-3），说明该品牌的稳定性较弱，而且各项基础指标还不牢固，存在发生较大变动的可能性。综合分析，花彤品牌目前应当处于品牌成长期早期阶段，未来应该加大品牌建设投入，以提升品牌的综合影响力。

表 6-15-3　花彤品牌稳定性计算

品牌	N（E）函数值	品牌衰减系数	品牌信息的衰减速率	品牌稳定性指数
花彤	29.76190476	0.033644653	0.02359475	2.359475017

第十六节　京密

一、品牌简介

“京密”是北京京纯养蜂专业合作社倾力打造的优质蜂产品品牌，其商标注册于 2006 年，其基于京城水源净地密云的优质蜂产品。目前，“京密”牌蜂产品主要有荆花蜜、巢蜜、蜂花粉、蜂胶、蜂王浆、蜂蛹、蜂妆 7 类 50 余种产品，主打产品以绿色荆花蜜为主，包装形式多样化，以适合不同需求的人群。

二、品牌基础指标与分析

京密品牌的信息总量为 0.080922264 亿比特（表 6-16-1），说明该品牌已经具有一定的影响力，是一个泛大众化的品牌。京密品牌的知名度为 24.59%，超过了知名度的第二个关键点 16.13%，而且消费者对品牌信息有进一步认知的意愿，品牌开始对销售产生促进作用。京密品牌的认知度为 18.24%，占知名度的 74.16%，二者比例关系良好，说明品牌的信息传播效率很高。

表 6-16-1 京密品牌基础数据

指标范围	知名度（%）	认知度（%）	美誉度（%）	忠诚度（%）	品牌信息量估值（亿比特）
北京市	24.59	18.24	7.58	5.74	0.080922264

该品牌的美誉度为 7.58%，超过了美誉度的第一个关键点 1.62%，说明该品牌过于有效自传播效应的发生时期，而且消费者的口碑作用开始凸显出来。但品牌的美誉度与认知度的比例失衡，说明该品牌美誉度来自认知度的支撑较少，以及来自消费者对产品和服务的深度体验较少。该品牌的忠诚度为 5.74%，意味着对京密品牌抱有认可态度的消费者后续产生了多次购买行为，消费偏好明显。

总体上看，京密品牌的指标结构良好，而且各指标间的比例关系基本合理，但品牌美誉度偏低，以及消费者认知向口碑传播的转化不够充分，未来应注重产品品质，从而提升品牌的美誉度。

三、品牌质量分析

京密品牌的信息质量比为 −0.00085494（表 6-16-2），低于本次调研品牌的平均水平，而且品牌信息质的贡献率太小，因此，该品牌在开展宣传活动提升影响力的同时，要注重提升品牌的美誉度和忠诚度，以使品牌信息质量比向最优区间发展。

表 6-16-2 京密品牌质量比计算

品牌	品牌信息基本量的贡献率	品牌信息质的贡献率	品牌信息质量比值
京密	100.0855672	−0.085567165	−0.00085494

四、品牌信息稳定性分析

京密品牌的稳定性指数为 2.702685314（表 6-16-3），属于稳定性较弱水平。综合分析，京密品牌目前处于成长期中期阶段，品牌发展状况基本健康，具备一定的成长性。

表 6-16-3 京密品牌稳定性计算

品牌	N（E）函数值	品牌衰减系数	品牌信息的衰减速率	品牌稳定性指数
京密	68.3964497	0.038162716	0.027026853	2.702685314

第十七节 窦店益生

一、品牌简介

“窦店益生”品牌由北京窦店益生清真肉业有限公司于 1985 年创立。历经 30 多年的不断创新与发展，公司逐步形成了集养殖、屠宰、加工、销售为一体的现代化农业产业园。目前，公司占地面积2万平方米，设有容积为1000吨的冷库，2500平方米的屠宰车间、排酸车间、分割车间、内脏加工车间，年屠宰量实现肉牛2万头、羊10万只。多年来，公司依托窦店村农业现代产业园的优势，建成6.5万平方米的肉牛养殖基地，目前存栏优质品种肉牛4000余头。此外，公司始终将食品安全作为企业生存和发展的根本，坚持做安全卫生的良心企业，从养殖到餐桌，每一环节都经过严格把控，确保所生产的牛羊肉产品优质安全，让广大消费者吃得放心、吃得安心、吃得健康，并以“日日新、生生益”为品牌定位，产品特色以“新鲜、安全、高品质”为重点，打造国产原切安全牛肉品牌。

二、品牌基础指标与分析

窦店益生品牌的信息总量为0.073183908亿比特（表6-17-1），在北京市范围内已有部分消费者对该品牌有基础认知。

窦店益生品牌在北京市具有较好的消费者认知基础，该品牌的知名度为22.63%，超过知名度第二个关键点16.13%，说明已有半数消费者对品牌有较深的认知，表现出对该品牌产品的购买意愿，并逐渐形成品牌偏好。该品牌的认知度为15.66%，与知名度的比值为69.20%，说明品牌传播效率较高，而且消费者能够对品牌产生进一步了解的意愿。

表6-17-1　窦店益生品牌基础数据

指标范围	知名度（%）	认知度（%）	美誉度（%）	忠诚度（%）	品牌信息量估值（亿比特）
北京市	22.63	15.66	8.35	5.67	0.073183908

窦店益生的美誉度为8.35%，说明该品牌获得了不错的消费者口碑。随着广大消费者对食品健康的重视，鲜肉相对于冷冻肉更受市场欢迎，因而消费者在购买时也更加关注产品的新鲜程度和质量保证，而窦店益生品牌以其高品质受到广大消费者喜爱，且自传播效应开始发挥作用。从该品牌的忠诚度来看，品牌目前已经吸引了一批忠实消费者，而且形成了比较强烈的品牌偏好，并发生了连续多次的购买行为。

总体来看，窦店益生品牌的基础指标结构良好，品牌有效传播率很高，且拥有了一定的忠实消费者，是一个发展状态健康的品牌。

三、品牌质量分析

窦店益生品牌的信息质量比为0.023897448（表6-17-2），在本次调研的品牌中属于一般水平，品牌目前处于发展初期，而且出现了一些自传播现象，但是还比较微弱。未来应加大宣传力度，以保证品牌的美誉度与知名度协调增长，并使品牌的质量比达到最优状态。

表6-17-2　窦店益生品牌质量比计算

品牌	品牌信息基本量的贡献率	品牌信息质的贡献率	品牌信息质量比值
窦店益生	97.66603106	2.333968939	0.023897448

与其他品牌可能无显著差异，未得到消费者的普遍推荐。故需要通过增加消费者体验机会，或通过产品创新、包装创新和销售形式创新等，以吸引对该品牌感兴趣的潜在消费者购买，并促进其美誉度的提升，从而实现品牌自传播。

三、品牌质量分析

鹏程品牌的质量比为 0.215036942（表 6-18-2），说明品牌质量仍有较大提升空间，且该品牌的知名度和认知度较高，说明品牌具有较好的助力营销的能力，也具有成为优质竞争工具的潜力。鹏程品牌已经完成了品牌信息基本量的积累，如果努力提升产品的质，就能获取更多的潜在消费者。

表 6-18-2 鹏程品牌质量比计算

品牌	品牌信息基本量的贡献率	品牌信息质的贡献率	品牌信息质量比值
鹏程	82.30202434	17.69797566	0.215036942

四、品牌信息稳定性分析

鹏程品牌的稳定性指数为 3.739812732（表 6-18-3），处于一般稳定性阶段，而且品牌也具有抗风险能力，品牌信息传播有效间隔期较短。结合基本指标和质量比可以看出，该品牌应该处于成长后期或成熟期，是一个发展趋势良好的品牌，但应注意增加消费者体验，以提升重复购买率。

表 6-18-3 鹏程品牌稳定性计算

品牌	N（E）函数值	品牌衰减系数	品牌信息的衰减速率	品牌稳定性指数
鹏程	21.05075446	0.052876705	0.037398127	3.739812732

第十九节 Le voyage 乐航

一、品牌简介

“Le voyage 乐航”是延续（北京）禽业养殖有限责任公司打造的著名品牌。“Le voyage 乐航”品牌的主要产品为鸭肥肝以及法式鸭肉系列。对于这个品牌的建立、规划，公司有两个团队进行品牌推广和市场策划。经过 7 年的努力，其已经在高端餐厅和名厨之中有了良好的口碑。公司通过做到全程可追溯，从而在众多国内外品牌的竞争中，本着不掺假的初心，保证了高品质的产品质量，树立了良好的品牌形象和企业形象。

二、品牌基础指标与分析

Le voyage 乐航（以下简称“乐航”）品牌的信息总量为 0.020490058 亿比特（表 6-19-1），在北京市对消费者购买选择偏好的影响力偏低。乐航品牌的知名度为 9.86%，超过知名度的第一个关键点 4.69%，而且部分消费者对该品牌有认知，并对品牌的产品特征、企业内涵和原产地等信息有一定了解，品牌开始对营销产生积极作用。该品牌的认知度与知名度之比为 62.27%，说明品牌通过产品体验或消费者自传播等方式获得认知基础而非广告宣传，而且使得品牌传播有效，消费者认知充分。

表 6-19-1 Le voyage 乐航品牌基础数据

指标范围	知名度（%）	认知度（%）	美誉度（%）	忠诚度（%）	品牌信息量估值（亿比特）
北京市	9.86	6.14	2.01	1.21	0.020490058

因乐航品牌本身知名度和认知度不高，故该品牌的美誉度也处于较低水平，但已超过第一个关键点 1.62%，说明消费者口碑产生作用，而且部分消费者对该品牌产生购买意愿或偏好。品牌的忠诚度为 1.21%，说明消费者存在重复购买行为，但仍需加强品牌正向口碑转化，以提高产品品质，或者开展品牌体验活动，以增加与消费者之间的互动。从品牌指标结构来看，该品牌处于销售体量积累阶段，需增加广告宣传密度，以提高品牌的曝光度。若品牌以专业化经营为主，则应锁定目标消费者群体，以实现广告的精准投放。

三、品牌质量分析

乐航品牌的质量比为 −0.186448336（表 6-19-2），说明品牌处于基本量积累阶段，而且品牌仍在解决销售体量问题，但其对营销的作用不显著。故品牌需要在保证产品高质量的同时，着重要完成体量的积累。但从品牌简介来看，该品牌的广告定位可能并不直接面向消费者，故以上结论还需要更多品牌信息来进行佐证或纠偏。

表 6-19-2 Le voyage 乐航品牌质量比计算

品牌	品牌信息基本量的贡献率	品牌信息质的贡献率	品牌信息质量比值
Le voyage 乐航	122.9178237	−22.91782366	−0.186448336

四、品牌信息稳定性分析

乐航品牌的稳定性指数为 1.403661149（表 6-19-3），属于弱稳定状态，而且抗风险能力也弱，品牌信息传播有效间隔期短，从而可推断该品牌处于成长早期。如果该品牌要向大众化方向发展，则需要增加广告宣传的投入。

表 6-19-3 Le voyage 乐航品牌稳定性计算

品牌	N（E）函数值	品牌衰减系数	品牌信息的衰减速率	品牌稳定性指数
Le voyage 乐航	49.75124378	0.020109741	0.014036611	1.403661149

第二十节 归原

一、品牌简介

北京归原生态农业发展有限公司成立于 2006 年 4 月，位于北京生态涵养区延庆。公司成立初期，就以绿色发展为己任，并秉承“细心、精心、用心，品质永保称心”的经营理念，依托公司先进的生产设备和科学的管理模式，以市场为先导，以科技为支撑，以质量为生命，以人为本，在种养加工的整个生产过程中摈弃添加任何化学物质，将农业生产回归到自然生态的本源。

二、品牌基础指标与分析

归原品牌的信息总量为 0.030044998 亿比特（表 6-20-1），在北京市具有一定的影响力，而且该品牌已开始作为营销工具发挥作用，对品牌销售产生了一定的影响，但在异质异价的同类产品中对消费者购买意愿影响不大。归原品牌的知名度为 12.71%，超过了知名度的第一个关键点 4.69%，说明消费者对品牌有了进一步认知的意愿。在牛奶行业中，高知名度的品牌对消费者已产生明显的购买选择影响力，在竞争环境激烈的条件下，品牌能够获得一定的知名度和认知度，且认知度与知名度的比值达到了 79.31%，说明其具有一定的竞争优势，并开始通过广告宣传来获得知名度。

表 6-20-1　归原品牌基础数据

指标范围	知名度（%）	认知度（%）	美誉度（%）	忠诚度（%）	品牌信息量估值（亿比特）
北京市	12.71	10.08	3.10	1.21	0.030044998

品牌美誉度的获取来源于消费者的口碑传播，而且该品牌的忠诚度为 1.21%，忠实消费者的转化不充分。原因可能是行业内其他知名奶品牌的市场份额更大，归原品牌产品口味、宣传方式或价格尚未具有显著差异，故对消费者购买意愿影响不大。因此，该品牌当前应该以提升知名度为首要任务，并增加宣传力度，创新品牌宣传形式，以提高在消费者之间的影响力。此外，该品牌还需进行必要的市场调研，以寻找品牌的忠实消费者偏少的具体原因，从而促进品牌对企业营销产生作用。

三、品牌质量分析

归原品牌的质量比为 −0.136125442（表 6-20-2），说明该品牌尚未完成销售体量的积累。结合该品牌基础指标偏低的情况，该品牌目前的发展应以提高知名度和认知度为重点，以扩大品牌影响力。此外，因其所处行业竞争压力大，建议该品牌应采取稳妥策略以促进其持续发展。

表 6-20-2　归原品牌质量比计算

品牌	品牌信息基本量的贡献率	品牌信息质的贡献率	品牌信息质量比值
归原	115.7575473	−15.75754728	−0.136125442

四、品牌信息稳定性分析

归原品牌的稳定性指数为 1.079963677（表 6-20-3），处于弱稳定性阶段，而且其抗风险能力也较弱，在行业中的份额容易受到大品牌的影响，品牌信息传播有效间隔期短。综上分析，该品牌应处于成长早期阶段，可以尝试进行适当的广告宣传，增加广告创意，吸引潜在消费者，以促进品牌在消费者之间的知名度提升，进而提高重复购买率。

表 6-20-3　归原品牌稳定性计算

品牌	N（E）函数值	品牌衰减系数	品牌信息的衰减速率	品牌稳定性指数
归原	70.87562189	0.015489653	0.010799637	1.079963677

四、品牌信息稳定性分析

窦店益生品牌的稳定性指数为2.987493207（表6-17-3），属于弱稳定性品牌。综合分析，窦店益生当前处于品牌成长中期阶段，需要有高品牌信息传播量，以确保品牌知名度的提升，同时品牌还需要关注口碑传播，以使美誉度和认知度协调增长。

表6-17-3　窦店益生品牌稳定性计算

品牌	N（E）函数值	品牌衰减系数	品牌信息的衰减速率	品牌稳定性指数
窦店益生	64.67556742	0.042081157	0.029874932	2.987493207

第十八节　鹏程

一、品牌简介

鹏程食品分公司创建于1959年，隶属于北京顺鑫控股集团有限公司旗下的上市公司——北京顺鑫农业股份有限公司，是集种猪繁育、生猪养殖、屠宰加工、肉制品深加工、仓储冷链物流、终端服务为一体的农业产业化龙头企业，位于北京市顺义区，年屠宰能力为300万头，肉制品深加工能力5万吨，占北京市场份额30%以上。2022年，有职工1109人，实现营业收入25.43亿元，总资产20.2亿元。目前，公司拥有国家级育种猪场、试验站、实验室，以及北京市试验站、工作室、博士后工作站等多个工作平台，拥有16项专利，并凭借全产业链食品安全管控优势，完成了北京奥运会、北京冬奥会、建党100周年、全国两会等重大活动猪肉产品的供应任务。

二、品牌基础指标与分析

鹏程品牌的信息总量为0.187703071亿比特（表6-18-1），在北京市范围内具有显著的品牌影响力。结合品牌资料，鹏程品牌在北京已具备相当高的认知基础。从调研数据来看，线下消费者对品牌的认知高于线上，而且线下被调研者的年龄普遍偏大，可能其在菜市场、超市及社区服务站等购物场所更多地听到或看到过该品牌的广告宣传。鹏程品牌的加权平均知名度为40.07%，目标消费者了解品牌的基本信息，包括产品、价格及原产地等，形成了消费者偏好，其影响着产品的选择，也可以作为竞争工具在经营中对企业效益产生正向作用。此外，从消费者认知度和知名度的比值来看，品牌传播效果充分，并且品牌已经进行了广告宣传的投入，在消费者之间的信息传播强度较大，而且已经形成了消费者的自传播现象。

表6-18-1　鹏程品牌基础数据

指标范围	知名度（%）	认知度（%）	美誉度（%）	忠诚度（%）	品牌信息量估值（亿比特）
北京市	40.07	33.50	10.46	13.18	0.187703071

鹏程品牌的美誉度和忠诚度相较于知名度和认知度偏低，而且忠诚度超过美誉度，说明消费者口碑向实际购买行为的转化相当充分。但由于该品牌的美誉度与认知度比值偏低，说明该品牌

第七章　其他品牌个案分析

第一节　密云农业

一、品牌简介

“密云农业”是北京市密云区农民专业合作社服务中心拥有，以北京市密云区农民专业合作社为主体申请注册的区域公用品牌，于 2015 年 5 月对其商标使用进行了授权管理工作。其基本形成了“特色蜜、水库鱼、环湖粮、山区果、平原菜”五大特色产业，以农民专业合作社、电商企业等为主体，紧紧围绕“绿色、天然、营养、健康”的品牌主题，整合起了辖区内的优质农业品牌资源。

二、品牌基础指标与分析

密云农业品牌的信息总量为 0.28444746 亿比特（表 7-1-1），在本次品牌调研中属于大规模水平，在北京市内具有较大的影响力。密云农业品牌的知名度为 56.35%，超过了知名度的第三个关键点 37.50%，品牌认知度与知名度之比为 69.28%，超过了 50%，表现为大部分消费者对该品牌信息有较深的认知，消费者对该品牌有购买偏好。分析该品牌获得较高知名度的可能原因，一是品牌可能做过规模化的广告宣传；二是品牌品名中包含区域名称，特征显著；三是品牌产品性价比高，对消费者的吸引力较强。因此，该品牌已具有竞争优势，而且品牌具有延伸的可能性。

表 7-1-1　密云农业品牌基础数据

指标范围	知名度（%）	认知度（%）	美誉度（%）	忠诚度（%）	品牌信息量估值（亿比特）
北京市	56.35	39.04	17.83	11.27	0.28444746

密云农业品牌的美誉度为 17.83%，美誉度与认知度的比值也较合理，而且消费者口碑作用显著，自传播效应明显，大部分消费者在体验了该品牌或被熟人推荐后都能够感到满意。该品牌的忠诚度与美誉度的比值合理，说明消费者对品牌的良好口碑向重复购买行为的转化较充分。此外，该品牌的指标呈逐次下降趋势，属于一般正常现象，但从品牌持续发展来看，可以适当减少品牌宣传方面的成本，并加大在品牌公共关系活动上的精力和资金投入，以促进品牌口碑的提升，进而使品牌指标更具稳定性。

三、品牌质量分析

密云农业品牌的质量比为 0.046249892（表 7-1-2），高于本次调研品牌的平均水平，说明该品牌品质良好，而且具有良好的发展前景，品牌对企业的营销正向促进作用突出。

表 7-1-2　密云农业品牌质量比计算

品牌	品牌信息基本量的贡献率	品牌信息质的贡献率	品牌信息质量比值
密云农业	95.57946029	4.420539713	0.046249892

四、品牌信息稳定性分析

密云农业品牌的稳定性指数为 6.644466259（表 7-1-3），稳定性较强，而且其具有抗风险能力。结合基础指标和质量比来看，该品牌仍有较大的发展提升空间，但其品牌管理重心应向打造高美誉度品牌转移。

表 7-1-3　密云农业品牌稳定性计算

品牌	N（E）函数值	品牌衰减系数	品牌信息的衰减速率	品牌稳定性指数
密云农业	18.68642612	0.09161023	0.066444663	6.644466259

第二节　大兴农品

一、品牌简介

“大兴农品”品牌由北京市大兴区农业农村局发起创建、由北京市大兴区农产品产销联合会申请注册，属农产品区域公用品牌。研究、制定“大兴农品”系列农产品在生产、加工等方面的区域性准入标准，指导、监管农产品供应基地的标准化生产，目的是发挥科技和人才方面的资源优势，发展高端高效农业，提高农产品的科学技术、文化创意、精深加工以及安全绿色附加值，能够有效提升“大兴农品”系列农产品的市场竞争力。

二、品牌基础指标与分析

大兴农品品牌的信息总量为 0.143886109 亿比特（表 7-2-1），在北京市内具有较大的影响力，而且消费者对品牌信息有较深入的了解。作为区域公用品牌，大兴农品品牌包含了很多经过遴选的优质农产品。从线上和线下调研数据来看，品牌并未侧重于某一群体进行营销策划，因而其消费者认知分布比较均匀。

表 7-2-1　大兴农品品牌基础数据

指标范围	知名度（%）	认知度（%）	美誉度（%）	忠诚度（%）	品牌信息量估值（亿比特）
北京市	33.80	27.76	10.17	9.68	0.143886109

该品牌的知名度为 33.80%，接近知名度第三个关键点 37.50%，形成了消费者选择偏好，而且品牌具有一定的联想可能性，能够成为有用的竞争工具，在竞争中发挥显著作用。该品牌的认知度与知名度之比超过了 50%，说明消费者认知充分，品牌媒体宣传效果良好，品牌信息有效到达率高。

该品牌的美誉度与忠诚度接近，说明品牌的高性价比和高品质促进了忠实消费者的充分转化。此外，美誉度与认知度的比值处于合理范围内但偏低，所以对该品牌应开展调研活动，以精准定位目标消费者。同时应该注意进行产品品质监察，及时纠正或剔除品质不佳的产品，以切实促进消费者口碑的提升，以及重复购买率的相应增长。

三、品牌质量分析

大兴农品品牌的质量比为 0.13405767（表 7-2-2），在本次品牌调研中处于一般水平，说明品牌信息基本量的积累已完成，品牌管理水平较高。所以对该品牌应注重指标结构的稳定，以避免品牌因重名轻誉而产生公关危机。

表 7-2-2　大兴农品品牌质量比计算

品牌	品牌信息基本量的贡献率	品牌信息质的贡献率	品牌信息质量比值
大兴农品	88.17893712	11.82106288	0.13405767

四、品牌信息稳定性分析

大兴农品品牌的稳定性指数为 3.63652725（表 7-2-3），稳定性一般，而且抗风险能力也一般，结合品牌的高认知基础和质量比可判断，该品牌处于成长中后期阶段，发展趋势良好。

表 7-2-3　大兴农品品牌稳定性计算

品牌	N（E）函数值	品牌衰减系数	品牌信息的衰减速率	品牌稳定性指数
大兴农品	28.33312223	0.051251314	0.036365273	3.63652725

第三节　灵山绿产

一、品牌简介

为落实门头沟区委、区政府打造“绿水青山门头沟”城市品牌工作任务，2019 年 10 月，北京京门商业投资发展有限公司出资成立北京灵山绿产商贸有限公司，并由其于 2020 年申请注册了“灵山绿产”商标。作为北京首个区域性绿色产品品牌，其着重在“孵、创、挖、助”的品牌建设四字诀下功夫。一是孵化，即整合本地特色农产品，丰富产品结构和服务内容，以实现“灵山绿产”区域名、特、优、新农产品全覆盖；二是创新品牌发展模式，即通过组织、参与多种特色活动，积极拓宽本地特色农产品和帮扶产品的销售渠道；三是挖掘消费市场潜力，即建立线上线下、专区专柜、直播带货等多渠道、多层次的立体营销网络；四是助力乡村振兴和农业农村发展，即发挥国企平台的桥头堡作用，以帮助本地农产品实现与市场对接，助力农民增收。

二、品牌基础指标与分析

灵山绿产品牌的信息总量为 0.031246847 亿比特（表 7-3-1），在北京市的品牌规模偏小。该品牌的知名度为 12.79%，超过了知名度第一个关键点 4.69%，且认知度与知名度之比超过 50%，说明消费者认知充分，部分消费者对品牌产品、logo和产地等信息有较深的了解，而且品牌知名度的获得大多来自消费者口碑传播或亲自体验，还有部分知名度由品牌广告宣传所获得。

表 7-3-1　灵山绿产品牌基础数据

指标范围	知名度（%）	认知度（%）	美誉度（%）	忠诚度（%）	品牌信息量估值（亿比特）
北京市	12.79	7.71	5.28	2.23	0.031246847

该品牌的美誉度略低于认知度，说明体验过该品牌产品的消费者对品牌均相当满意，而且该品牌的忠诚度为2.23%，说明消费者具有重复购买行为。此外，灵山绿产为门头沟区域特色农产品综合类品牌，即在门头沟区域种植的农产品，达到品质标准后，都可以使用“灵山绿产”商标，从而达到产业集群化，在保障了产品质量的同时，也为农产品种植户提供了稳定的输出通道。因此故该品牌应继续扩大品牌知名度，并在商超、社区驿站或农产品展销活动中增加消费者互动环节，以使潜在消费者产生购买意愿。

三、品牌质量分析

灵山绿产品牌的质量比为－0.047577134（表7-3-2），说明该品牌的信息基本量尚未完成积累，而且品牌本身的知名度和认知度不高，故该品牌应该先打牢消费者认知基础，以保持品牌高品质，而且由于灵山绿产是区域公用品牌，因而还需要加强产品监管，严格把控质量。

表 7-3-2　灵山绿产品牌质量比计算

品牌	品牌信息基本量的贡献率	品牌信息质的贡献率	品牌信息质量比值
灵山绿产	104.9953792	-4.995379229	－0.047577134

四、品牌信息稳定性分析

灵山绿产品牌的稳定性指数为1.849579896（表7-3-3），说明该品牌的稳定性较弱，而且抗风险能力也较低。由此推断，该品牌应处于成长早期阶段，若要发展为大众化品牌，则还需要继续扩大品牌影响力，并吸引潜在消费者。

表 7-3-3　灵山绿产品牌稳定性计算

品牌	N（E）函数值	品牌衰减系数	品牌信息的衰减速率	品牌稳定性指数
灵山绿产	39.93209877	0.026427473	0.018495799	1.849579896

第四节　妫水农耕

一、品牌简介

“妫水农耕”品牌诞生于北京市延庆区，属于延庆区的农产品区域公用品牌。2019年9月，在延庆区政府的倡导下，“妫水农耕”品牌应运而生。主营业务是新鲜蔬菜零售、新鲜水果零售、农副产品销售，以及其他农产品生产、加工、销售等。所售产品包括有机果品、有机蔬菜、有机畜牧、有机杂粮、花卉园艺五大类，全身心致力于为本地及北京市民提供优质可靠、品类丰富的农副产品。

二、品牌基础指标与分析

妫水农耕品牌的信息总量为 0.041385264 亿比特（表 7-4-1），在北京市具有一定的品牌影响力，对消费者的购买选择有着积极的影响，但限于同质异价的同类产品。该品牌的知名度接近第二个关键点 16.13%，开始产生消费者偏好，而且认知度与知名度之比达到了 91.38%，说明消费者对品牌的基本信息了解程度高，而且该品牌的知名度基本全部来源于消费者体验或口碑传播，品牌信息有效传播到达率高，但品牌其他宣传内容和方式效果一般。

表 7-4-1　妫水农耕品牌基础数据

指标范围	知名度（%）	认知度（%）	美誉度（%）	忠诚度（%）	品牌信息量估值（亿比特）
北京市	15.54	14.20	4.03	2.42	0.041385264

该品牌美誉度为 4.03%，高于美誉度第一个关键点 1.62%，能够产生消费者有效自传播效应。该品牌的忠诚度为 2.42%，说明品牌已拥有忠诚消费者。根据调研数据可知，另有部分消费者也已多次购买了该品牌农产品，证明该品牌品质优良，值得消费者信赖。综上，该品牌的基础指标之间的比率均处于合理范围内，是发展状况较好的区域公用品牌。因而该品牌需在宣传方面增加创新点，或在产品销售方面尝试新渠道，以加深消费者对品牌的良好印象，从而为品牌口碑和重复购买率的提升奠定良好的基础。

三、品牌质量分析

妫水农耕品牌的质量比为 −0.128589437（表 7-4-2），在本次调研品牌中低于平均水平。故该品牌仍需利用广告宣传、新媒体营销等来扩大品牌影响力，以保证品牌的稳定发展。

表 7-4-2　妫水农耕品牌质量比计算

品牌	品牌信息基本量的贡献率	品牌信息质的贡献率	品牌信息质量比值
妫水农耕	114.7564698	−14.75646978	−0.128589437

四、品牌信息稳定性分析

妫水农耕品牌的稳定性指数为 2.838377912（表 7-4-3），说明该品牌的稳定性较弱，而且抗风险能力一般。但因其知名度和认知度偏低，从而推断该品牌应处于发展早期阶段，是一个发展趋势较好的区域农产品公用品牌。

表 7-4-3　妫水农耕品牌稳定性计算

品牌	N（E）函数值	品牌衰减系数	品牌信息的衰减速率	品牌稳定性指数
妫水农耕	24.81389578	0.04037876	0.028383779	2.838377912

第五节　味食源

一、品牌简介

北京味食源食品科技有限责任公司成立于2008年，是一家专业从事食品香味料及调味品研发、生产、销售的高新技术企业，位于北京市中关村科技园平谷园，建筑面积接近3万平方米，拥有自主知识产权先进的年产15000吨数字化调味料生产线。

二、品牌基础指标与分析

味食源品牌的信息总量为0.068089678亿比特（表7-5-1），在北京市对消费者购买偏好已具有较为显著的影响力。

表7-5-1　味食源品牌基础数据

指标范围	知名度（%）	认知度（%）	美誉度（%）	忠诚度（%）	品牌信息量估值（亿比特）
北京市	21.17	14.68	8.70	4.72	0.068089678

该品牌的基础指标之间的比值均处于合理范围内，品牌发展状况良好。该品牌的知名度为21.17%，超过了知名度的第二个关键点16.13%，品牌认知度与知名度之比为69.34%，超过了50%，说明品牌宣传效果良好，而且品牌信息传播充分，消费者对品牌的产品类别、logo、产地及价格等信息均有不同程度的了解，形成了品牌偏好。

味食源品牌的美誉度与认知度比值良好，说明消费者对品牌的认知向正向口碑转化较充分，且通过品牌忠诚度与美誉度的关系来看，部分消费者对该品牌产品产生了连续多次购买的行为。结合该品牌所处的行业可知，该品牌的产品应该更符合北京市大多数消费者的口味偏好，相对于同类产品，北京消费者对该品牌的购买意愿更强，也体现了该品牌具有较高性价比的特征，对消费者的吸引力更大。综上，该品牌指标呈依次下降趋势，因而未来仍需通过有效的宣传方式，在品牌忠诚度和美誉度的提升上作出努力，如自媒体直播、开展超市体验活动、进行产品搭配或产品包装创新等。

三、品牌质量分析

味食源品牌的质量比为0.040209538（表7-5-2），略高于本次调研品牌的平均水平，说明该品牌已经完成了对销售体量的积累，开始提高品牌的质，而且品牌开始对企业营销发挥作用，若忠实消费者足够多，则会对企业利润的获得产生良好的促进作用。

表7-5-2　味食源品牌质量比计算

品牌	品牌信息基本量的贡献率	品牌信息质的贡献率	品牌信息质量比值
味食源	96.13447709	3.865522907	0.040209538

四、品牌信息稳定性分析

味食源品牌的稳定性指数为 3.108177298（表 7-5-3），说明其稳定性较弱，一方面可能处于发展过渡时期导致了品牌结构未达到更优水平，另一方面是该品牌已具备成为大众化品牌的潜力，需要加大品牌宣传力度，如有效利用自媒体宣传手段，以扩大品牌影响力，并使品牌结构更加稳定，而且还要预防品牌危机的发生。

表 7-5-3　味食源品牌稳定性计算

品牌	N（E）函数值	品牌衰减系数	品牌信息的衰减速率	品牌稳定性指数
味食源	55.51282051	0.043768354	0.031081773	3.108177298

第六节　新宇阳光

一、品牌简介

北京新宇阳光农副产品产销专业合作社地处密云区，成立于 2012 年。合作社在市区各级领导的帮助与支持下，已经成长为统一收购、挑选加工、多元销售为一体的产销专业合作社，现已形成大批量企业采购、节日礼品定制、企业食堂集中配送、外埠远程订货和精密对接等多项业务。

二、品牌基础指标与分析

新宇阳光品牌的信息总量为 0.034520608 亿比特（表 7-6-1），在北京市具有一定的影响力。该品牌的知名度为 13.88%，超过了知名度的第一个关键点 4.69%，说明合作社为该品牌知名度和认知度的获得作出了努力，而且品牌对消费者的购买偏好影响不大，对企业的营销作用有限，还处于发展起步阶段。该品牌的认知度与知名度之比达到了 84.73%，说明品牌宣传内容和方式产生了良好的传播效果，也说明该品牌知名度基本全部来源于消费者对品牌基本信息的认知。

表 7-6-1　新宇阳光品牌基础数据

指标范围	知名度（%）	认知度（%）	美誉度（%）	忠诚度（%）	品牌信息量估值（亿比特）
北京市	13.88	11.76	3.52	1.81	0.034520608

新宇阳光品牌的美誉度为 3.52%，超过了美誉度的第一个关键点 1.62%，说明部分消费者口碑作用开始凸显，且该品牌忠诚度为 1.81%，意味着消费者产生了连续购买行为。由于该品牌的知名度和认知度偏低，对美誉度和忠诚度的支撑作用有限，故应首先扩大品牌影响力，从产品创新、销售形式创新和宣传方式创新等方面增加品牌曝光度，并形成差异化竞争优势。此外，还需增加消费者体验活动，并通过产品组合等形式提高消费者购买意愿，同时要挖掘潜在消费者，进而提升重复购买率。

三、品牌质量分析

新宇阳光品牌的质量比为 -0.125231762（表 7-6-2），低于本次品牌调研的平均水平。结合基础指标分析，该品牌的认知基础较低，仍处于销售体量积累阶段，因而需要对品牌知名度和认知度的提升继续作出努力，从而这就需要付出更多的资金和时间成本。

表 7-6-2　新宇阳光品牌质量比计算

品牌	品牌信息基本量的贡献率	品牌信息质的贡献率	品牌信息质量比值
新宇阳光	114.3159933	-14.31599326	-0.125231762

四、品牌信息稳定性分析

新宇阳光品牌的稳定性指数为 1.229719199（表 7-6-3），品牌稳定性偏弱。此外，从基础指标和质量比也可推断，该品牌处于发展早期阶段，而且品牌指标结构不稳定，对企业营销支持力度不足。

表 7-6-3　新宇阳光品牌稳定性计算

品牌	N（E）函数值	品牌衰减系数	品牌信息的衰减速率	品牌稳定性指数
新宇阳光	74.15708812	0.017607762	0.012297192	1.229719199

第七节　喜逢春雨

一、品牌简介

“喜逢春雨”商标的图案由小苗、大苗和雨滴组成，寓意农业企业在党和国家的惠农政策扶植下，由一颗小苗逐渐茁壮成长为参天大树。目前，北京喜逢春雨农业科技发展有限公司拥有 11 套全功能分切设备、3 条清洗生产线、4 条包装生产线及冷链物流配送体系，现有从业人员 100余人，日均蔬菜加工生产能力达到 10 吨。

二、品牌基础指标与分析

喜逢春雨品牌的信息总量为 0.046011568 亿比特（表 7-7-1），在北京市具有一定的影响力。通过调研数据分析可知，该品牌在线上调研的知名度高于线下。从品牌类型来看，该品牌产品涉及净菜，符合青年消费群体的消费需求。该品牌知名度为 17.07%，认知度与知名度的比值为 72.17%，超过了 50%，表现为品牌知名度的提升来源于消费者对品牌信息的认知，消费者口碑传播有效到达率较高，但在传播范围上可能很有限。

表 7-7-1　喜逢春雨品牌基础数据

指标范围	知名度（%）	认知度（%）	美誉度（%）	忠诚度（%）	品牌信息量估值（亿比特）
北京市	17.07	12.32	5.32	3.65	0.046011568

喜逢春雨品牌的美誉度为 5.32%，与认知度的比值处于合理范围，说明消费者之间产生自传播效应。但该品牌的美誉度仍有提升空间，可能存在部分消费者在体验了该产品或经过熟人介绍后对该品牌产生不满意的现象，应当引起企业的重视，并通过对消费者购买行为的观察或调研，查清问题根源。该品牌的忠诚度为 3.65%，与美誉度接近，说明消费者口碑向忠诚度转化较充分。此外，从品牌指标结构来看，该品牌的知名度仍有较大的提升空间，可以通过增加广告投入，采取与外卖平台合作、在超市展区推荐或参与农产品展销活动等，以扩大品牌信息的有效传播范围，并为美誉度和忠诚度的提升奠定稳固基础。

三、品牌质量分析

喜逢春雨品牌的质量比为－0.069331319（表 7-7-2），说明该品牌在本次调研中处于偏低水平。此外，该品牌可能正在对销售体量进行累积，忽略了品牌口碑的重要性，从而导致品牌质的贡献率偏低。但对于处在发展初期的品牌来说，也属于正常现象。

表 7-7-2　喜逢春雨品牌质量比计算

品牌	品牌信息基本量的贡献率	品牌信息质的贡献率	品牌信息质量比值
喜逢春雨	107.4496241	−7.449624133	－0.069331319

四、品牌信息稳定性分析

喜逢春雨品牌的稳定性指数为 1.872925056（表 7-7-3），处于弱稳定性阶段，而且抗风险能力也较弱，品牌信息传播有效间隔期短，这与品牌当前的认知基础较低相关，故扩大品牌影响力应是必要环节，而且该阶段对宣传内容和方式的创新也要求较高。

表 7-7-3　喜逢春雨品牌稳定性计算

品牌	N（E）函数值	品牌衰减系数	品牌信息的衰减速率	品牌稳定性指数
喜逢春雨	69.22334456	0.026657923	0.018729251	1.872925056

第八节　红螺食品

一、品牌简介

北京红螺食品有限公司始创于 1909 年，前身为张爱萍将军曾经为之亲自题词的“北京市果脯厂”，后几经改制而成。公司以“百年红螺，惠农惠民”作为企业使命，立足怀柔，服务三农，目前已形成科研、技术、生产 、品牌、文化一体化经营的农产品加工企业。公司是农业农村部等国家九部门认定的“国家级农业产业化重点龙头企业”“全国农产品加工示范企业”“北京市高新技术企业”。“红螺食品”于 2023 年 11 月被商务部等 5 部门复核为“中华老字号”。

二、品牌基础指标与分析

红螺食品品牌的信息总量为 0.112708797 亿比特（表 7-8-1），在北京市内具有较高的品牌影响力，且从调查数据上来看，线下调研的消费者对该品牌的认知程度略高于线上，说明品牌受到了消费者的普遍青睐。红螺食品品牌的知名度为30.07%，超过了知名度的第二个关键点16.13%，说明北京市的大部分消费者对该品牌产生了良好认知，对品牌的产品类型、原产地、logo等信息表现为熟悉，具有对消费者选择偏好的影响力，能够成为有用的竞争工具，且作用效果明显。另外，该品牌认知度与知名度的比值达到了79.75%，说明品牌在传播策略的选择上正确且有效。

表7-8-1 红螺食品品牌基础数据

指标范围	知名度（%）	认知度（%）	美誉度（%）	忠诚度（%）	品牌信息量估值（亿比特）
北京市	30.07	23.98	8.41	9.28	0.112708797

红螺食品品牌的美誉度为8.41%，超过了美誉度的第一个关键点1.62%，产生了消费者口碑自传播现象。但品牌美誉度与认知度相比偏低，而且部分消费者在体验了该品牌后并未对品牌形成满意，可能原因是产品类型、价格及购买渠道等，这对品牌的正向传播形成了一定的阻碍作用。另外，对该品牌满意的消费者充分转化为了忠实消费者，品牌对营销产生了促进作用。

三、品牌质量分析

红螺食品品牌的质量比为0.091550174（表7-8-2），处于本次调研的一般水平，说明品牌已完成信息基本量的积累。从基础数据来看，红螺食品作为具有老北京特色的产品品牌，具有文化传承意义。此外，美誉度低于认知度的原因，可能是由于产品缺乏创新，对消费者的吸引力有限。

表7-8-2 红螺食品品牌质量比计算

品牌	品牌信息基本量的贡献率	品牌信息质的贡献率	品牌信息质量比值
红螺食品	91.61282949	8.387170513	0.091550174

四、品牌信息稳定性分析

红螺食品品牌的稳定性指数为2.973615707（表7-8-3），处于稳定性较弱状态，而且该品牌属于成长中后期，具有一定的抗风险能力，且因其具有的“中华老字号”称号，故更容易被消费者信赖，对品牌向成熟期的过渡提供了坚实的基础。但同时应注重品牌公共关系活动的开展，以避免品牌危机，并助力品牌快速过渡到下一发展阶段。

表7-8-3 红螺食品品牌稳定性计算

品牌	N（E）函数值	品牌衰减系数	品牌信息的衰减速率	品牌稳定性指数
红螺食品	25.24521073	0.042238415	0.029736157	2.973615707

第九节　老栗树

一、品牌简介

“北京老栗树”发源于慕田峪长城脚下的怀柔区渤海镇渤海所村，属于中国特色农产品示范区所在地。老栗树园区从板栗延展及周边开发入手，产品线从初级农产品发展到开袋即食栗仁、板栗糕点等产品。借助悠久历史文化，打造品牌“老栗树”，将栗园游与观光工厂相结合，推动产业融合，助推文化和产业的协调发展。老栗树园区采取对种植环境的全维度监测，打造数字栗园，准确监测和控制板栗的生长环境和预警病虫害。在“老栗树”的带动下，渤海镇被评为国家级的“一村一品”示范乡镇，并提升了怀柔板栗的区域公用品牌价值。

二、品牌基础指标与分析

老栗树品牌的信息总量为0.106408177亿比特（表7-9-1），在北京市具有良好品牌影响力，而且其还具有均衡的认知基础。老栗树品牌的知名度为26.86%，部分消费者对品牌的logo、产品特征和产地等信息非常熟悉，且因为该品牌认知度与知名度接近，比值远高于50%，说明消费者认知充分，为该品牌的美誉度提升打下良好基础。

表7-9-1　老栗树品牌基础数据

指标范围	知名度（%）	认知度（%）	美誉度（%）	忠诚度（%）	品牌信息量估值（亿比特）
北京市	26.86	22.56	10.46	6.67	0.106408177

该品牌的美誉度为10.46%，与认知度的比值处于合理范围内，且超过了美誉度的第一个关键点1.62%，说明在消费者之间已产生自传播现象，对消费者购买选择产生了积极影响，形成了消费者偏好。另外，该品牌的忠诚度为6.67%，消费者对品牌的赞誉较充分地转化为了对品牌产品的重复购买行为。该品牌指标属于依次下降的结构，指标之间的比值合理，但品牌美誉度与忠诚度相对认知程度偏低，故品牌应该在注重广告宣传投入的同时，增加消费者体验活动。作为食品类品牌，只有让消费者亲身体验产品，对品牌感到满意，才能形成稳定的口碑和购买行为，才会对品牌的美誉度和忠诚度提升大有裨益。

三、品牌质量分析

老栗树品牌的质量比为0.199274087（表7-9-2），说明品牌质量尚佳，而且品牌已完成销售体量的积累，对品牌质的提高产生积极作用。若品牌向大众化方向发展，则需保持高品质状态，应制定更有效的营销策略，继续提高品牌知名度，并发挥品牌价值。

表7-9-2　老栗树品牌质量比计算

品牌	品牌信息基本量的贡献率	品牌信息质的贡献率	品牌信息质量比值
老栗树	83.38377448	16.61622552	0.199274087

四、品牌信息稳定性分析

老栗树品牌的稳定性指数为3.712497274（表7-9-3），属于一般稳定性状态。在此状态下，品牌一般处于成长中后期，品牌信息的有效间隔期较长，品牌维护成本降低。故该品牌可以通过继续加强宣传和增加体验活动，以提升消费者感知。

表7-9-3　老栗树品牌稳定性计算

品牌	N（E）函数值	品牌衰减系数	品牌信息的衰减速率	品牌稳定性指数
老栗树	19.83212851	0.052554039	0.037124973	3.712497274

第十节　碧生源

一、品牌简介

碧生源控股有限公司成立于2000年，是中国功能保健茶的优质供应商，主要从事功能保健茶的研发、生产、销售及推广业务。

“碧生源”深耕大健康产业发展，坚持以“一竖两横”为指导方针，聚焦在草本植物与健康养生；在“减肥与体重管理”“润肠通便与胃肠道健康”等领域延展新事业，并持续布局新渠道、新产品、新业态，力争打造大健康行业生态体系。

二、品牌基础指标与分析

碧生源品牌的信息总量为0.138056234亿比特（表7-10-1），在北京市对消费者购买意愿产生了较强的影响。该品牌的知名度为36.83%，接近知名度的第三个关键点37.5%，说明部分消费者已经对品牌产生较深入认知，表现出对该品牌的购买偏好，品牌对营销的促进作用明显。该品牌的认知度与知名度之比为63.70%，超过了50%，说明品牌的传播效果良好，特别是在广告宣传方面，该品牌作出了较大的努力，投入成本高，故消费者认知充分。

表7-10-1　碧生源品牌基础数据

指标范围	知名度（%）	认知度（%）	美誉度（%）	忠诚度（%）	品牌信息量估值（亿比特）
北京市	36.83	23.46	7.10	3.55	0.138056234

从该品牌的美誉度和忠诚度来看，消费者对该品牌的正向认知存在不足，品牌的美誉度向忠诚度的转化较充分。实际上，认知向美誉转化不足的原因可能有以下三点：一是品牌产品本身品质还存在较大的提升空间，消费者在体验后未形成满意；二是品牌未精准定位目标消费者，广告宣传泛大众化，所以导致美誉度偏低，忠实消费者也偏低；三是品牌对市场环境分析有误，间接影响消费者，导致指标间的比值出现不合理现象。从基础指标结构来看，该品牌存在重名轻誉现象，对品牌可持续发展不利。故该品牌需要重视公共关系管理，尤其应重视消费者反馈意见。

三、品牌质量分析

碧生源品牌的质量比为 −0.035374336（表 7-10-2），说明品牌质量低于本次调研品牌的平均水平，故判断该品牌在发展过程中需要注重品质提升，要善于利用忠实消费者的良好口碑对消费者的购买偏好产生影响，适当减少广告宣传投入，而应高度重视品牌体验。

表 7-10-2　碧生源品牌质量比计算

品牌	品牌信息基本量的贡献率	品牌信息质的贡献率	品牌信息质量比值
碧生源	103.6671568	−3.667156785	−0.035374336

四、品牌信息稳定性分析

碧生源品牌的稳定性指数为 2.493605496（表 7-10-3），属于弱稳定性状态，而且抗风险能力弱，品牌信息传播有效间隔期短。结合该品牌高知名度、高认知度和低质量比可知，该品牌应该处于衰退早期，需要防范品牌危机的发生，特别是要注重消费者口碑的维系和提升。

表 7-10-3　碧生源品牌稳定性计算

品牌	N（E）函数值	品牌衰减系数	品牌信息的衰减速率	品牌稳定性指数
碧生源	28.4980315	0.035529038	0.024936055	2.493605496

第十一节　南河北星

一、品牌简介

北京南河北星农业发展有限公司创建于 2009 年，坐落于北京市房山区大石窝镇南河村。目前，公司有固定资产 2.3 亿元，全心致力于发展绿色食品、无公害农业，采取以“龙头企业＋基地＋农户”的生产模式，建设有 800 余亩标准化“无公害蔬菜”基地，先后在河北沽源、山东菏泽、浙江临海、北京通州、北京延庆等地建立了 5000 多亩的蔬菜基地，积极带动当地经济发展。此外，公司实现年产速冻蔬菜 4000 余吨，日加工即用蔬菜 20 余吨、即食鲜切蔬果 15 吨，年销售额突破 2.8 亿元，带动 1000 余农户增收。“南河北星”是其于 2014 年申请注册的农产品商标。

二、品牌基础指标与分析

南河北星品牌的信息总量为 0.047199269 亿比特（表 7-11-1），在北京市品牌对消费者购买选择具有影响力。该品牌的知名度为 16.61%，略超过知名度第一个关键点 4.69%，表现为在异质异价的同类产品中，部分消费者对该品牌产生购买意愿，且品牌认知度与知名度的比值为 93.68%，说明该品牌知名度的获取大多来自消费者的实际认知，而且品牌在广告宣传方面做过努力，品牌信息传播效果良好。

南河北星品牌的美誉度为 5.04%，超过了美誉度第一个关键点 1.62%，说明部分消费者对品牌的口碑良好，而且忠诚度与美誉度接近，说明消费者对品牌的赞许向重复购买行为转化较充分。

表 7-11-1 南河北星品牌基础数据

指标范围	知名度（%）	认知度（%）	美誉度（%）	忠诚度（%）	品牌信息量估值（亿比特）
北京市	16.61	15.56	5.04	4.84	0.047199269

此外，该品牌美誉度与认知度比值合理但偏低，可能原因有以下三点：一是行业中存在其他竞争品牌，该品牌优势不突出，未形成差异化；二是品牌销售渠道问题，部分消费者对品牌有认知，但未亲自体验过，不能判断是否会对该品牌满意；三是品牌知名度仍有较大提升空间，这为品牌美誉度和忠诚度的提高奠定良好基础。从指标结构来看，该品牌需要扩大影响力，应该面向消费者开放体验窗口，以加强消费者与品牌之间的互动。

三、品牌质量分析

南河北星品牌的质量比为－0.100131579（表 7-11-2），低于本次调研品牌的平均水平，说明该品牌销售体量的积累尚未完成，而且消费者口碑对品牌影响力的扩大作用偏小。

表 7-11-2 南河北星品牌质量比计算

品牌	品牌信息基本量的贡献率	品牌信息质的贡献率	品牌信息质量比值
南河北星	111.1273578	−11.12735776	－0.100131579

四、品牌信息稳定性分析

南河北星品牌的稳定性指数为 3.572937607（表 7-11-3），处于一般稳定性状态，而且具有一定的抗风险能力，品牌信息传播有效间隔期较短，故应注重加大品牌宣传力度，并提高在品牌公共关系活动上的投入，以获得消费者口碑，进而促进品牌结构的稳定。

表 7-11-3 南河北星品牌稳定性计算

品牌	N（E）函数值	品牌衰减系数	品牌信息的衰减速率	品牌稳定性指数
南河北星	19.84126984	0.050647093	0.035729376	3.572937607

第十二节 凯达恒业

一、品牌简介

北京凯达恒业农业技术开发有限公司于 2000 年创立，是一家以企业品牌“凯达恒业”、产品品牌“薯都薯”“脆脆乐”“凯达薯业”为核心品牌，主要经营休闲薯条、果蔬脆片、冷冻薯制品等系列产品，集研发、生产、营销、服务于一体的现代化农产品加工制造企业。公司于 2016 年在北京、内蒙古建立两处生产基地，凭借优质的产品和时尚的包装设计风格，“薯都薯”“凯达薯业”等产品远销欧美、日韩等 30 多个国家和地区。公司也成为中国果蔬脆片行业极具规模与影响力的企业之一，在全国果蔬脆片市场的占有率及品牌知名度均名列前茅，多次荣获中国国际农产品交易会金奖，并在2018年中国果蔬脆片十大品牌排行榜评选中荣登榜首。

二、品牌基础指标与分析

凯达恒业品牌的信息总量为0.061244301亿比特（表7-12-1），在本次品牌调研中，该品牌指标处于较好水平。凯达恒业品牌的知名度为20.81%，认知度与知名度的比值为76.07%，超过了50%。从原始数据来看，线上被调研消费者对品牌的认知程度更高，更受青年消费群体的偏好。另外，从品牌产品信息来看，薯条和果蔬脆片等零食产品，更多地受到青年群体的喜爱，所以调研指标处于合理范围。此外，消费者对品牌信息有较深入的了解，产生了品牌偏好，品牌对消费者购买意愿产生了积极的影响。

表7-12-1 凯达恒业品牌基础数据

指标范围	知名度（%）	认知度（%）	美誉度（%）	忠诚度（%）	品牌信息量估值（亿比特）
北京市	20.81	15.83	5.83	4.62	0.061244301

凯达恒业品牌的美誉度为5.83%，超过了美誉度的第一个关键点1.62%，意味着消费者对该品牌的口碑作用开始凸显。此外，该品牌的忠诚度与美誉度接近，说明消费者对品牌的良好口碑向重复购买行为转化充分。还有，该品牌指标之间的比值处于合理范围，但需要重视对品牌口碑的提升，如增加消费者体验活动，并在商超、线上购物平台和展销活动中创新宣传方式，以吸引消费者，进而提高消费者对该品牌的重复购买率。

三、品牌质量分析

凯达恒业品牌的质量比为−0.078299464（表7-12-2），结合基础指标来看，该品牌的知名度和认知度还具有较大的提升空间，品牌口碑在信息量中的贡献率不高，并对企业营销的促进作用不显著。

表7-12-2 凯达恒业品牌质量比计算

品牌	品牌信息基本量的贡献率	品牌信息质的贡献率	品牌信息质量比值
凯达恒业	108.4951089	−8.495108867	−0.078299464

四、品牌信息稳定性分析

凯达恒业品牌的稳定性指数为4.14295265（表7-12-3），说明该品牌的稳定性一般，而且具有一定的抗风险能力，品牌信息传播有效间隔期较短。结合品牌基础指标和质量比可推断，该品牌应处于发展中期阶段，因而应对品牌美誉度的提高作出努力。

表7-12-3 凯达恒业品牌稳定性计算

品牌	N（E）函数值	品牌衰减系数	品牌信息的衰减速率	品牌稳定性指数
凯达恒业	17.16738197	0.058565216	0.041429527	4.14295265

第十三节　波龙堡酒庄

一、品牌简介

波龙堡酒庄成立于1999年，位于房山区城关街道八十亩地村，是房山区最早开始种植葡萄以及最早建立的酒庄。酒庄总占地70公顷，其中种植园区占地53公顷，种植的葡萄品种有赤霞珠、马瑟兰、美乐、霞多丽等。

作为中国第一家有机酒庄，波龙堡高端的葡萄酒品质享誉世界，极具市场竞争力和影响力。此外，波龙堡严格按照酒庄酒的生产模式，把控每一个生产环节，以精益求精的态度，酿造每一瓶"波龙堡"有机葡萄酒。

二、品牌基础指标与分析

波龙堡酒庄品牌的信息总量为0.112920861亿比特（表7-13-1），该品牌的知名度为25.96%，超过了知名度的第二个关键点16.13%，品牌开始在营销中起促进作用，且因品牌认知度与知名度比值高于50%，说明消费者对品牌产品、原产地和价格等信息具有较深入的认知，而且部分消费者对该品牌产生购买偏好。

表7-13-1　波龙堡酒庄品牌基础数据

指标范围	知名度（%）	认知度（%）	美誉度（%）	忠诚度（%）	品牌信息量估值（亿比特）
北京市	25.96	21.13	7.32	3.46	0.112920861

该品牌的美誉度7.32%超过了第一个关键点1.62%，说明消费者自传播现象已经发生，此时形成了消费者偏好。但美誉度低于品牌认知度，忠诚度低于美誉度，原因可能有以下几点：一是酒行业竞争激烈，作为酒品牌，既有来自国内历史背景深厚的白酒品牌施压，又有来自新兴的迎合年轻消费者的各类酒品牌的冲击，消费者对品牌的评价参照体系有差异；二是品牌目标消费者定位有偏差；三是品牌的产品类型仅符合一小部分消费者的口感需求，可能适合发展为小众专营品牌。此外，该品牌的指标结构稳定性较低，需对品牌满意度的提升采取相应措施。

三、品牌质量分析

波龙堡酒庄品牌的质量比为−0.206358226（表7-13-2），由于品牌的基础指标中知名度和认知度都相对较高，所以品牌需要注意可能存在的潜在风险，并及时采取公关措施，以提升消费者对该品牌产品的满意度，进而促使指标结构回稳。

表7-13-2　波龙堡酒庄品牌质量比计算

品牌	品牌信息基本量的贡献率	品牌信息质的贡献率	品牌信息质量比值
波龙堡酒庄	126.0014319	−26.0014319	−0.206358226

四、品牌信息稳定性分析

波龙堡酒庄品牌的稳定性指数为 5.228217823（表 7-13-3），属于一般稳定状态，而且具有一定的抗风险能力，但由于品牌质量比值偏低，或由于品牌处于转型过渡阶段，导致基础指标结构存在不稳定性。

表 7-13-3 波龙堡酒庄品牌稳定性计算

品牌	N（E）函数值	品牌衰减系数	品牌信息的衰减速率	品牌稳定性指数
波龙堡酒庄	13.67053999	0.073521627	0.052282178	5.228217823

第十四节 皇城货郎

一、品牌简介

北京利民恒华农业科技有限公司成立于 2005 年底，属国家高新技术企业、中关村高新技术企业、北京市重点农业产业化龙头企业、北京市重点信息化龙头企业。公司打造的“皇城货郎”，于 2017 年在房山区成为区级非物质文化遗产，并用“互联网 + 御酱”的营销模式及建立标准化、连锁化社区店的方式，构建了线上线下、微信、自媒体的立体营销网络，产品也受到了消费者的热捧，并获得了 28 项实用专利、10 项发明专利的授权。更值得一提的是，公司董事长以“诚实守信办企业，匠心情怀做食品”的匠人精神，荣获 2017 年度“北京榜样”称号。

二、品牌基础指标与分析

皇城货郎品牌的信息总量为 0.067245888 亿比特（表 7-14-1），在北京市内属于具有较强影响力的品牌，品牌基础指标之间的比值均处于合理范围，指标结构较稳定。该品牌的知名度为 19.41%，超过了知名度的第二个关键点 16.13%，品牌认知度与知名度的比值为 79.80%，表明品牌知名度的增长大部分来自消费者对品牌的实际认知，品牌的广告宣传和自媒体传播等活动的信息传播有效到达率较高。在同类产品中，消费者对该品牌产生了购买偏好。

表 7-14-1 皇城货郎品牌基础数据

指标范围	知名度（%）	认知度（%）	美誉度（%）	忠诚度（%）	品牌信息量估值（亿比特）
北京市	19.41	15.35	10.31	4.84	0.067245888

皇城货郎品牌的美誉度为 10.31%，超过了美誉度的第一个关键点 1.62%，且美誉度与认知度之比超过 50%，说明对品牌有认知的大部分消费者对该品牌的评价普遍较高，经常将该品牌产品推荐给身边的亲朋好友，或未体验过该品牌产品的消费者因熟人推荐而产生了良好口碑。此外，该品牌的忠诚度略低于美誉度，说明消费者口碑向重复购买行为转化较充分。从原始调研数据来看，已有部分消费者连续购买三四次，而且这部分消费者可能是品牌的新消费者，只是未达到本次忠诚度测算标准。综合上述分析，该品牌发展状况良好，具有发展活力。

三、品牌质量分析

皇城货郎品牌的质量比为0.130514817（表7-14-2），说明该品牌已完成对基本量的积累，品牌开始向有用的经营工具转化，而且品牌口碑良好，能够促进品牌影响力的扩大。

表 7-14-2　皇城货郎品牌质量比计算

品牌	品牌信息基本量的贡献率	品牌信息质的贡献率	品牌信息质量比值
皇城货郎	88.45527588	11.54472412	0.130514817

四、品牌信息稳定性分析

皇城货郎品牌的稳定性指数为3.684858768（表7-14-3），说明该品牌的稳定性一般，而且具有一定的抗风险能力，品牌信息传播有效间隔期较短，因而该品牌应处于成长中期阶段。故该品牌需增加宣传力度，并对宣传内容和方式进行创新，以吸引潜在消费者，并促进购买意愿的形成，从而提高重复购买率。

表 7-14-3　皇城货郎品牌稳定性计算

品牌	N（E）函数值	品牌衰减系数	品牌信息的衰减速率	品牌稳定性指数
皇城货郎	30.54960678	0.05186237	0.036848588	3.684858768

第十五节　首诚

一、品牌简介

北京首诚农业发展有限公司成立于2012年，是集大田蔬菜种植，高端蔬菜和中草药、药用真菌工厂化培育，农产品加工，仓储物流及现代农业高科技开发与服务于一体的农业产业化重点企业。首诚植物工厂为人工控制生长环境，具有高效、安全、营养、节水节地节人工的优势，曾在2020—2022年三年特殊时期为本地区蔬菜供应做出过极大贡献，并于2022年以“零农残”标准完成北京冬奥会、冬残奥会香料蔬菜的保供任务。首诚田园综合体以“2+x+y”模式，将现代高科技农业、营养健康食品加工和航天农业科普文旅等三产有机融合，以航天质量标准提供产品和服务，服务三农，引领房山区乡村振兴实践。

二、品牌基础指标与分析

首诚品牌的信息总量为0.039513433亿比特（表7-15-1），在北京市具有一定的品牌影响力，开始对消费者选择偏好产生影响。从整体看，该品牌的基础指标有待进一步加强，反映了经营者对消费者体验形成的口碑传播效应不重视的情况，忽略了品牌美誉对营销的影响作用。首先，首诚品牌的知名度为16.85%，超过了知名度第二个关键点16.13%，说明部分消费者对品牌信息有较深入了解，且认知度与知名度的比值超过了50%，意味着该品牌的知名度部分由消费者传播获得，而非全部通过广告，品牌信息有效传播到达率较高。

表 7-15-1　首诚品牌基础数据

指标范围	知名度（%）	认知度（%）	美誉度（%）	忠诚度（%）	品牌信息量估值（亿比特）
北京市	16.85	9.60	3.15	1.01	0.039513433

该品牌的美誉度为 3.15%，说明有部分消费者在体验了品牌之后表现为满意，消费者口碑作用开始凸显。该品牌的美誉度与认知度的比值合理但偏低，说明仍有部分消费者对品牌未表现出十分满意，且品牌忠诚度与美誉度相比更低，意味着消费者未形成稳定的重复购买行为，反映出企业在品牌管理工作上有所不足，不注重消费者感知。故建议企业应注重消费者体验，且先利用自媒体形式宣传品牌，优化指标结构，再进行大规模宣传活动。

三、品牌质量分析

首诚品牌的质量比为 −0.1338328（表 7-15-2），虽然不能说明品牌质量不佳，但从指标之间的比率来看，企业需要注意消费者体验，从而提升其美誉度，同时应该提高品牌创新能力，从产品本身出发维系品牌与消费者之间的关系。

表 7-15-2　首诚品牌质量比计算

品牌	品牌信息基本量的贡献率	品牌信息质的贡献率	品牌信息质量比值
首诚	115.4511508	−15.45115077	−0.1338328

四、品牌信息稳定性分析

首诚品牌的稳定性指数为 1.097162485（表 7-15-3），属于弱稳定性，而且其抗风险能力也较弱。根据品牌的基本指标比率和质量比推断，该品牌应处于成长早期或向成长中期过渡的阶段。为提高消费者认知，该品牌需增加广告宣传，同时应注重消费者的正向口碑传播，以达到更优的品牌推广效果。

表 7-15-3　首诚品牌稳定性计算

品牌	N（E）函数值	品牌衰减系数	品牌信息的衰减速率	品牌稳定性指数
首诚	68.87562189	0.01573588	0.010971625	1.097162485

第十六节　莱恩堡

一、品牌简介

北京莱恩堡国际酒庄占地 1000 亩，其中种植面积 600 亩，地处北纬 39° 的酿酒葡萄种植黄金线——北京市房山区长阳镇，有着发展酒庄葡萄酒产业的得天独厚的地理优势。酒庄是一家集技术研发、种植、酿造、自主品牌销售、国际品牌代理、文化旅游创新、大型活动承办为一体的大型企业。酒庄希望以生态为基础、以文化为引领，将传统家庭幸福观——“家是城堡”融入酒庄发展理念，打造房山葡萄酒产业产品，将"青山绿水"酿制成"金山银山"，让中国葡萄酒走向世界。

二、品牌基础指标与分析

莱恩堡品牌的信息总量为0.02801531亿比特（表7-16-1），在北京市同行业品牌中具有一定的影响力，在异质异价的同类产品中竞争力还有较大提升空间。该品牌的知名度为11.68%，说明该品牌在目标消费者之间具有一定的认知基础，而且在营销中可能已经开始起到正向促进作用。该品牌的认知度与知名度之比显著高于50%，说明品牌知名度和认知度的获取都不依赖于大规模的广告宣传，而是通过消费者对品牌信息的真实认知而获得。由于酒品牌获得本地知名度相对容易，而且也容易获得本地消费者的认可，这对品牌发展非常有利。

表7-16-1　莱恩堡品牌基础数据

指标范围	知名度（%）	认知度（%）	美誉度（%）	忠诚度（%）	品牌信息量估值（亿比特）
北京市	11.68	8.74	3.62	2.01	0.02801531

该品牌获得了3.62%的美誉度，品牌传播效果较好，且对消费者购买偏好产生了积极影响。该品牌的忠诚度为2.01%，说明消费者对品牌的赞誉未获得完全转化，可能原因是目标消费者的定位不精准，也说明企业的经营策略有待改善，以提高消费者重复购买率，形成品牌与消费者之间的良好关系。此外，该品牌指标结构尚不稳定，应重视品牌口碑的提升，避免品牌风险。

三、品牌质量分析

莱恩堡品牌的质量比为−0.244326298（表7-16-2），结合该品牌的指标关系来看，品牌当前仍处于信息基本量积累阶段，还处于为销售体量增大作努力的时期，此时需要注意维持品牌品质的稳定性，如通过自媒体、广告及超市体验等来提高其知名度和认知度，以增进品牌与消费者之间的联系。

表7-16-2　莱恩堡品牌质量比计算

品牌	品牌信息基本量的贡献率	品牌信息质的贡献率	品牌信息质量比值
莱恩堡	132.3322483	−32.33224831	−0.244326298

四、品牌信息稳定性分析

莱恩堡品牌的稳定性指数为2.541123556（表7-16-3），属于弱稳定性阶段，而且其抗风险能力也较弱，因其具有一定的忠诚度，故品牌能够维持一定的稳定性持续发展，但因品牌质量比值为负值，说明品牌影响力有限，由此判断该品牌应处于成长早期。

表7-16-3　莱恩堡品牌稳定性计算

品牌	N（E）函数值	品牌衰减系数	品牌信息的衰减速率	品牌稳定性指数
莱恩堡	27.66251729	0.036202611	0.025411236	2.541123556

第十七节 古船大米

一、品牌简介

古船，源自描绘京杭大运河沟通流动的《清明上河图》；古船，一个诞生自首都北京的著名品牌；古船，拥有 310.62 亿元的品牌价值；古船，一个粮油食品产业的家族，涵盖古船面粉、古船油脂、古船面包。古船米业是这个品牌中粮油行业支柱中的重要一员，隶属于全国 500 强企业北京粮食集团有限责任公司。

二、品牌基础指标与分析

古船大米品牌的信息总量为 0.202990742 亿比特（表 7-17-1），在北京市属于具有一定影响力的品牌，品牌对消费者购买选择偏好产生了积极影响。该品牌的基础指标之间的比率基本都处于合理范围，品牌知名度为 45.84%，高于知名度的第三个关键点 37.5%，其中认知度与知名度的比值达到了 50% 以上，说明消费者对品牌的认知基础良好，对品牌的基本信息有较深入了解，有相当部分的消费者具有深入了解该品牌的意愿，此时品牌具有延伸可能性，且能够成为有效的营销工具以在行业中增加竞争优势，作用效果非常显著。

表 7-17-1 古船大米品牌基础数据

指标范围	知名度（%）	认知度（%）	美誉度（%）	忠诚度（%）	品牌信息量估值（亿比特）
北京市	45.84	25.98	11.92	20.68	0.202990742

该品牌的美誉度高于第一个关键点 1.62%，说明该品牌的自传播效应开始凸显，而且品牌美誉度与认知度的比例合理但偏低，可能原因是部分消费者在体验了该品牌之后并未形成满意口碑。但品牌忠诚度与品牌美誉度相比偏高，说明品牌可能在价格、销售渠道和促销等方面促进了消费者的复购率。此外，该品牌的指标结构较稳定，而且品牌美誉度相对偏低无法给予忠诚度良好的支撑，一旦品牌出现负面消息，忠实消费者将极容易在短时间内大量流失，有可能为品牌发展埋下巨大隐患。

三、品牌质量分析

古船大米品牌的质量比值为 0.270880555（表 7-17-2），属于质量良好的品牌。结合基础指标来看，该品牌的忠诚度较高，但美誉度提升较慢，故品牌仍需关注品牌口碑，并及时采取措施，以避免品牌陷入危机之中。

表 7-17-2 古船大米品牌质量比计算

品牌	品牌信息基本量的贡献率	品牌信息质的贡献率	品牌信息质量比值
古船	78.6856008	21.3143992	0.270880555

四、品牌信息稳定性分析

古船大米品牌的稳定性指数为4.350255432（表7-17-3），属于一般稳定状态，而且其具有一定的抗风险能力，品牌信息传播有效间隔期较短，因而仍需加大广告宣传投入。同时对于消费者体验活动也应得到重视，在新媒体形势下通过良好形象初步获得消费者认可，是品牌建设中重要的一步。

表 7-17-3 古船品牌稳定性计算

品牌	N（E）函数值	品牌衰减系数	品牌信息的衰减速率	品牌稳定性指数
古船	23.19911504	0.061062345	0.043502554	4.350255432

第十八节 古船杂粮

一、品牌简介

"古船"商标注册于1992年，诞生自首农食品集团，名字源于描绘京杭大运河沟通流动的《清明上河图》，拥有266.85亿元的品牌价值。"古船"，一个粮油食品产业的家族。

二、品牌基础指标与分析

古船杂粮品牌的信息总量为0.238723935亿比特（表7-18-1），在北京市对消费者购买选择具有强影响力。从调研的原始数据来看，线下调研的消费者对古船品牌的认知程度更高，集中于年龄偏大的消费群体。该品牌的知名度为44.35%，超过了知名度的第三个关键点37.5%，且品牌认知度与知名度的比值超过了50%，表现为消费者对品牌信息非常熟悉，如品牌logo、产品种类、价格、产地及品牌风格等。在同类产品中，消费者对该品牌产生明显的购买偏好，而且该品牌具有延伸的可能性，并在营销过程中会产生积极作用。

表 7-18-1 古船杂粮品牌基础数据

指标范围	知名度（%）	认知度（%）	美誉度（%）	忠诚度（%）	品牌信息量估值（亿比特）
北京市	44.35	36.33	13.06	19.65	0.238723935

古船杂粮品牌的美誉度为13.06%，超过了美誉度第一个关键点1.62%，说明消费者口碑作用开始凸显，且消费者自传播效应开始发挥作用。此外，该品牌的忠诚度高于品牌美誉度，意味着消费者对品牌的良好口碑充分转化为重复购买行为，而且品牌已具有成为企业获得利润的工具的能力。但品牌美誉度显著低于品牌认知度，可能原因有以下三点：一是产品性价比较低；二是品牌进行过大规模广告宣传，但存在"重名轻誉"的问题，导致"头重脚轻"；三是行业竞争对手增多，而古船杂粮品牌未及时采取有效措施处理品牌公关问题。综合来看，该品牌的指标结构存在不稳定因素的影响，需对品牌产品、销售渠道及行业环境等展开更详细的调研。

三、品牌质量分析

古船杂粮品牌的质量比为 0.363025285（表 7-18-2），质量较好，而且品牌知名度和认知度高，基本信息量积累充足，但需要注重提升品牌口碑。

表 7-18-2 古船杂粮品牌质量比计算

品牌	品牌信息基本量的贡献率	品牌信息质的贡献率	品牌信息质量比值
古船杂粮	73.36621052	26.63378948	0.363025285

四、品牌信息稳定性分析

古船杂粮品牌的稳定性指数为 4.719457915（表 7-18-3），处于一般稳定性阶段，而且具有一定的抗风险能力，但存在可能引起品牌危机的因素，需尽快采取措施提高品牌美誉度，以支撑品牌忠诚度的获得。

表 7-18-3 古船杂粮品牌稳定性计算

品牌	N（E）函数值	品牌衰减系数	品牌信息的衰减速率	品牌稳定性指数
古船杂粮	16.13142292	0.066444574	0.047194579	4.719457915

第十九节 裕农

一、品牌简介

北京市裕农优质农产品种植有限公司是集蔬菜种植、加工、销售、科研、农资服务为一体的全产业链的国家高新和中关村高新技术企业，成立于 1992 年，致力于提升城市居民高品质蔬食消费质量，参与制定了《鲜切蔬菜加工技术规范》和《鲜切蔬菜》两个农业农村部颁发的行业标准。公司还是众多国内外知名餐饮企业在中国的长期蔬菜供应商。“裕农”是北京裕农优质农产品种植有限公司于 2017 年申请注册的农产品商标，受到了农产品市场的认可和欢迎。

二、品牌基础指标与分析

裕农品牌的信息总量为 0.096483669 亿比特（表 7-19-1），在北京市品牌信息分布均匀，并具有一定的影响力。裕农品牌在线下和线上被调研者的认知程度非常接近，说明裕农品牌发展状况良好，在各层次的消费者中均具有较强的影响力。

表 7-19-1 裕农品牌基础数据

指标范围	知名度（%）	认知度（%）	美誉度（%）	忠诚度（%）	品牌信息量估值（亿比特）
北京市	28.93	19.68	7.26	8.90	0.096483669

首先，从知名度和认知度来看，该品牌通过广告宣传、新媒体营销及消费者体验等形式提高

了消费者的认知基础，且品牌认知度与知名度的比值超过了50%，消费者对品牌基本信息，如logo、产品及原产地等有较深入的了解，说明品牌传播效果良好，消费者对其信息接收充分，而且宣传方式也与品牌特性相契合。其次，从品牌美誉度与认知度的比值来看，消费者对品牌的认知并未充分转化为对品牌的赞誉，说明部分消费者并未在体验之后达到满意程度，这有赖于品牌品质的内在因素或消费者的自媒体传播等外在因素。最后，品牌的忠诚度略高于美誉度，二者关系属于优质比率关系，说明裕农作为粮食品牌，与人们的关系最为密切，从而对品牌感到满意的消费者会具有高复购行为。

三、品牌质量分析

裕农品牌的质量比为0.023470107（表7-19-2），低于本次调研的平均水平。结合基础指标来看，该品牌具有高知名度和高认知度，且忠诚度高于美誉度，表明该品牌发展趋势良好，但需要提高品牌美誉度，以使指标结构更加稳定。

表7-19-2　裕农品牌质量比计算

品牌	品牌信息基本量的贡献率	品牌信息质的贡献率	品牌信息质量比值
裕农	97.70681068	2.293189316	0.023470107

四、品牌信息稳定性分析

裕农品牌的稳定性指数为2.565245522（表7-19-3），处于弱稳定状态，而且具有一定的抗风险能力。结合该品牌的基础指标和质量比推断，该品牌应该处于成长中期或向后期过渡的阶段，此时品牌应弥补发展薄弱点，以建立消费者与品牌之间的良好关系。

表7-19-3　裕农品牌稳定性计算

品牌	N（E）函数值	品牌衰减系数	品牌信息的衰减速率	品牌稳定性指数
裕农	34.07854406	0.036453111	0.025652455	2.565245522

第二十节　王致和

一、品牌简介

北京王致和食品有限公司始创于公元1669年，是国内最大的腐乳生产企业，其将传承与创新有机结合起来，形成了文化、品牌、技术、渠道和运营五大发展优势，其产品行销全国，远销海外，品牌形象深入人心。“王致和”作为地道的中华老字号，以其产品的细、腻、松、软、香五大特点备受消费者的喜爱。

二、品牌基础指标与分析

王致和品牌的信息总量为0.821058711亿比特（表7-20-1），在北京市品牌规模较大，作为历史悠久的中华老字号品牌，王致和的产品常出现在北京消费者的餐桌上，品牌具有相当数量的忠实消费者。该品牌指标之间的比率均处于合理范围，品牌认知度与知名度的比值达到了 83.85%，远高于 50%，说明消费者对品牌的产品、风味、原产地和 logo 等信息都相当了解，该品牌可以作为竞争工具，对营销过程具有明显的促进作用。而且该品牌的知名度已经达到 60% 以上，属于家喻户晓的知名品牌，对消费者购买偏好产生了强影响力，在异质异价的同类产品当中，消费者更偏向于购买该品牌产品。

表 7-20-1　王致和品牌基础数据

指标范围	知名度（%）	认知度（%）	美誉度（%）	忠诚度（%）	品牌信息量估值（亿比特）
北京市	71.32	59.80	25.65	34.06	0.821058711

王致和品牌的美誉度为 25.65%，接近了美誉度第二个关键点 27.91%，品牌极有可能出现强烈的自传播效应，达到目标消费者产生重复购买的集体偏好，品牌口碑溢出效应明显。该品牌的忠诚度略高于美誉度，说明品牌在营销环节中的作用非常显著，且消费者对品牌产品的重复购买行为全部来自对品牌具有高美誉度的目标消费者。综上，该品牌的指标结构优良，属于高水平状态，但仍需注意美誉度的提升，以为品牌忠诚者的增加奠定良好的基础。

三、品牌质量分析

王致和品牌的质量比为 1.388939562（表 7-20-2），说明该品牌属于质有余而量不足状态，品牌品质已经相当出色。作为大众化品牌，该品牌在北京市的规模足够大。

表 7-20-2　王致和品牌质量比计算

品牌	品牌信息基本量的贡献率	品牌信息质的贡献率	品牌信息质量比值
王致和	41.85957719	58.14042281	1.388939562

四、品牌信息稳定性分析

王致和品牌的稳定性指数为 9.743511889（表 7-20-3），属于强稳定状态，而且该品牌应该处于鼎盛期，品牌达到最好状态，但需要继续保持品牌发展的稳定性，而且该品牌具有延伸的可能性，应采取多元化战略措施使品牌可持续发展，并且分担品牌风险，以防止品牌危机的产生。

表 7-20-3　王致和品牌稳定性计算

品牌	N（E）函数值	品牌衰减系数	品牌信息的衰减速率	品牌稳定性指数
王致和	7.798723016	0.134133266	0.097435119	9.743511889

第二十一节　华都食品

一、品牌简介

北京华都肉食品公司始于 1982 年，已经发展成为集肉鸡育种、养殖、饲料生产、肉鸡屠宰、食品加工、物流配送和国内外销售于一体的鸡肉全产业链企业。公司主要产品有鸡肉分割鲜冻品、调理品、熟食制品、调味品、预制食品等，致力于为广大消费者提供“安全、营养、新鲜、美味、方便”的鸡肉食品。公司倾力打造的“华都食品”品牌已成为深受消费者喜爱并信得过的鸡肉产品品牌。

二、品牌基础指标与分析

华都食品品牌的信息总量为0.327580628亿比特（表7-21-1），在北京市品牌规模较大，品牌表现为被大多数消费者认知，而且品牌在线下的认知高于线上，说明年龄偏大的消费者对品牌信息更熟悉。该品牌知名度为52.09%，消费者对其表示非常熟悉，不仅有较高的认知，并且可以大致描述产品风格、品牌内涵及原产地等信息，产生明显的消费者区隔。此外，该品牌已具有对消费者选择偏好的影响力，作为竞争工具，作用非常显著。从认知度与知名度的比值上看，其远高于50%，也可以判断出该品牌在消费者之间的认知基础良好。

表7-21-1　华都食品品牌基础数据

指标范围	知名度（%）	认知度（%）	美誉度（%）	忠诚度（%）	品牌信息量估值（亿比特）
北京市	52.09	44.97	14.23	15.87	0.327580628

从品牌美誉度来看，品牌出现了口碑效应，消费者偏好明显，自传播现象增加。但消费者对该品牌的评价不一致，部分消费者对该品牌不算满意，说明品牌可能在品质或宣传上还存在提升空间。但从忠诚度来看，消费者与品牌之间的关系稳定，且目标消费者的复购行为来源于对品牌体验后的满意，是相对稳定的指标结构。但需要重视品牌口碑的提升，以使消费者的自传播效应对品牌发展具有强影响力。

三、品牌质量分析

华都食品品牌的质量比为0.436994897（表7-21-2），处于较好水平，而且品牌发展趋势良好。华都食品能够成为大多数消费者耳熟能详的品牌，在广告宣传、产品创新、销售策略等方面应该是付出了诸多努力，从而使品牌在北京市具有较强的行业影响力。

表7-21-2　华都食品品牌质量比计算

品牌	品牌信息基本量的贡献率	品牌信息质的贡献率	品牌信息质量比值
华都食品	69.58966954	30.41033046	0.436994897

四、品牌信息稳定性分析

华都食品品牌的稳定性指数为5.113984835（表7-21-3），属于一般稳定性，而且品牌信息传播有效间隔期较长，以及品牌基础指标结构和质量比良好，故判断该品牌应该处于鼎盛期。但仍需注意的是，品牌美誉度偏低使得品牌忠诚度增长较慢，不能为企业盈利起到显著促进作用。

表 7-21-3　华都食品品牌稳定性计算

品牌	N（E）函数值	品牌衰减系数	品牌信息的衰减速率	品牌稳定性指数
华都食品	14.05716302	0.071954527	0.051139848	5.113984835

第二十二节　顺鑫控股

一、品牌简介

北京顺鑫控股集团有限公司是一家集白酒、肉食、农品、智慧产业和综合板块于一体的投资控股型企业，主要业务涵盖白酒、肉食品（猪肉、牛羊肉、禽肉）、农产品流通、种业、智慧农业、农产品贸易、饮料和建筑施工等，旗下的北京顺鑫农业股份有限公司是北京市第一家农业类上市公司，股票代码：000860。

公司自成立以来，始终秉承着“源自顺鑫，一诺千金”的核心价值观，坚持“食品安全第一责任人”的民生理念，立足首都发展和农业现代化，现拥有 6 件中国驰名商标、9 件省级著名商标、1 件国家级非物质文化遗产，是国内拥有驰、著名商标最多的企业之一。

二、品牌基础指标与分析

顺鑫控股品牌的信息总量为 0.24785309 亿比特（表 7-22-1），在北京市具有强品牌影响力，该品牌对消费者的购买选择具有导向作用。该品牌的知名度为 38.40%，且认知度与知名度的比值达到了 82.47%，说明该品牌通过消费者的口碑传播获得了大量知名度，并且因为新媒体的崛起，消费者次级自传播产生的可能性更高。此外，消费者对品牌的基本信息有较深的认知，产生了品牌偏好，故品牌对营销产生积极作用，正在成为企业有力的竞争工具，并且有延伸的可能性。

表 7-22-1　顺鑫控股品牌基础数据

指标范围	知名度（%）	认知度（%）	美誉度（%）	忠诚度（%）	品牌信息量估值（亿比特）
北京市	38.40	31.67	9.87	10.86	0.24785309

该品牌的美誉度为 9.87%，与认知度和忠诚度的比率关系均处于合理范围，但品牌的美誉相对较高而认知度偏低，可能的原因有：品牌目标消费者定位不精准，未掌握产品适用人群特征和消费者自媒体的负向信息传播导致的部分消费者未体验即产生不满意等。该品牌的忠诚度高于美誉度，对品牌满意的消费者复购率高，说明品牌品质有保障。该品牌的指标呈依次下降趋势，需采取有效措施提高品牌美誉度，否则容易发生品牌公关危机，造成经营风险。

三、品牌质量分析

顺鑫控股品牌的质量比为 0.061228187（表 7-22-2），在本次调研中处于一般水平。结合基础指标可知，该品牌在同类产品当中具有显著的认知优势，但美誉度相对偏低，是造成品牌质量比低的主要原因。

表 7-22-2 顺鑫控股品牌质量比计算

品牌	品牌信息基本量的贡献率	品牌信息质的贡献率	品牌信息质量比值
顺鑫控股	94.23044094	5.769559056	0.061228187

四、品牌信息稳定性分析

顺鑫控股品牌的稳定性指数为3.501067726（表7-22-3），处于一般稳定阶段，而且具有一定的抗风险能力。结合品牌质量比和基础指标数据推断，该品牌可能处于成熟早期，此时需要注重目标消费者的定位问题和公共关系管理，以防范品牌风险。

表 7-22-3 顺鑫控股品牌稳定性计算

品牌	N（E）函数值	品牌衰减系数	品牌信息的衰减速率	品牌稳定性指数
顺鑫控股	21.01788756	0.049614885	0.035010677	3.501067726

第二十三节 顺鑫鑫源

一、品牌简介

北京顺鑫鑫源食品集团有限公司成立于2015年，是北京顺鑫控股集团旗下的二级产业集团。公司在世界天然黄金牧场带的锡林郭勒盟大草原，拥有集养殖技术输出、种畜繁育、屠宰分割为一体的养殖和加工基地，是国内具有屠宰加工能力的全产业链国有肉食品企业。

公司通过不断巩固顶层设计，依托ISO质量认证、食品安全、环境、职业健康等四大管理体系，从种牛培育、牛只饲养、屠宰加工、检验检疫、精细分割、低温冷却、冷链运输等全流程入手，对食品安全和产品质量进行严格把控，构建起全程可追溯的食品安全管理体系。

未来，公司将以乡村振兴战略为引领，积极发挥国企势能，不断促进国内畜牧业和肉食品的高质量发展。

二、品牌基础指标与分析

顺鑫鑫源品牌的信息总量为0.076077959亿比特（表7-23-1），在北京市具有一定的影响力，而且线上和线下的被调研消费者对品牌的认知程度基本相同，说明品牌实施的并不是针对某类特定人群的营销策略。该品牌的知名度为25.79%，认知度与知名度的比值超过了50%，说明消费者对品牌logo、产品种类及原产地有较深认知，已产生明显的消费者区隔，对营销产生了正向作用，而且消费者的口碑传播产生了良好的正向引导作用，促进了认知基础的产生和提高。

表 7-23-1 顺鑫鑫源品牌基础数据

指标范围	知名度（%）	认知度（%）	美誉度（%）	忠诚度（%）	品牌信息量估值（亿比特）
北京市	25.79	17.44	5.11	3.90	0.076077959

该品牌的美誉度为 5.11%，超过了第一个关键点 1.62%，处于消费者自传播效应即将产生或开始产生的阶段，但与认知度的比率较低，说明有部分消费者在体验了该品牌后对产品不太满意或认为该品牌与其他同类品牌并无显著差异，所以并不经常推荐该品牌。此外，品牌美誉度与品牌忠诚度的比值较好，说明品牌获得了部分消费者的认可，产生了复购行为。故未来品牌首先需要对公关活动加以重视，并增加品牌体验活动，以促进消费者口碑的产生，为忠诚度的提升奠定良好的基础。

三、品牌质量分析

顺鑫鑫源品牌的质量比值为 −0.075404088（表 7-23-2），表现为品牌具有较高的知名度和认知度，品牌信息基本量得到了充分的积累，而且企业对品牌宣传活动具有较好的运营能力。但由于的美誉度和忠诚度偏低，故品牌质量未能达到良好水平。

表 7-23-2 顺鑫鑫源品牌质量比计算

品牌	品牌信息基本量的贡献率	品牌信息质的贡献率	品牌信息质量比值
裕农	108.1553559	−8.155355922	−0.075404088

四、品牌信息稳定性分析

顺鑫鑫源品牌的稳定性指数为 1.79836192（表 7-23-3），说明该品牌的稳定性偏弱。结合品牌的基础指标比率和质量比推断，该品牌应该处于成长中后期的阶段，此时容易出现指标数值迅速增长和失衡的现象，需要做好品牌危机公关的准备，以预防潜在风险。

表 7-23-3 顺鑫鑫源品牌稳定性计算

品牌	N（E）函数值	品牌衰减系数	品牌信息的衰减速率	品牌稳定性指数
裕农	68.80637544	0.025616033	0.017983619	1.79836192

第二十四节 北郎中

一、品牌简介

北郎中农工贸集团确立“发展绿色经济，营造绿色环境，奉献绿色产品，共享绿色生活”的发展理念和“生产、生活、生态、示范”四位一体的发展定位，努力为市民提供安全、优质的农产品。多年来，集团加强基地建设，引进优良品种，推广标准化种植，通过举办农业体验、农业科普与研学等活动，以推广北郎中企业品牌的发展理念与定位。截至 2022 年底，北郎中品牌无形资产已达 7 亿多元、固定资产 7.5 亿元、年销售额 6 亿多元。

二、品牌基础指标与分析

北郎中品牌的信息总量为 0.026170293 亿比特（表 7-24-1），在北京市品牌规模偏小，而且线上和线下的基础指标结构相似，说明该品牌目前处于泛大众化营销传播阶段。该品牌的知名度为12.17%，认知度与知名度的比值达到了50%以上，说明部分消费者通过体验或品牌传播渠道了解该品牌产品种类、产地及总部等相关信息，形成了一定的消费者认知基础，为美誉度和忠诚度的形成打下了稳定基础。

表 7-24-1 北郎中品牌基础数据

指标范围	知名度（%）	认知度（%）	美誉度（%）	忠诚度（%）	品牌信息量估值（亿比特）
北京市	12.17	8.31	1.62	2.43	0.026170293

从品牌美誉度来看，部分消费者在体验了该品牌产品之后并未形成满意，在消费者之间的口碑传播范围较小，效率较低。该品牌的忠诚度高于美誉度，说明品牌可能在价格、销售渠道或促销手段等方面占有优势。从指标结构来看，该品牌需继续提高知名度和认知度，为品牌美誉度的提升奠定良好的基础，同时也应注重品牌公共关系活动，尽量不出现重名轻誉的现象，防止为之后品牌发展带来隐患，造成品牌危机，增加衰退风险。

三、品牌质量分析

北郎中品牌的质量比为−0.197865376（表7-24-2），说明品牌可能处于发展早期阶段，未完成销售体量的积累，品牌无法作为有用的经营工具为企业带来可观的利润。故品牌应先保证优良的品质，采取稳健的品牌建设措施，以逐步建立品牌认知和美誉，从而获得忠实消费者。

表 7-24-2 北郎中品牌质量比计算

品牌	品牌信息基本量的贡献率	品牌信息质的贡献率	品牌信息质量比值
北郎中	124.6673525	−24.66735252	−0.197865376

四、品牌信息稳定性分析

北郎中品牌的稳定性指数为1.126237589（表7-24-3），属于弱稳定性，而且抗风险能力也较弱。结合基础指标和质量比推断，该品牌处于成长早期阶段。因而，该品牌应增加一些广告宣传的投入，仅依靠消费者口碑传播已远远不够，且应注重品牌公关，以与消费者建立良好联系，并提升消费者口碑，从而树立积极的品牌形象。

表 7-24-3 北郎中品牌稳定性计算

品牌	N（E）函数值	品牌衰减系数	品牌信息的衰减速率	品牌稳定性指数
北郎中	61.91950464	0.016157359	0.011262376	1.126237589

第二十五节　万谷食美

一、品牌简介

北京金禾绿源科技发展有限公司初创于1998年，专注杂粮生产20多年，是一家集种植、生产、加工、研发、销售为一体的综合性现代农业企业。公司旗下的“万谷食美”杂粮品牌产品，在广大消费者中认知度高，产品覆盖线下北京各大超市、农贸市场、餐饮连锁、高校联采、团餐公司等，以及线上的阿里巴巴、京东、天猫、拼多多等传统电商平台及抖音、快手等自媒体平台。

二、品牌基础指标与分析

万谷食美品牌的信息总量为0.062186973亿比特（表7-25-1），在本次调研的品牌中处于中等规模水平，在北京市的同类产品品牌中，该品牌对消费者的购买偏好具有一定影响力。该品牌的知名度为20.05%，超过了知名度的第二个关键点16.13%，品牌认知度与知名度的比值高于50%，说明品牌知名度的获得大部分来源于消费者对品牌信息较高的认知程度。此外，消费者对该品牌产品产生了购买意愿，在无提示条件下，会将该品牌作为主要购买选项之一。

表7-25-1　万谷食美品牌基础数据

指标范围	知名度（%）	认知度（%）	美誉度（%）	忠诚度（%）	品牌信息量估值（亿比特）
北京市	20.05	15.21	7.49	4.05	0.062186973

万谷食美品牌的美誉度为7.49%，高于第一个关键点1.62%，与认知度比值有效且合理。该品牌的忠诚度与美誉度比值良好，说明部分消费者对品牌的良好口碑向重复购买行为转化较充分。该品牌指标之间的比值合理，指标结构较稳定，但也需要重视品牌公共关系活动，可以在线下商超、线上购物平台、直播带货或短视频自媒体拍摄中，增加与消费者的互动环节，以吸引消费者的注意力，从而提高购买意愿。此外，该品牌的知名度也有较大的提升空间，未来应加大品牌宣传力度，以实现品牌指标的均衡发展。

三、品牌质量分析

万谷食美品牌的质量比值为−0.032988199（表7-25-2），从原始数据来看，该品牌线上指标结构优于线下，美誉度和忠诚度基本上都来自线上，导致品牌信息基本量对品牌信息总量的影响更大，品牌口碑作用被稀释，从而质量比低于本次调研的平均水平。

表7-25-2　万谷食美品牌质量比计算

品牌	品牌信息基本量的贡献率	品牌信息质的贡献率	品牌信息质量比值
万谷食美	103.4113543	−3.4113543	−0.032988199

四、品牌信息稳定性分析

万谷食美品牌的稳定性指数为 5.362186087（表 7-25-3），说明该品牌的稳定性一般，而且具有一定的抗风险能力，品牌信息有效到达率较高，由此判断该品牌应处于成长中期阶段。

表 7-25-3　万谷食美品牌稳定性计算

品牌	N（E）函数值	品牌衰减系数	品牌信息的衰减速率	品牌稳定性指数
万谷食美	13.35113485	0.075357185	0.053621861	5.362186087

第二十六节　京一根

一、品牌简介

"京一根"粉条及衍生产品由北京德润通农业科技发展有限公司生产，工厂建于 2010 年，投资 1.7 亿元，年产量 2 万吨，属于北京市农业产业化重点龙头企业，坐落于北京市房山区农业产业园，占地 3.6 万平方米，是一座充满老北京文化气息的花园式工厂。目前，"京一根"粉条已开发出马铃薯粉、红薯粉、紫薯粉、绿豆粉等众多种类，但依然秉承精选原料的传统。过硬的品质原料，使得"京一根"粉条一次性通过严苛的日本食品进口检验，262 项检验指标全部合格！"京一根"工厂以一心一意做好食品安全，一根筋地把粉条做好为己任。此外，"京一根"老手艺粉条，传承百年北京老手艺，以"厚德、创新，味道千秋"的价值观，用科技创新实现"零添加，无明矾"工艺，让粉条回归自然和健康。

二、品牌基础指标与分析

京一根品牌的信息总量为 0.03260849 亿比特（表 7-26-1），在北京市具有一定的品牌影响力，对消费者选择偏好产生了引导作用。该品牌有着较长的发展历史，在产品制作工艺上具有核心竞争力。该品牌的知名度为 13.14%，仅超过知名度的第一个关键点 4.69%，且认知度与知名度的比值达到了 50% 以上，部分消费者对品牌的认知程度高，说明品牌可能并未进行规模化的广告宣传，品牌知名度大多来源于消费者对品牌信息的认知或通过品牌体验活动产生的认知。

表 7-26-1　京一根品牌基础数据

指标范围	知名度（%）	认知度（%）	美誉度（%）	忠诚度（%）	品牌信息量估值（亿比特）
北京市	13.14	11.96	3.36	2.57	0.03260849

从品牌美誉度来看，部分消费者在体验了该品牌后并未形成对品牌的满意，说明该品牌在经营管理过程中可能忽视了品牌美誉的重要性，品牌产品在行业中并无显著差异，或者品牌的宣传活动并没有针对性，只是泛大众化的，还未准确定位真正的目标消费者。此外，对品牌表示满意的消费者基本充分转化为了品牌忠诚者，品牌复购率高，这是真正的目标消费者形成的美誉和忠诚。建议该品牌对这部分消费者进行深度调研，以充分挖掘目标消费者的特征，同时也应调研对

品牌不满意的消费者，以准确掌握消费者偏好。

三、品牌质量分析

京一根品牌的质量比为－0.147805272（表 7-26-2），品牌质量未达到本次调研品牌的平均水平，而且其对消费者偏好的影响不大，即使部分消费者形成了良好口碑，但对品牌的营销的作用也十分有限。此外，该品牌还未完成对基本量的积累，需要采取有效措施提高品牌知名度和美誉度，并使消费者感到满意，令指标更趋于稳定，从而提升品牌质量。

表 7-26-2 京一根品牌质量比计算

品牌	品牌信息基本量的贡献率	品牌信息质的贡献率	品牌信息质量比值
京一根	117.3440726	−17.34407262	－0.147805272

四、品牌信息稳定性分析

京一根品牌的稳定性指数为 2.360431128（表 7-26-3），属于弱稳定性，而且抗风险能力也较弱，品牌信息传播有效间隔期短。由此推断该品牌处于成长早期阶段，需要注重目标消费者的精准定位和品牌品质的稳定性，从而提升品牌竞争力。

表 7-26-3 京一根品牌稳定性计算

品牌	N（E）函数值	品牌衰减系数	品牌信息的衰减速率	品牌稳定性指数
京一根	29.76190476	0.033658129	0.023604311	2.360431128

第二十七节 琦彩鸿

一、品牌简介

北京琦彩鸿农业发展有限公司成立于 2007 年，主要从事国家地理标志产品“磨盘柿”柿子加工，据明万历年间编修的《房山县志》中记载：“柿，为本镜出产之大宗，西北河套沟，西南张坊沟无村不有，售出北京者，房山最居多数，史称磨盘柿。”自明太祖登基时，张坊就已经大规模栽培磨盘柿，明成祖定都北京后，作为贡品年年进奉。

此外，公司还建有冷藏冷冻库 1500 平方米，可储藏 2000 多吨柿子；600 多平方米的无菌加工车间，100 多平方米的实验室及相配套的检测室，可实现年加工柿子 3000 多吨。

“冰柿”是由北京琦彩鸿农业发展有限公司研发的一款全新理念的产品，俗称“柿子冰激凌”。主要特点为：0 添加、原生态，保持磨盘柿原有形态，具有浓郁的柿子香气，颜色艳丽，口味清凉爽口。另外，又有事事如意、世代吉祥的美好寓意。

二、品牌基础指标与分析

琦彩鸿品牌的信息总量为 0.035381044 亿比特（表 7-27-1），该品牌在北京市不具有显著影响力。该品牌的知名度为 13.26%，略低于知名度的第二个关键点 16.13%，而且品牌认知度与知名度的比值为 86.65%，表现为消费者对该品牌信息有认知，且有部分消费者出现了对该品牌的认知意愿，说明该品牌的知名度基本全部由消费者对品牌认知而获得的。该品牌的主要产品为冰柿，采用新技术保证了磨盘柿的原始风味，这一点可作为产品的差异化竞争优势，对品牌的影响力扩大起到了促进作用。

表 7-27-1　琦彩鸿品牌基础数据

指标范围	知名度（%）	认知度（%）	美誉度（%）	忠诚度（%）	品牌信息量估值（亿比特）
北京市	13.26	11.49	5.49	3.25	0.035381044

琦彩鸿品牌的美誉度为 5.49%，超过了美誉度的第一个关键点 1.62%，消费者口碑作用凸显，而且潜在消费者通过熟人推荐的方式有可能成为品牌的新消费者，这种品牌传播方式更有效且稳定，但传播范围有限。该品牌的忠诚度为 3.25%，说明消费者口碑向重复购买行为转化较充分，这部分消费者对品牌产品的性价比、口味和经营理念等感到满意。通过基础指标的分析可知，该品牌的知名度和认知度存在较大的提升空间，需要加大品牌宣传力度，通过与大型商超的合作，提供试吃体验，以提升消费者好感，从而实现潜在消费者向新消费者转化。

三、品牌质量分析

琦彩鸿品牌的质量比为 −0.087583052（表 7-27-2），结合品牌的基础指标可知，品牌尚未完成销售体量的积累，品牌认知基础有待提升，而且其消费者口碑作用尚不显著。

表 7-27-2　琦彩鸿品牌质量比计算

品牌	品牌信息基本量的贡献率	品牌信息质的贡献率	品牌信息质量比值
琦彩鸿	109.5990163	−9.599016301	−0.087583052

四、品牌信息稳定性分析

琦彩鸿品牌的稳定性指数为 3.89286744（表 7-27-3），处于一般偏弱稳定水平，而且抗风险能力不强，品牌信息有效间隔期较短。故该品牌应首先提高知名度和认知度，为品牌美誉度和忠诚度的提升奠定基础，并使品牌指标结构达到稳定状态。

表 7-27-3　琦彩鸿品牌稳定性计算

品牌	N（E）函数值	品牌衰减系数	品牌信息的衰减速率	品牌稳定性指数
琦彩鸿	18.21493625	0.055096612	0.038928674	3.89286744

第二十八节　天谷

一、品牌简介

“天谷”品牌注册于 1996 年，“天谷”即“天赐之谷物”，品牌创意源自产品得天独厚的自然环境。“天谷”品牌的持有者北京市粮食有限公司是首农食品集团旗下的国有粮食企业，负责“天谷”大米的生产与销售。公司建有大米加工车间，采用先进的精选设备——布勒大米色选机，坚守国标规定的加工标准，进行大米筛选，采用低温存储的方式，全方位保障产品质量。

二、品牌基础指标与分析

天谷品牌的信息总量为 0.025102998 亿比特（表 7-28-1），在北京市的品牌影响力偏低，对消费者购买决策具有一定的影响力。综合品牌的基础指标来看，天谷品牌的知名度高于第一个关键点 4.69%，说明企业为品牌传播做过广告宣传，认知度与知名度的比值达到了 50%，说明消费者对品牌产品、原产地等信息有较好的了解，有部分品牌知名度来源于消费者对品牌信息的实际了解。

表 7-28-1　天谷品牌基础数据

指标范围	知名度（%）	认知度（%）	美誉度（%）	忠诚度（%）	品牌信息量估值（亿比特）
北京市	10.96	5.57	4.88	0.00	0.025102998

该品牌的美誉度和认知度的比值处于合理范围内，美誉度与认知度比较接近，品牌口碑相对较好，产生了消费者自传播效应。但通过数据来看，品牌的忠诚度为 0。原因可能有以下两点：一是品牌性价比高，品质优良，但价格也略贵，美誉度可能是由消费者次级自传播得到的；二是从调研数据来看，部分消费者购买过两三次天谷品牌的产品，有一定的复购率，但目标消费者的购买次数未达到本次品牌忠诚度测算标准。故该品牌品质并无问题，可能是在销售渠道和营销策略等方面存在使其难以成为大众品牌的障碍。

三、品牌质量分析

天谷品牌的质量比为 −0.062159269（表 7-28-2），低于本次调研的平均水平，也说明品牌未完成对基本量的积累。但由基础指标可知，该品牌已积累了良好的消费者口碑。故该品牌若要发展为大众化品牌，需要增加品牌曝光度和消费者体验活动，以提高品牌复购率。若品牌不向大众化方向发展，则应维持产品品质，定位目标消费人群，以实现精准营销。

表 7-28-2　天谷品牌质量比计算

品牌	品牌信息基本量的贡献率	品牌信息质的贡献率	品牌信息质量比值
天谷	106.6279131	−6.627913079	−0.062159269

四、品牌信息稳定性分析

天谷品牌的稳定性指数为 1.704572796（表 7-28-3），属于弱稳定性品牌。结合品牌基础指标和质量比推断，该品牌应该处于成长早期阶段。此阶段品牌抗风险能力一般，指标结构不稳定，受行业经营环境影响较大。

表 7-28-3　天谷品牌稳定性计算

品牌	N（E）函数值	品牌衰减系数	品牌信息的衰减速率	品牌稳定性指数
天谷	42.1366843	0.024379082	0.017045728	1.704572796

第二十九节　欧菲伯格

一、品牌简介

欧菲伯格，O’ Flaherty，法译：绅士。北京欧菲堡酒庄以酿酒文化的精神底蕴为纽带，为传统农产品注入紧扣时代脉搏的新鲜活力，所酿葡萄酒口感优雅且平衡，单宁成熟且柔软，像“绅士”般以品质向目标消费群输出品牌背后的文化与内涵，以引起消费者内心深处的共鸣和高度推崇。每一瓶葡萄酒均承载着对自然、健康的生活方式，以及热烈、奔放的生命态度的积极倡导。该产品为老北京特色品种和非物质文化遗产。

二、品牌基础指标与分析

欧菲伯格品牌的信息总量为 0.048578847 亿比特（表 7-29-1），在北京市具有一定的品牌影响力，对消费者的购买选择产生了积极影响。该品牌的知名度为 17.94%，认知度与知名度的比值为 64.88%，说明消费者对品牌的认知基础良好，在体验或被推荐之后形成了对品牌基本信息较深的了解，这部分认知基础都是相对稳定的，不会在短时期内散失。

表 7-29-1　欧菲伯格品牌基础数据

指标范围	知名度（%）	认知度（%）	美誉度（%）	忠诚度（%）	品牌信息量估值（亿比特）
北京市	17.94	11.64	4.05	3.04	0.048578847

该品牌美誉度为 4.05%，说明品牌开始对消费者偏好产生影响，并形成自传播效应，但由于美誉度与认知度存在差距，故品牌可能存在着对目标消费者特征识别的偏差，从而导致消费者在体验过后未形成满意。此外，从品牌忠诚度来看，消费者的重复购买率与品牌美誉呈正比关系，这部分消费者是品牌的忠诚者，可以寻找这部分群体的共同点，从而能够实现精准定位，也可以提高营销投入的准确率，避免产生过多的营销成本。

三、品牌质量分析

欧菲伯格品牌的质量比为 −0.227493512（表 7-29-2）。结合基础指标可知，品牌的知名度和认知度较好，促进了品牌信息基本量的积累。但由于美誉度和忠诚度偏低，对品牌质的积累不足，故品牌质量比呈现不理想状态。

表 7-29-2　欧菲伯格品牌质量比计算

品牌	品牌信息基本量的贡献率	品牌信息质的贡献率	品牌信息质量比值
欧菲伯格	129.448751	−29.44875096	−0.227493512

四、品牌信息稳定性分析

欧菲伯格品牌的稳定性指数为 2.85413596（表 7-29-3），处于弱稳定状态，而且抗风险能力也较弱。结合基础指标结构和质量比推断，该品牌应该处于成长早期，需要提高品牌在消费者之间的美誉度，同时应加大宣传力度以提升知名度，进而促进品牌形成稳定的指标结构。

表 7-29-3　欧菲伯格品牌稳定性计算

品牌	N（E）函数值	品牌衰减系数	品牌信息的衰减速率	品牌稳定性指数
欧菲伯格	24.69135802	0.040599809	0.02854136	2.85413596

第三十节　掌鲜

一、品牌简介

北京顺鑫农业股份有限公司创新食品分公司位于北京市顺义区金马工业区，占地 12 万平方米。公司拥有 12 万平方米的生鲜加工配送中心，5.5 万平方米仓储中心，是一家集原料检测、生产加工、自动包装、冷链配送等四位一体的现代化食品加工企业，总资产达 4.5 亿元。2017 年底公司全力打造的“掌鲜”自主品牌产品，首批产品包括速冻东坡肉、速冻孜然猪柳、速冻鱼香肉丝、速冻番茄牛腩及速冻酸辣汤组合而成的中式“四菜一汤”套餐和汤酱组合，以奶油蘑菇汤、意式肉酱汁、老北京炸酱、番茄底料等产品，以丰富各种各类家庭的不同需求。

二、品牌基础指标与分析

掌鲜品牌的信息总量为 0.019961963 亿比特（表 7-30-1），在北京市品牌规模偏小，故品牌影响力较低。通过线上和线下品牌调研数据对比来看，年龄在 25～35 岁的消费者对该品牌的了解程度更高，这可能与品牌产品性质有关。该品牌产品主要为番茄火锅底料、奶油蘑菇汤和鲜切水果等，较为贴合年轻消费者的购买需求。该品牌的知名度为 8.91%，高于知名度的第一个关键点 4.69%，品牌可能为知名度的获取做过广告宣传或自媒体传播。该品牌的认知度与知名度比值高，说明品牌的宣传效果良好，消费者认知充分。

表 7-30-1　掌鲜品牌基础数据

指标范围	知名度（%）	认知度（%）	美誉度（%）	忠诚度（%）	品牌信息量估值（亿比特）
北京市	8.91	6.68	3.65	2.84	0.019961963

该品牌的美誉度超过了第一个关键点 1.62%，与认知度的比值有效，属于合理范围。又因该品牌认知程度不高，作为新建立的品牌，能够获得忠诚度也证明了消费者对该品牌品质的认可。此外，该品牌指标结构一般，对消费者选择偏好影响不大，因而需保持产品品质稳定并继续提升知名度，以发掘潜在消费者，并放大品牌口碑，从而扩大品牌影响力。

三、品牌质量分析

掌鲜品牌的质量比为 0.67176668（表 7-30-2），说明品牌质量处于良好水平，但由于该品牌基础指标均偏低，故可能还未完成销售体量的积累。此外，能够在调料、鲜切等对手强劲的行业中获得忠诚度，也体现了该品牌的高性价比和营销策略的优势。

表 7-30-2　掌鲜品牌质量比计算

品牌	品牌信息基本量的贡献率	品牌信息质的贡献率	品牌信息质量比值
掌鲜	59.81695963	40.18304037	0.67176668

四、品牌信息稳定性分析

掌鲜品牌的稳定性指数为 2.564074963（表 7-30-3），属于弱稳定性发展阶段，应处于品牌发展的早期阶段，需要继续提高消费者认知基础，以维持品牌的高质量发展能力。

表 7-30-3　掌鲜品牌稳定性计算

品牌	N（E）函数值	品牌衰减系数	品牌信息的衰减速率	品牌稳定性指数
掌鲜	27.43484225	0.036525488	0.02564075	2.564074963

第三十一节　古韵流村

一、品牌简介

柳东伟，一位“80 后”新农人，也是一位公司老板，其将流转的 60 亩土地全部种上了黄花菜，第二年，每亩便收获了 2000 余斤。如今，其已有 300 亩的黄花菜种植基地。

柳东伟于 2015 年 12 月成立北京古韵流村食品科技有限公司，主要加工调味酱如黄花酱、栗蘑酱等产品，酱腌菜泡菜如菊芋、甘露、萝卜、酸白菜、豆角等产品，蔬菜干品加工如干蘑菇、干黄花等产品，创建了“古韵流村”品牌。此外，公司以此为依托收购本地农产品，仅 2022 年就收购黄花约 200 吨，其他蔬菜如栗蘑、菊芋、甘露、萝卜等约 300 吨，水果约 5 吨，通过深加工形成销售额 400 多万元。

二、品牌基础指标与分析

古韵流村品牌的信息总量为 0.03015297 亿比特（表 7-31-1），在本次调研中属于中等规模品牌，品牌在北京市具有一定的影响力。

表 7-31-1　古韵流村品牌基础数据

指标范围	知名度（%）	认知度（%）	美誉度（%）	忠诚度（%）	品牌信息量估值（亿比特）
北京市	12.08	9.45	4.86	2.43	0.03015297

古韵流村品牌的知名度为 12.08%，品牌认知度与知名度的比值超过了 50%，表明该品牌在北京市存在部分消费者对其品牌 logo、价格及品牌风格等信息有较深了解。该品牌可能未做过大量的广告宣传，主要依靠消费者认知获得了知名度，品牌信息有效传播到达率较高，但此时品牌对

企业营销的作用不大，体现在消费者在同质同价的同类产品品牌中对该品牌存在购买意愿，但在异质异价的同类产品品牌中偏好不显著。

古韵流村品牌的美誉度为 4.86%，超过了美誉度的第一个关键点 1.62%，美誉度与认知度的比值合理，消费者口碑作用开始凸显，消费者可能接受了熟人推荐，对该品牌产生了未体验而形成的满意。该品牌的忠诚度为 2.43%，说明消费者对品牌的良好口碑向重复购买行为转化较充分。此外，该品牌的指标结构稳定性偏弱，主要体现在品牌认知程度有待提高，而且该品牌的美誉度和忠诚度也有待转化。

三、品牌质量分析

古韵流村品牌质量比为－0.10517472（表 7-31-2）。结合品牌的基础指标推断，该品牌处于品牌信息基本量积累阶段，知名度和认知度均存在较大的提升空间，因而未来需带动品牌口碑的增长，为品牌质的积累奠定基础。

表 7-31-2　古韵流村品牌质量比计算

品牌	品牌信息基本量的贡献率	品牌信息质的贡献率	品牌信息质量比值
古韵流村	111.7536599	−11.75365986	－0.10517472

四、品牌信息稳定性分析

古韵流村品牌的稳定性指数为 3.434327518（表 7-31-3），说明该品牌的稳定性一般，而且抗风险能力也较弱，虽然品牌信息传播有效到达率较高，但有效间隔期较短，即消费者对品牌信息遗忘较快。所以应适当增加广告投入，以加深品牌印象。

表 7-31-3　古韵流村品牌稳定性计算

品牌	N（E）函数值	品牌衰减系数	品牌信息的衰减速率	品牌稳定性指数
古韵流村	20.57613169	0.048715063	0.034343275	3.434327518

第三十二节　云艺古坊枕

一、品牌简介

北京山缘民间传统手工艺品有限公司成立于 2014，注册商标为“云艺古坊”，其玲珑枕创新系列产品已有 17 项独家生产专利，共计帮扶残障人士共计 279 人，居家妇女 3000 多人。此外，原创作品数次荣获国际和全国“金奖”“金手指”奖等。2021 年被列于北京市非遗名录。

据史料中记载，玲珑枕最早可追溯到西周时期，宫廷乐师推敲“雅乐”和舞蹈创作时偶然发明，当时是皇宫贵胄内部的专属品。玲珑枕创新系列睡枕的长、宽、高设计，充分利用人体工学原理和每个人的睡眠习惯设制。玲珑枕系列创新产品中的薄枕，适合平躺，平躺时可使躯体、脖颈、头保持在一条生理曲线上；喜欢侧躺的有近似肩宽的高枕，两耳可以进入睡枕的透气孔，不会被挤压而保持耳朵周围血液循环流畅，从而保证轻松睡眠。所用布料经过古法浸泡缩水、清洗、晾晒等十余道工序，内填充物为温热性的黑苦荞壳。

二、品牌基础指标与分析

云艺古坊枕品牌的信息总量为0.02321634亿比特（表7-32-1），在北京市的品牌影响力偏小。从表中数据可以看出，该品牌的知名度为8.50%，超过了知名度第一个关键点4.69%，认知度与知名度的比值高达90%，说明知名度的获取大多来自消费者对品牌的体验和口碑推荐。此外，该品牌已通过广告宣传和媒体报道等方式扩大知名度，为消费者认知基础的提升作出了努力。

表7-32-1　云艺古坊枕品牌基础数据

指标范围	知名度（%）	认知度（%）	美誉度（%）	忠诚度（%）	品牌信息量估值（亿比特）
北京市	8.50	8.00	2.38	1.19	0.02321634

该品牌的美誉度为2.38%，对消费者偏好产生了影响。另外，该品牌具有忠实消费者，说明部分消费者产生了复购行为。此外，枕头属于生活用品，且关乎睡眠质量，是大多数人都会慎重选择的产品，该品牌品质优良，把健康养生理念贯穿于产品生产当中，且产品根据应用场景不同而划分了不同类型的枕头，从而满足了消费者的多样化需求，但可能由于价格偏高的原因导致美誉度与认知度的比值偏低，限制了品牌的口碑传播。

三、品牌质量分析

云艺古坊枕品牌的质量比为－0.076985698（表7-32-2），低于本次调研品牌的平均水平。一方面可能是品牌宣传力度不足，从而消费者关注度偏低；另一方面可能是该品牌需要在营销策略方面进行改进，可采用与其他品牌合作营销的方式，以互相促进其品牌的发展。

表7-32-2　云艺古坊枕品牌质量比计算

品牌	品牌信息基本量的贡献率	品牌信息质的贡献率	品牌信息质量比值
云艺古坊枕	108.3406831	−8.340683129	－0.076985698

四、品牌信息稳定性分析

云艺古坊枕品牌的稳定性指数为1.664323353（表7-32-3），处于不稳定状态，而且抗风险能力也较弱。因品牌知名度与认知度偏低，故品牌也未对企业营销产生良好的促进作用，所以提高品牌知名度，继续扩大品牌影响力，是当前该品牌发展的重心。

表7-32-3　云艺古坊枕品牌稳定性计算

品牌	N（E）函数值	品牌衰减系数	品牌信息的衰减速率	品牌稳定性指数
云艺古坊枕	42.01680672	0.023813489	0.016643234	1.664323353

第三十三节　妙峰咯吱

一、品牌简介

“妙峰咯吱”起源于北京妙峰山庙会，至今已有300多年的历史。妙峰咯吱属粗粮细作，主要原料以山地种植的玉米、各种豆子等杂粮为主。过去，当地百姓只有过年时才能吃到咯吱，从而咯吱也成为年节招待亲朋好友的特色美食，当地一绝的咯吱自然也成为外出访友时必带的礼品。妙峰咯吱讲究用石磨碾压成水磨浆，再用咯吱铛摊成薄饼，切成长条块自然晾干，食用时过油炸至金黄，从而嚼起来酥脆可口，五谷香回味无穷。

李福奎——非物质文化遗产“妙峰山咯吱”的代表性传承人，咯吱宴创始人。经过20多年的历练，他于2017年回到家乡创办“北京百旺创新合作社”。他创办合作社的初心是发展农村特色产业、培育农村知名品牌，振兴农村经济、促进村民就业增收。经过几年的发展，现合作社已经打造出“妙峰咯吱”“担礼”“开市香椿”等产品品牌及“妙峰骑行小镇”“樱花泉谷”“红枣小院”等运营项目品牌。

二、品牌基础指标与分析

妙峰咯吱品牌的信息总量为0.015444753亿比特（表7-33-1），在北京市该品牌几乎无影响力。作为北京市门头沟区的非物质文化遗产，品牌对消费者的选择偏好影响力偏低。该品牌的知名度为7.44%，认知度与知名度比值超过了80%，说明品牌未进行过大规模的宣传活动。

表 7-33-1　妙峰咯吱品牌基础数据

指标范围	知名度（%）	认知度（%）	美誉度（%）	忠诚度（%）	品牌信息量估值（亿比特）
北京市	7.44	6.07	2.02	1.94	0.015444753

另外，该品牌的忠诚度略低于美誉度，作为传统小吃，部分消费者对品牌口味和价格都具有一定的认可度，但并没有形成普遍的满意和推荐，其原因可能是消费主力人群的购买选择具有多样化的特点，部分消费者在体验了产品之后未形成非常满意，则不会对该品牌具有深刻印象，故不会作为向亲朋好友推荐的主要选项之一。此外，该品牌未形成稳定的指标结构，因而需要通过品牌宣传内容和方式的改进，以提高品牌知名度和认知度，从而为品牌美誉度和忠诚度的提升奠定基础。

三、品牌质量分析

妙峰咯吱品牌的质量比为－0.186303977（表7-33-2），低于本次调研品牌的平均水平，且品牌知名度不高，所以该品牌首先需要打好品牌的认知基础。作为传统小吃，消费者在市场或超市中可能经常见到，但并没有关注品名，因此改变品牌营销策略也是非常必要的，从而自媒体营销对该品牌来说无疑是成本低、低风险的扩大影响力的有效方式。

表 7-33-2 妙峰咯吱品牌质量比计算

品牌	品牌信息基本量的贡献率	品牌信息质的贡献率	品牌信息质量比值
妙峰咯吱	122.8960166	−22.89601661	−0.186303977

四、品牌信息稳定性分析

妙峰咯吱品牌的稳定性指数为 1.406950505（表 7-33-3），稳定性较差，而且抗风险能力也较弱。综合推断，该品牌可能处于导入期，从基础指标结构和质量比来看，该品牌是一个具有发展前景、有情怀的小规模品牌。

表 7-33-3 妙峰咯吱品牌稳定性计算

品牌	N（E）函数值	品牌衰减系数	品牌信息的衰减速率	品牌稳定性指数
妙峰咯吱	49.62779156	0.020156539	0.014069505	1.406950505

第三十四节 葫芦牛

一、品牌简介

葫芦牛商标已注册使用 12 年之久，主要运营单位是北京吉祥八宝葫芦手工艺品产销专业合作社。合作社理事长牛成果是北京市市级非遗"火绘葫芦"技艺的代表性传承人，被评为 2020 年北京市劳动模范、2021 年度乡村旅游能人、2022 年"首都文化和旅游紫禁杯"先进个人。在牛成果的带领下，当地 200 余户农民种植加工葫芦特色工艺礼品。此外，传统非遗作品古朴雅致、妙趣天成，创办"葫芦牛"品牌，以中华传统纹样为借鉴，结合当下国潮理念，在保留传统文化的基础上，进行现代化演绎，特别是在利用葫芦的原有器型和自然属性方面，有着区别于其他国潮和文创产品的独有特色和全新的美学体验，其现有产品种类 42 种，在北京市休闲农业、文创和文旅商品发展方面具有示范引领和带动作用。

二、品牌基础指标与分析

葫芦牛品牌的信息总量为 0.010366665 亿比特（表 7-34-1），在北京市该品牌对消费者偏好无影响力。该手工艺品具有较长历史，历经几代人传承，具有浓厚的文化积淀，是中华民族优秀传统文化中的瑰宝。

表 7-34-1 葫芦牛品牌基础数据

指标范围	知名度（%）	认知度（%）	美誉度（%）	忠诚度（%）	品牌信息量估值（亿比特）
北京市	4.70	1.98	2.55	1.22	0.010366665

该品牌的知名度只有 4.70%，对该艺术品牌的关注主要来自真正的消费者。但该品牌的美誉度为 2.55%，略高于认知度，表现为消费者对该品牌的技艺非常认可，而且作为艺术品，消费者

对产品的购买频率本身就不会太高，加上艺术品本身并不具有大众审美标准，因而其大部分产品只受到特定人群喜爱，故购买频率不高属于正常现象。此外，该品牌需要解决的是认知程度不高的问题，未来可以通过大量宣传活动，扩大品牌影响力，传承品牌文化。

该品牌并未形成稳定的指标结构，品牌认知基础不高是主要影响因素，故加强文化传播，以更创新有效的方式体现文化之妙，是该品牌经营之要。

三、品牌质量分析

葫芦牛品牌的质量比为－0.079081897（表 7-34-2），而且该品牌的美誉度较高，故并不是因品牌品质问题导致的质量偏低，而是消费者对该品牌的认知有限。故该品牌还需加强宣传力度，以扩大品牌知名度，从而弘扬中华文化之美。

表 7-34-2　葫芦牛品牌质量比计算

品牌	品牌信息基本量的贡献率	品牌信息质的贡献率	品牌信息质量比值
葫芦牛	108.5872888	-8.587288751	－0.079081897

四、品牌信息稳定性分析

葫芦牛品牌的稳定性指数为 0.888373548（表 7-34-3），稳定性弱，而且抗风险能力也不强，且品牌本身基础指标不高，由此判断该品牌应该处于导入期。

表 7-34-3　葫芦牛品牌稳定性计算

品牌	N（E）函数值	品牌衰减系数	品牌信息的衰减速率	品牌稳定性指数
葫芦牛	79.33568905	0.012759252	0.008883735	0.888373548

附 件 品牌价格调整系数底数 N_Z 值表（部分）

Z	N_Z	拟合优度（R^2）	调整系数函数
2	2	1	$\mu = 2^{\frac{\alpha_1 - \bar{\alpha}}{\bar{\alpha}}}$
3	略	略	略
4	1.881	0.979	$\mu = 1.881^{\frac{\alpha_1 - \bar{\alpha}}{\bar{\alpha}}}$
5	略	略	略
6	1.620	0.964	$\mu = 1.62^{\frac{\alpha_1 - \bar{\alpha}}{\bar{\alpha}}}$
……			
$Z \to \infty$	1		$\mu=1$